中小学名师指导系列丛书

家校共育：让教师成为专业的家庭教育指导者

编著	袁　成	马云飞	曹　姗	杨玉洁
编委	杨　军	吴　蕾	陈俊龙	袁　逍
	黄　燕	钟银翠	周小舒	方　敏
	冯　文	王晓凤	彭　考	李　玲
	朱　鹏	朱　红	张雅妮	张泳峻
	王舒袖	雷菊琴	李小琴	

西南交通大学出版社
·成　都·

图书在版编目（CIP）数据

家校共育：让教师成为专业的家庭教育指导者 / 袁成等编著. -- 成都：西南交通大学出版社，2023.12
ISBN 978-7-5643-9635-0

Ⅰ.①家… Ⅱ.①袁… Ⅲ.①学校教育-合作-家庭教育-研究 Ⅳ.①G459

中国国家版本馆 CIP 数据核字（2023）第 242240 号

Jia-Xiao Gongyu：Rang Jiaoshi Chengwei Zhuanye de Jiating Jiaoyu Zhidaozhe
家校共育：让教师成为专业的家庭教育指导者
编著 袁成 马云飞 曹姗 杨玉洁

责任编辑	居碧娟
封面设计	原谋书装
出版发行	西南交通大学出版社 （四川省成都市金牛区二环路北一段 111 号 西南交通大学创新大厦 21 楼）
营销部电话	028-87600564 028-87600533
邮政编码	610031
网址	http://www.xnjdcbs.com
印刷	成都中永印务有限责任公司
成品尺寸	170 mm×230 mm
印张	16.5
字数	263 千
版次	2023 年 12 月第 1 版
印次	2023 年 12 月第 1 次
书号	ISBN 978-7-5643-9635-0
定价	60.00 元

图书如有印装质量问题 本社负责退换
版权所有 盗版必究 举报电话：028-87600562

前言

家庭教育事关民族和国家的未来，是国民教育体系的重要组成部分。党的十八大以来，习近平总书记关于家庭教育的重要论述为新时代家庭教育建设指明了方向，党和国家也在家庭教育方面出台了相关政策文件，把家庭教育指导服务纳入基本公共服务，将其作为实现国家治理体系和治理能力现代化的必然要求。

2022年1月1日正式实施的《中华人民共和国家庭教育促进法》是我国首次对家庭教育进行专门立法。党的二十大报告提出要"健全学校家庭社会育人机制""加强家庭家教家风建设"。2023年1月，教育部等十三部门联合印发的《关于健全学校家庭社会协同育人机制的意见》明确指出：学校要加强家庭教育指导，把做好家庭教育指导服务作为重要职责，每学期至少组织两次家庭教育指导活动。可见，"家庭家教家风建设"既是家事，也是国事。做好家庭教育，离不开学校的指导与支持。教师是家庭与学校之间的桥梁，承担着家庭教育指导的责任，为不同的家长提供家庭教育服务与指导，推进家校协同育人。

随着社会的不断发展及教育观念的不断更新，越来越多的教师和家长发现，家庭环境对一个孩子一生的影响往往大于学校教育。朱永新教授曾说："在所有的问题儿童身上，都可以找到他们家庭的原因。"在培养孩子的过程中，多数父母都存在不同程度的养育焦虑，在实施家庭教育时往往不到位、不科学，重智轻体、唯分数、唯升学，导致家庭教育出现较多问题，父母教育理念落后、教育方法简单粗暴、家校共育意识薄弱、教育水平不高等，这在很大程度上影响着孩子的健康成长，也影响着家校共育的实效性。如何破解难题，回应社会关切，帮助家长读懂孩子、走出焦虑、科学家教，是学校家庭教育指导服务体系的构建与实施的内生动力。

教育事关亿万少年儿童的健康成长，事关国家发展和民族未来。在新时代教育发展背景下，教师不仅承担着教书育人的重任，还承担着家庭教育指导工作的责任。在"双减"政策下，教师开展好家庭教育指导工作对落实素质教育、实现立德树人根本任务起着重要作用。学校和教师应结合学生、家长、家庭的问题采用各种方法加强对家长的培训和对学生的教育，同时，学校也需要重视提升教师的家庭教育指导能力，开展家庭教育专业的课程培训；教师更要认识到家庭教育指导能力是教师专业素养的重要组成部分，积极学习、主动作为，指导家长采取科学的家庭教育方法，引导家长承担家庭教育主体责任，转变家长的成才观念和标准，提高家长的家庭教育水平和能力，形成家校教育合力。

教育强国，教师是关键。为了更好地指导教师参与家庭教育指导服务，提升教师指导家庭教育的意识和能力，缓解当前家庭教育中的突出问题，课题组认真研读国家出台的家庭教育文件精神，学习相关专家学者对家庭教育指导的论述，对教师应具备的家庭教育指导能力进行了具体解读，提出了相关策略，提供了典型实践案例，有助于教师为家长提供个性化家庭教育服务与指导。

本书汇聚了一线优秀班主任、教师和德育工作者的工作实践与经验，既有理论研究，也有实践案例。本书由成都棠湖外国语学校教师袁成，四川省教育科学研究院中小学德育教研员、家庭教育教研员马云飞，成都棠湖外国语学校教师曹姗以及成都市新津区普兴初级中学教师杨玉洁组织编写。另外，袁成、马云飞还负责本书的总体策划、结构设计以及最后的审稿、校稿、统稿工作。

本书是对教师教育工作新的探索，凝结着课题组成员的智慧和汗水。在编写本书的过程中，课题组学习、参考和引用了一些专家、学者的部分研究成果和观点，在此向这些专家和学者表示诚挚的感谢。同时，由于作者专业水平有限，书中不妥之处在所难免，恳请各位读者、专家批评指正，以便进一步修订完善。

作　者
2023 年 10 月

目录

第一章 教师家庭教育指导能力解析 ·················· 001

高质量教育背景下家校共育的意义与现实挑战 ············ 002
教师家庭教育指导能力的基本内涵与指导类别 ············ 006
教师家庭教育指导能力的构成要素与现状分析 ············ 009

第二章 教师家庭教育指导能力提升策略 ·················· 027

强化责任意识　坚持"四少"原则
　　——提升教师开展家庭教育指导的能力 ················ 028
增进家校合作　形成育人合力
　　——提升教师开好新生家长会的能力 ················ 034
把握情绪边界　成为情绪主人
　　——提升教师指导家长做好情绪管理的能力 ············ 039
职业启蒙教育　撬动职业生涯
　　——提升教师指导家长开展职业启蒙教育的能力 ······ 044
关注特殊学生　引领学生成长
　　——提升教师指导家长做好教育引领的能力 ············ 049
树立正确观念　了解相关知识
　　——提升教师指导家长开展性教育的能力 ············ 055
正确解读早恋　学会正确引导
　　——提升教师指导家长理性处理问题的能力 ············ 060
调适逆反心理　培育健全人格
　　——提升教师指导家长进行干预疏导的能力 ············ 065

呵护学生心灵　重拾学习热情
　　——提升教师指导家长开展转化教育的能力……… 070

缓解家长焦虑　回归理性教育
　　——提升教师指导家长共育共识的能力……………… 077

融洽亲子关系　实现共同成长
　　——提升教师指导家长建立良好亲子关系的能力…… 083

关注农村教育　提升家长素养
　　——提升教师指导农村家长协同教育的能力………… 089

有效家校沟通　达成教育共识
　　——提升教师指导家长进行有效家校沟通的能力…… 095

加强心理健康　培养健康心理
　　——提升教师指导家长开展家庭心理教育的能力…… 101

发挥榜样力量　弘扬文明家风
　　——提升教师指导家长示范带动的能力………………… 108

 教师开展家庭教育指导实践与创新 …………… 113

善思勤为　以练促能
　　——教师指导家长培养孩子生活自理能力……………… 114

以人为本　全面发展
　　——教师指导家长引导孩子融入班级活动……………… 120

引导有方　指导有法
　　——教师指导家长鼓励孩子担任班级干部……………… 128

遇事不急　化危为机
　　——教师指导家长智慧处理学生打架事件……………… 134

以劳育人　家校同行
　　——教师指导家长培养孩子家务劳动的习惯…………… 141

新生适应　学法助力
　　——教师指导家长帮助孩子掌握学习方法……………… 149

避免分化　平稳前行
　　——教师指导家长帮助孩子避免学业分化……………… 155

冲刺中考　赋能成长
　　——教师指导家长帮助孩子复习迎考……………… 162

自主分析　学会反思
　　——教师指导家长帮助孩子进行考后分析……………… 169

面对挫折　勇于应对
　　——教师指导家长帮助孩子正确面对挫折……………… 174

书香家庭　伴我成长
　　——教师指导家长培养孩子自主阅读的习惯……………… 179

家校联动　辅导有方
　　——教师指导家长让孩子自主完成家庭作业……………… 184

君子爱财　取之有道
　　——教师指导家长培养孩子的财经素养……………… 188

第四章　教师开展个性化家庭教育指导案例 …………… 195

拉近距离　共筑教育
　　——班主任开展入户家访应做到"三要三忌"……… 196

践行家访　合力育人
　　——家校共育背景下以家访促教师专业成长……… 202

善于鼓励　助力成长
　　——一个学习习惯欠佳学生的家访案例……………… 208

用爱温暖　撬开心防
　　——一个生活有重大变化学生的家访案例……………… 212

拨开尘雾　繁星可见
　　——一个留守学生的家访案例……………… 215

以爱为引　为心觅路
　　——一个情绪冲动学生的家访案例……………… 218

爱在家访　花开无声
　　——一个生活自理能力欠佳学生的家访案例……………… 221

心与心间　彩虹桥连
　　——一个生活有特殊困难学生的家访案例……………… 226

晓之以理　爱之以情
　　——一个随迁学生的家访案例……………………229

心若相印　爱亦有声
　　——一个心理脆弱学生的家访案例………………232

理解孩子　接纳不足
　　——一个重组家庭学生的家访案例………………235

尊重个性　正向引导
　　——一个性格内向学生的家访案例………………238

心诚所至　友谊花开
　　——一个爱告状学生的家访案例…………………241

洞察变化　抓住契机
　　——一个心系班级荣誉学生的家访案例…………245

育人如花　点滴浇灌
　　——一个离异家庭学生的家访案例………………248

参考文献……………………………………………251

课题成果……………………………………………253

后　记………………………………………………255

教师家庭教育指导能力解析

家庭是社会的细胞，家长是孩子的第一任老师。党的十八大以来，习近平总书记多次强调，要"注重家庭，注重家教，注重家风"。党的二十大报告指出："实施公民道德建设工程，弘扬中华传统美德，加强家庭家教家风建设，加强和改进未成年人思想道德建设，推动明大德、守公德、严私德，提高人民道德水准和文明素养。"这是首次将"加强家庭家教家风建设"写入党代会报告，充分体现了党和国家对家庭工作的高度重视。

学校教师是开展家庭教育指导的中坚力量，是联系学校、家庭、社会的重要桥梁。在新时代教育发展背景下，教师需要不断提高自身的专业素质，才能更好地满足人民群众日益增长的对接受良好教育的渴求。教师的家庭教育指导能力是教师专业素养的重要组成部分，需要教师主动学习、主动实践、主动反思和总结经验，积极担负起家庭教育指导的重任。为此，教师不仅要掌握所教学科的知识，还要积极学习家庭教育方面的知识；不仅要提高教育教学能力，还要提高指导家长开展家庭教育的能力，包括认知更新能力、沟通理解能力、协同组织能力、突发事件处理能力、个性化指导能力。这样才能使教师在家校共育工作中不断提升指导家庭教育的能力，更好地引导家长明确自身在家庭教育中的主体责任，增强家校协同育人的共识，构建学校、家庭、社会协同育人的新格局。

高质量教育背景下家校共育的意义与现实挑战

【导语】

《中华人民共和国教育促进法》的颁布，对家校共育提出了明确要求，强调了家庭和学校之间应当建立良好的沟通关系，密切合作以达成教育一致性，增强教育效果。家庭和学校协同合力，促进学生全面发展，是当今我国基础教育的改革方向，在这样的背景下，我国基础教育须以提高学生的综合能力为基础，落实立德树人根本任务，形成家校合力共育，促进学生全面发展与健康成长。

习近平总书记在中共二十大报告中强调"实施科教兴国战略"，并明确"健全学校家庭社会育人机制"的教育方向，以及加强家教家风建设等。由此可见，当今教育逐步趋向于高质量教育。当前的教育形势所强调的高质量教育，是以提高学生的综合能力为基础，坚持立德树人为根本任务。其目标是将学生培养成为"德""智""体""美""劳"全面发展的新时代社会主义接班人和建设者。

一、高质量教育背景下家校共育的意义

（一）促进家校有效沟通

家校共育可以加强家庭和学校之间的联系，加强双方的沟通与合作。通过持续有效的沟通和交流，可以让家长更好地了解学校的教育理念，也可以让教师了解家长对学校的教育期待以及教育要求，在双方的不断沟通与交流中，达成对学生的教育一致性，并使得教师的家庭教育指导能力以及家长的家庭教育水平均得到提升，进一步促进家校沟通的有效开展和家校共育的顺利进行。

（二）促进学生全面发展

家校共育对于学生的关注包含了学习、生活、心理、社交等多发面的发展情况，并对学生的"德""智""体""美""劳"进行全面评估与深入了解，帮助学生提升能力的同时让学生获得更多的自信与动力，在促进学生全面发展的基础上，助力学生树立正确的人生观、价值观和社会观。

（三）增强家校教育效果

家校共育使学校和家庭形成了彼此互助、相互补充的教育平台，教学的主阵地在学校，而育人的主阵地在家庭，家长和学校都承担起传授知识和教育学生的责任。家校共育使家校双方更加充分地了解学生在不同教育环境下的具体情况，从而有针对性地帮助学生走出困境，进一步助力学生全面发展，提升了家校教育的效果。

（四）拓展学校教育资源

学校是一个固定场所，可以通过教学和各类活动来增加学生的知识面，提升学生的综合能力，但其也有局限性，来自社会的教育资源学生在校是无法接触到的，而家校共育则弥补了这方面不足，家长可以提供来自社会不同层面的知识，这对于学生来说是学校所学知识的补充，家校共育扩展了学生的眼界与知识面，让学生接触到不同领域的知识，能更好地促进学生的全面发展。

二、高质量教育背景下家校共育面临的挑战

家校共育是指家庭和学校之间紧密合作、共同育人的教育模式。它强调家庭和学校共同承担起培养下一代的责任，共同关心、培养、教育和关爱学生。家校共育在培养学生全面发展、提升学习成绩以及塑造良好的人格品质等方面具有重要作用。当前，家校共育还面临着许多挑战和问题，主要体现在以下方面：

（一）家校沟通出现障碍

1. 家长与教师缺乏积极的沟通

有的家长认为，只有孩子在学校或家里发生比较重大的问题时才有必

要联系教师，在日常生活中家长与教师的沟通交流频率不高；也有的家长认为自己的教育经验不够或知识文化水平不高，不随意发表意见为好；还有部分家长缺乏主动联系教师进行沟通的意识，几乎从来不主动联系教师了解孩子的在校情况。总之，在家校沟通中，教师往往是交流相对主动积极的一方，而家长则比较被动。

2. 家长和教师的沟通内容单一

学校教师主动与家长沟通时，沟通内容会倾向于孩子在校的行为习惯和学习态度等方面；而家长主动与教师沟通时，沟通内容一般侧重的是孩子的学习成绩方面，其次才是孩子在校期间的行为等方面。因此，家校双方都存在沟通内容的主观倾向和局限性。

3. 家长和教师之间互相不理解

家长们时常抱怨学生学习任务重，需要配合做的事情繁、杂、多；教师也会谈及家长的教育方法粗暴，教育理念跟进不足，家校沟通不畅，亲子关系紧张，教师经常需要被动处理问题。

（二）教师指导能力不足

家校共育的主体责任人虽然是家长，但对家长进行家庭教育指导的重任则交给了学校与教师。本书作者通过对某校的调查数据分析发现，在参与调查的班主任和科任教师中，接触过家校共育方面书籍、课程、方法的教师占比较低，多数教师只是略微接触，并不深入。

教师作为学生和家长之间的联系桥梁，作为家庭教育的指导者，不具备专业的家庭教育指导知识和理论基础是难以完成指导家长进行家庭教育这份重任的。教师的专业知识不成体系、专业技能缺乏，容易导致家校共育偏离正常轨道。所以，教师应具有主动学习家庭教育指导知识的意识，就"如何转变家长的育人观念""如何启发家长学习""如何构建学习型家庭""如何协调改善家庭亲子关系""如何与不同类型的家长进行沟通""如何提高家长对家庭教育基本规律的认识"等问题进行深入学习和探索。教育者亦是终身学习者。

（三）学校重视程度不够

《中华人民共和国家庭教育促进法》颁布以来，部分学校在家庭教育指导方面做了很多努力，也采取了相应措施，但是没有形成较为完善和高效的家庭教育指导服务体系和培训课程。也有部分学校对此不够重视和关注，未有相关举措。本书作者从一线调研中发现了如下问题：很多学校对于家委会的建立以及家长座谈会、家长培训会、学校开放日等活动的开展没有具体的措施、方案和经费支持；家校共育的运行机制不够清晰，导致各方资源无法有效整合。这些问题产生的最直接原因就是学校没有充分认识到家校共育的重要性，没有发挥学校的主体责任，没有发挥学校的主观能动性。为此，学校应充分发挥自身的优势，引导家校共育的开展，帮助树立起家校共育各方主体的责任，调动各方主体的积极性，扎实推进家校共育工作。

（四）评价体系尚不完善

家校共育是我国在社会主义核心价值观体系下不断强调的育人举措，但在实践中没有达到三位一体的完美融合，其主要原因是没有建立起良好的家校共育体制，并且缺少科学的评价反馈系统。家长无法对自己的家庭教育效果进行评价，无法明确自己的家庭教育水平处于什么阶段。家长经常会说："我在自己孩子身上花了很多时间，为什么没有效果？"那么，家校共育需要达到的效果具体是什么？每一阶段的具体目标是什么？参与评价的具体项目有哪些？综合考量后发现，家校共育缺少清晰的评价体系。这一评价体系需要学校和教师引导家长以教育孩子为出发点来制定，其中应明确家庭教育的阶段项目及目标。例如：第一阶段，为孩子提供最基本的生活保障，衣食住行、睡眠、安全等；第二阶段，监督和指导孩子学习，保持和教师的良好沟通，给予鼓励和肯定；第三阶段，引导孩子树立正确的世界观、人生观和价值观。良好的评价体系，才能更好地促进和监督家校共育朝着更快、更高、更强的目标发展，才能有效落实责任，直观清晰地分析现状、发现问题、找出原因、解决问题，为家校共育提供强有力的技术保障。

教师家庭教育指导能力的基本内涵与指导类别

【导语】

　　家庭是每个孩子成长的第一课堂，父母是孩子的第一任教师。在家庭教育中，许多家长由于没有接受过专业的、系统的家庭教育培训，因此缺乏相应的家庭教育知识，对处于不同阶段的孩子的家庭教育重点也不了解，当面对孩子的教育问题时，往往缺乏有效的方法和策略。教师和学生相处时间长，对学生各方面情况的了解不输家长。当家庭教育出现问题时，家长首先想到的是向孩子的教师咨询和寻求帮助，此时教师能否给予家长有效的专业指导就显得格外重要。因此，教师的家庭教育指导能力对家校共育能否取得成效起到了关键性作用。作为新时代教师，只有主动学习家庭教育知识，不断提升自身的家庭教育指导能力，才能保障家校共育工作顺利进行，落实立德树人根本任务。

　　教师的个人素质、知识水平和工作能力决定了其对家长的指导水平和指导效果，同时，当孩子在学校出现问题时，教师也会主动联系家长进行沟通交流，以便和家长相互配合，帮助孩子走出误区。因此，教师是家校共育的重要"媒介"，教师在家校共育中的指导思想和实施方法是否科学、正确、有效，对一个孩子的成长与发展有着重要影响。

　　在家校共育的教育背景下，教师家庭教育指导能力的高低直接影响着家校共育工作能否顺利进行。教师只有不断提升自身的家庭教育指导能力，才能使家校共育工作取得成效。

一、教师家庭教育指导能力的内涵解析

　　目前，相关专家学者对教师家庭教育指导能力的研究中，还没有构建

出完整的理论。但众多一线教师在开展家庭教育指导工作的实践中，已总结出了许多有益的观点和方法。王君瑶等人在《教师家庭教育指导实务（小学版）》一书中认为，教师家庭教育指导能力是教师参与家校合作实践应具备的心理和行为品质的基本条件。吕聪在《小学初任教师家校合作能力发展状态研究》一文中认为，教师的家校合作能力包括认知能力、社交能力和行动能力三部分。

作为新时代教师，需要主动学习家庭教育知识，不断提高自身的家庭教育指导能力，这是我们的责任与义务。在学习《全国家庭教育指导大纲》《中华人民共和国家庭教育促进法》《关于指导推进家庭教育的五年规划（2021—2025年）》《关于健全学校家庭社会协同育人机制的意见》等文件精神，以及学习相关专家学者对教师家庭教育指导能力的论述的基础上，结合一线工作实际，我们认为：教师家庭教育指导能力是指教师在开展家校共育中展示出的教育理念与方法指导，能为家长提供适合的育人方法的一种能力，其主要包括"认知更新能力""沟通理解能力""协同组织能力""突发事件处理能力"和"个性化指导能力"五种能力。

二、教师开展家庭教育指导的形式类别

当前，许多家长在孩子成长的不同阶段面临着不同的困惑，想得到的家庭教育指导也不尽相同，需要教师提供个性化的家庭教育指导。例如，孩子处于幼儿时期时，家长需要有关儿童身体发育、儿童保育、儿童智力启蒙等方面的指导；孩子处于初中阶段时，七年级家长更关心孩子的角色变化与适应调整，希望得到如何让孩子适应新环境、适应新同学、适应新教师、适应新班级，以及如何让孩子掌握学习方法的指导；八年级家长普遍希望得到如何与青春期的孩子沟通以及如何正确对待和处理孩子早恋问题等方面的指导；九年级家长则希望得到如何帮助孩子正确对待中考压力等方面的指导。

侯晓晖、孙彩霞老师在《家庭教育指导的需求分析——以山西省太原市中小学学生家长为例》一文中，对家长的家庭教育指导内容需求进行了调查和分析，家长需求从高到低排序为："学业成绩""心理发展""生理发展""良好品行""社交能力""亲子沟通""教育资源""科学探究""休闲消费"。

从这个调查中发现，学业、心理、生理、品行排在了最前面，说明这是家长最关心和最困惑的问题。这些问题，一方面需要家长自主学习相关知识来对孩子进行教育，另一方面需要教师给予指导让家长学会正确方法对孩子进行教育引导。

中小学教师与学生相处时间比较多，且具有一定的教育学、心理学理论知识，对开展家庭教育指导具有优势，因此，教师是家庭教育指导的主体，对家校共育的落实起着重要作用。

一般来说，教师开展家庭教育指导可以是集体式家庭教育指导和个别式家庭教育指导。

集体式家庭教育指导是教师通过集体指导的形式开展工作，包括家校共育讲座、学校/班级家长会、家长进课堂活动、微信群/QQ群沟通、家长咨询活动、家长沙龙活动、班级亲子活动等。课题组在调研访谈中发现，学校采用集体式家庭教育指导中，开家长会是最主要的指导形式，为家长提供的指导内容是普遍性内容和方法。

个别式家庭教育指导是教师以个别指导的形式开展，为家庭提供个性化的家庭教育指导服务，包括入户家访、在校单独沟通、电话沟通、微信沟通等个别指导方式。在个别式家庭教育指导中，有家长主动向教师提出需求，也有教师发现问题主动为家长提供方法指导。课题组在调研访谈中发现，教师在个别指导中，采用最多的方式是电话沟通、微信个别交流、家访等。

另外，部分学校、教师还利用微信公众号推送有关家庭教育的相关文章、视频以及学校制作的家庭教育指导手册等，这样既丰富了家庭教育指导形式，也充分运用了现代网络技术手段，更快速、高效地为家长提供合适的指导。

教师家庭教育指导能力的构成要素与现状分析

【导语】

作为教师，在教学上我们需要因材施教、分层教学，以适应不同学生的学习、成长规律；在家庭教育上，也需要教师根据家庭、家长、学生的不同提供不一样的指导方法。这样才能有效提高家长的家庭教育水平和能力，更好地满足不同家长的教育需求。

倪闽景和张竹林发表在《中国教育报》2023年4月9日第4版的《在实践中提升教师家教指导力》一文中指出："进入新时代，推进家校合作育人是中国教育改革的大趋势，教师处在家庭与学校之间，担负二者交流'纽带'的作用与责任。因此，教师的家庭教育指导能力既是学校教育的必需要件，也是家庭教育有效开展的必要的支持力量。"同时，该文还提出，"从内在结构来看，教师家教指导力主要包含认知能力、沟通能力、情感能力、协作能力和管理能力这五种能力要素"。不同的专家学者对教师应具备的家庭教育指导能力有着不一样的要求和解读，结合一线教师开展家庭教育工作的实践与反思，以及专家学者们的研究成果，我们认为教师家庭教育指导能力主要包括五种能力，即认知更新能力、沟通理解能力、协同组织能力、突发事件处理能力和个性化指导能力。

一、认知更新能力

认知更新能力是指人们在获取、分析、处理和运用信息中能不断更新知识的一种能力，这对个体不断适应环境变化、思维碰撞、解决问题等起着重要的作用。教师具备这种能力，能丰富自身的家庭教育专业知识，提升家庭教育专业素养，更有效地指导家长在家庭教育中发挥积极作用，为家长提供专业的建议和支持，帮助家长理解并应对子女在学习和成长过程中遇到的问题，促进家庭教育的积极实施和开展，更好地与家长建立良好的沟通关系，促进家长与学校之间的信任与合作。

（一）教师认知更新能力良好的表现

教师的认知更新能力在家庭教育指导中具有重要意义。以学校为主体的家庭教育指导是一个系统工程，也是一项专业性很强的工作，是以家长为主要对象，以家庭其他成员为影响对象，涉及多门学科的社会实践活动。教师需要持续地学习与更新知识，才能建构起教育学、心理学、社会学、伦理学等多学科、多领域的知识体系结构，从而更好地适应当前家庭教育之需。教师的认知更新能力主要体现在以下方面：

1. 了解理论基础

教师应该了解家庭教育领域的理论知识和研究成果，了解不同成长阶段的儿童和青少年的发展特点，了解家庭教育的重要性以及各种家庭教育模式和方法。

2. 掌握家校共育策略

教师应掌握家校合作共育的策略。教师在开展家庭教育指导的过程中，应与家长建立相互理解与相互支持的合作关系，建立多种沟通渠道，与家长共同分析学生学习、行为、情绪等方面的问题，并提供家庭教育指导和方法，促进家庭教育的有效实施。

3. 提供家庭教育指导

教师需要具备良好的洞察力和分析能力，能够了解学生家庭的背景、价值观和教育期望，并根据这些因素提供差异化的家庭教育指导。

4. 协调家校教育目标

教师需要拥有协调家庭教育和学校教育目标的能力。教师要了解学校的课程要求和学习目标，并指导家长一起制订家庭学习计划和目标，确保家庭教育与学校教育的衔接和一致性。

5. 不断学习反思

教师需要具备不断学习与反思的能力，不断提升自己的家庭教育指导能力。教师指导家长从家庭教育实践中总结经验，不断反思与改进，并参与相关的专业培训活动，不断更新自己的家庭教育知识和技能。

（二）教师认知更新能力不足的原因

教师在家庭教育方面的认知更新能力不足，其原因主要体现在以下方面：

1. 教育课程有缺失

在教师教育课程中，有关家庭教育指导的内容和方法没有得到充分关注。教师在接受专业培训时，有关家庭教育指导的知识和技能培训也相对有限，导致教师在实际工作中存在相关知识、能力不足的困惑。

2. 教育培训缺机会

教师在职业发展过程中，较少有参与家庭教育指导相关的专业培训的机会。家庭教育指导领域的培训资源也相对有限，教师难以获得系统性培训和提升自己认知能力的机会。

3. 时间不足难跟进

教师承担着教书育人的工作，面临较多的教育、教学任务，较大的工作压力和较长的工作时间，从而没有足够的时间和精力来学习和提升家庭教育指导方面的知识和技能，使得这方面的认知更新能力下降。

4. 思想认知有差异

教师在家庭教育指导中的认知能力也受到文化和社会因素的影响。不同社会文化背景下的家庭教育观念和做法可能存在一定的差异，教师需要多学习、多了解，找出符合班级、学校、家庭实际的方法。

5. 缺乏支持少资源

教师在指导家庭教育时，也会面临缺乏相关支持和资源的问题。缺乏家庭教育指导的相关材料、教具和专业支持，教师则难以有效地开展家庭教育指导工作。

（三）加强教师认知更新能力的策略

要加强教师指导家庭教育的认知更新能力，可以采取以下策略：

1. 了解理论知识

为了更好地指导家长开展家庭教育，教师首先要学习一定的家庭教育理论知识，在家长遇到问题的时候，才能给予相关的指导与帮助。一方面，教师可自主通过相关书籍、报纸杂志、网络学习；另一方面，教育部门、学校可在教师培训和教育课程中加入家庭教育指导方面的内容，包括理论知识、实践技巧和案例分析等，使教师能够全面了解和掌握家庭教育指导的要点和方法。

2. 提供培训机会

为教师提供专门的家庭教育指导培训机会，包括研讨会、研修提升班、专业发展课程等。这些培训应当覆盖家庭教育理论、指导策略和实践技能，帮助教师提升自己的认知更新能力。

3. 创建学习社区

建立学习社群，促进教师之间的交流和分享。教师可以互相学习、探讨家庭教育指导的经验和实践，共同解决问题，并从中获得启发和支持。

4. 提供指导资源

教育部门和学校可提供相关的家庭教育指导资源和工具，包括指导手册、案例研究等。这些资源可以帮助教师更好地应对家庭教育中的挑战，并提供实用的指导建议。

5. 建立合作关系

与家长、社区建立积极的合作伙伴关系，共同关注学生的全面发展。教师可以与家长密切合作，探究分析学生问题，并提供对家庭教育的支持和指导。

6. 持续专业发展

教师应不断追求专业发展，参加相关的线上线下研讨会、研究活动和培训课程。教师还应保持对家庭教育方面的最新研究成果和实践的关注，并将其应用于自己的教学和家庭教育指导工作中。

以上策略的实施可以有效提升教师的家庭教育指导认知更新能力，有效地支持和指导家长在家庭教育中发挥重要作用。

综上所述，教师的认知更新能力是教师开展家庭教育指导的必备条件和重要基础。教师的专业指导、教育资源整合、情感支持、沟通和合作能力以及学习和反思能力，能够有效地促进家庭教育的实施，为学生全面发展提供有力的支持。教师在家庭教育指导中的角色不仅仅是知识传授者，更是引导者、支持者和合作者，为不同家长开展家庭教育提供专业的指导。

二、沟通理解能力

沟通理解能力是指人在与他人交流的过程中，能够准确理解他人的意图和信息，并能够正确地解读和回应，以及增加别人理解自己可能性的能力。这种能力包括对沟通语言、沟通环境、说话方式、肢体语言等多种信息形式的敏感观察和理解。

（一）教师沟通理解能力良好的表现

教师的沟通理解能力在进行家庭教育指导时显得尤为重要。良好的沟通是达成理解的前提，教师应摒弃偏见和先入为主的观点，用正确的话语表达传递信息，才能更好地与家长进行有序、有效的正向互动，从而达成目标共识、情感认同，实现彼此理解与支持。教师的沟通理解能力主要体现在以下方面：

1. 理解对方意图

一个具备良好沟通理解能力的教师不仅能够认真听取家长的意见，还能够理解其背后的含义、原因或意图。

2. 具有推理能力

沟通理解能力要求教师具备良好的分析和推理能力，能够从对方的语言中推断出其他方面的信息，以便及时作出判断与回应。

3. 具备开放心态

沟通理解能力需要教师具备开放的心态，尊重他人的观点和意见，包容并理解他人。良好的沟通理解能力，能让教师与家长建立更好的互动关系，避免误解和冲突，并实现更有效的沟通和合作。

教师与家长进行沟通，主要涉及以下问题：

第一，学生学业问题。家长希望了解孩子的学习状况并得到支持，教师希望与家长合作，共同帮助学生提高成绩。

第二，学生习惯问题。教师发现学生存在某些不良生活与学习习惯，联动家长讨论如何帮助孩子养成良好的生活和学习习惯。

第三，学生心理问题。由于家庭环境、学业压力、人际关系等原因，一些孩子出现了自闭、自卑、抑郁等心理问题。教师应就学生的心理问题与家长及时沟通，引起家长重视，做到早预防、早治疗。

第四，学生家庭问题。教师需要与家长探讨如何解决孩子生活中出现的问题，引导家长尽力营造良好的家庭氛围，多陪伴孩子，真正承担起父母的职责与义务。

通过提升教师的沟通理解能力，可以使教师真正走近学生、走近家长，增进教师与家长之间的互信关系，更好地实现家校共育。

（二）教师沟通理解能力不足的表现

教师在指导家庭教育的工作中沟通理解能力不足，其主要体现在以下方面：

1. 不尊重

教师在与家长沟通的过程中，应尊重家长的个人隐私和权利。有的教师爱随意泄露或者打听家长的个人隐私，还有的教师在与家长沟通的过程中存在不尊重家长意见和看法的现象。这些都会导致教师与家长彼此沟通不畅，也就无法相互理解、达成共识。

2. 不公正

教师应该公正对待每个学生和家长，不应该偏袒某一个学生或家长。在与家长沟通的过程中，有的教师主观意识较强，缺乏客观性，带有个人偏见，导致与家长的沟通无法继续下去，家长也不愿意再与教师沟通。

3. 不真实

教师在与家长沟通时应实话实说，让家长了解孩子的真实情况。有的教师在与家长交流时存在"说好不说差""夸大优点，回避缺点""夸大缺点，不说优点"等隐瞒真实情况的现象。为此，教师应坚持真实原则，如实地向家长反映学生情况，不夸大也不缩小学生的问题。

4. 不平等

教师应平等对待班级的每个学生和家长，不应该因为家长的身份、地位或者背景等因素而有所不同。有的教师在与家长沟通时并未做到平等相待，在语言上、行为上均表现出不一样的态度，这会让家长产生反感和抵触情绪，造成沟通不畅，影响沟通效果。

（三）加强教师沟通理解能力的策略

教师要加强沟通理解能力，可以采取以下策略：

1. 用心倾听

教师在与家长交流时应耐心倾听家长的意见和想法，不要随意打断对方，对家长的意见和感受表示理解和尊重，不要轻视或者贬低。

2. 合理表达

教师应有技巧地表达自己的意见、感受和需求，可以通过提问、解释或者建议的方式来表达自己的观点。在沟通中，家长一般想了解孩子的学习状态、作业情况、课堂表现、人际关系等，教师可以根据实际情况与之交流。

3. 理解对方

教师应尝试站在家长的角度去理解问题，不要只站在自己的立场来看待问题。教师可以针对家长的想法和感受表达自己的理解，与对方产生共鸣，以增进彼此间的信任，使沟通更顺畅。

4. 尊重对方

教师应尊重家长的诉求和想法，不要总是按照自己的想法去和家长沟通。教师应给予家长表达的机会，让家长感受到自己是被尊重的。

5. 与之共情

教师需提高自身与家长共情的能力，共情才能共振，才能更好地让家长成为老师的"教育合伙人"。教师应站在对方的角度，体会、理解并尊重对方的情感、观点，这样才有利于教师在与家长的沟通中找到孩子问题的关键点，探讨出解决孩子问题的最优方法，让彼此的沟通更有价值。

三、协同组织能力

教师协同组织能力是指教师协同家长、学生以及相关社会主体（如学校、社区、教育主管部门等），围绕学生的"问题"和"需求"进行单维度或多维度协作的一种整合、协调，最终实现组织目标的一种能力。

（一）教师协同组织能力良好的表现

协同组织能力在家庭教育指导中的意义是提供优质的教育资源，是教师进行家庭教育指导的关键因素。协同组织能力强有助于教师为不同家庭提供个性化的教育指导，以及加强教育指导的连贯性和持续性，从而更好地促进学生的全面发展。教师的协调组织能力主要体现在以下方面：

1. 会沟通协调

教师应具备良好的沟通能力，能够与家长建立良好的沟通渠道，及时交流、反馈相关信息。教师还需要不断与家长沟通合作，共同制定教育计划和目标，共同为孩子的成长和发展制定个性化培养方案。同时，教师还应具备一定的协调能力，在与其他教师的共事中，互帮互助，互通有无，针对班级情况随时进行沟通交流和资源共享，对班级的发展有共同的愿景，对班级的学生有共同的期待，对班级的家长有共同的尊重，共同为班级学生的健康成长和进步制定出相应的教育策略。

2. 会合作协同

教师在家庭教育指导中需要与家长建立良好的协作关系。教师与家长可以根据家庭的具体情况共同制定家庭教育计划，教师可以帮助家庭各成员明确各自的责任和任务，并将这些责任和任务清晰罗列出来，在执行阶段相互监督、支持、配合，共同培养孩子的学习能力、生活习惯和社会适应能力。

3. 会组织管理

教师应根据学校和班级的实际情况，组织家长开展线上线下家长会、家长进课堂等活动，让家长在参与班级活动中了解学校、了解教师、了解班级，增进家校联系。在组织过程中，教师应给予家长关于合理安排孩子生活与学习的相关指导，还可以引导家长学习如何开展家庭会议，促进家庭成员之间的交流和互动。

4. 会情感支持

教师应具备情感支持能力，也就是说，教师应与家长、学生产生"共情"，能够倾听和理解家长和孩子的需求和困扰，给予他们必要的情感支持和关怀。同时，教师也需要与家长建立相互信任和互助关系，积极传递正能量，促进家庭成员之间的和谐发展。

5. 会整合资源

教师作为家长、学生、学校、社会之间的纽带，起着串联几个主体的关键作用，而教师的特殊身份也使其扮演着重要角色。教师应善于整合学校、家庭、社会的教育资源。在整合校内外教育资源时，教师可以结合校情、班情等，与学校、社会相互配合，协同组织，为家庭教育提供必要的支持和指导。

（二）教师协同组织能力不良的表现

当前，部分教师在家庭教育指导中的协同组织能力不足，导致其在指导家庭教育时显得力不从心，不能有效地帮助家长开展家庭教育。教师在家庭教育指导中的协同组织能力不足主要体现在以下方面：

1. 自身角色模糊

教师通常扮演着学校教育者和家庭教育指导者两个不同的角色，如果这两个角色之间的边界模糊不清，则在具体开展家庭教育实践时易出现困惑和冲突。

2. 双向沟通不畅

由于家校之间的信息传递不畅，教师无法及时了解到学生家庭中存在的问题和需求，则难以有效对其进行指导。

3. 家校协同不足

家庭和学校作为两个相对独立的系统，缺乏有效的协同合作机制，则往往导致家庭教育效果不理想。教师开展家庭教育指导工作时，因自身协同能力不足、学生家庭情况不同、学校情况不同等多方面的因素，难以将学校、家庭、社会三种资源有机融合，也就无法发挥教育的最大效能。可见，教师需要做好学校、家庭、社会教育的协同组织，有效促进三方教育相互依存、相互促进。

（三）加强教师协同组织能力的策略

要加强教师在指导家庭教育时的协同组织能力，可以采取以下策略：

1. 要有统筹整体意识

教师在指导家庭教育的过程中，要处理许多繁杂的事务，所以必须顾全大局，全面整体地思考问题。要依据各级教育部门针对家庭教育出台的方针政策，同时结合学校、班级、家庭的不同特点，统筹考虑，为各个主体提供全面的支持和指导，以达到协调发展的目的。

2. 要有协调沟通意识

近年来，学校为了促进家校共育的全面开展，通过家长会、学校开放日、家长接待日、家访等多种家校沟通渠道，逐步建立起学校、家庭、社区之间的有效联系。同时，为了将社会主义核心价值观更好地融入家庭教育实践中，学校、班级还会定期举办家长培训讲座、家庭教育经验交流分享会等活动，以及定期组织校外社会实践活动，如研学旅行、参观体验、志愿者服务和社会公益活动等。教师作为这些活动的参与者和指导者，在学校、社会、家长之间建立了良好的沟通渠道，相互之间可通过电话、短信、网络社交工具（QQ、微信）等方式进行沟通交流。在沟通交流的过程中，教师的语言表达要条理清晰、重点突出，能让家长理解学校、班级的安排和计划，了解学校、班级开展这些活动的意义和价值，使其积极主动地参与到活动中来。

3. 要有服务指导意识

很多中小学、幼儿园现已将家委会纳入学校日常管理，制定了家委会相关规章制度，将家庭教育指导作为家委会的一项重要任务。教师要协同学校对家委会成员进行选拔、培训，也要协同家委会成员邀请家庭教育专家、学校领导、相关教师、优秀家长组成讲师团，面向更多家长定期宣传与家庭教育相关的法律法规和政策，传播科学的家庭教育理念和知识，组织开展有教育意义的实践活动。教师要主动支持和帮助以上活动的开展，在场地、队伍、计划、活动的准备与开展上要有服务指导意识，和家长共同做好家庭教育。

在一次亲子活动中，老师发现小 D 父亲与小 D 的沟通很困难，三言两语就让父子俩剑拔弩张，闹得很不开心，小 D 父亲似乎对如何与孩子沟通十分困惑。于是，在活动结束后，老师与小 D 父亲进行私下交流，并提供了一些解决方案。比如，鼓励父亲和孩子一起做一些有趣的事情，多进行日常的亲子沟通等。老师还邀请小 D 父亲和小 D 一起参加学校的志愿者活动。在活动中，老师与家长组建了一个小组，并明确了任务分工和人员安排。在这个过程中，老师不仅帮助小 D 父亲和小 D 建立了良好的沟通方式，而且帮助他们团结合作共同完成了任务。

通过这个案例可以看出，教师在家庭教育指导时需要有良好的协同组织能力，通过参与家长和孩子的活动、提供指导建议和帮助他们制定目标计划，协助他们共同完成任务，从而促进亲子关系和谐，使家庭成员之间建立良好的沟通方式。

在以上案例中，教师为家长提供了具体的问题解决方案。教师的能力如果达到了一定的水平，还可以帮助每个家庭制定出适合他们的家庭教育计划，包括帮助家长明确家庭教育的目标和步骤，合理安排时间和资源。

第一，指导家长定期制定教育计划，包括孩子的学习任务、兴趣培养、生活习惯的养成等内容。

第二，指导家庭成员合理分担任务并明确各自责任。在家庭教育中，父母可以根据各自的能力和时间，承担相应的任务和责任。例如，一方主要负责学习指导，另一方主要负责生活照顾。合理分工能够减轻家长的压力，提高效率。

第三，指导家长制定家庭规则和制度。制定家庭规则和制度可以帮助家庭建立秩序和规范，让家庭成员达成共识，以促进相互沟通。家庭制度应包含学习时间的安排、休息娱乐的安排、家务分工等。家庭成员共同遵守规则，共同营造良好的学习环境和成长环境。

第四，指导家长建立家庭学习和沟通机制，包括不定期的家庭会议等，有助于促进家庭成员之间常态化的互动和交流。家长可以倾听孩子的意见和建议，共同商讨解决问题、制定学习计划等。

教师的协同组织能力对于家庭教育的有效实施至关重要。教师在不断完善和充实自己的情况下去帮助每个家庭，发挥组织协调能力，协助家长制定明确的学习计划和目标，合理分工和分配任务，建立规则和机制，并有效利用外部资源，共同促进孩子的成长和发展。

四、突发事件处理能力

突发事件处理能力是指教师在面临意料之外的突发事件时，能够迅速做出客观而准确的判断，并及时采取恰当且有效的措施妥善解决问题的能力。该能力需要教师在面对突发事件时能快速做出反应。这不仅是教师良好综合素质的体现，也是教师教育智慧的体现。

（一）教师突发事件处理能力良好的表现

教学课堂、班级常规管理、家校沟通与交流、学生互动过程中出现的非计划中的事件称为突发事件。它们出现在无法预见、出人意料的情境中，并呈现出发生快、难以预测、随机性强的特点。一旦出现突发事件，教师就要迅速做出反应，随机而动，以恰当的方式来应对和解决问题。教师的突发事件处理能力主要体现在以下方面：

1. 能沉着分析

在突发事件发生时，教师需要沉着冷静，根据当前情况分析事件的严重性与紧急性。

2. 能快速应对

在了解事件经过后，教师需要及时决策，控制事件的影响范围，并快速做出反应，为问题的解决选择最适宜的方案。在事件处理过程中，教师要根据实时情况，及时调整方案。

3. 能协调处理

应急事件妥善处理需要教师能联系、联动相关学校或社区等，以获得相应的支持和帮助。教师还可以合理地运用身边的教育资源，以更快、更好地解决当前事件。

4. 能后续跟进

突发事件发生后的一段时间内都需要教师持续跟进，了解后续情况，避免出现"二次事件"。教师持续跟进能有效应对后续变化。

（二）教师突发事件处理能力不足的表现

教师的突发事件处理能力不足主要体现在以下方面：

1. 始末不明，急定论

教师在处理突发事件时，容易因一时性急，将个人情绪带入事件进行主观判断，没有给予他人合理表达意见和看法的机会，对事件的判断容易走入误区。因此，教师应沉着冷静，全面了解情况后再进行客观判断。

2. 应对欠妥，不周全

当教师对事件没有进行全面梳理时，就会降低对事件判断的敏锐性，并容易忽略事件中存在的极微小的不可控因素，导致事件处理效果不佳或不彻底，留存的"隐患"会在一定程度上影响后续教师的班级管理，并逐渐干扰教育、教学工作的正常进行。

3. 跟进不足，引冲突

如果教师在处理突发事件中忽略了一些问题没有持续跟进，这些问题就可能在后续过程中逐渐发酵，再次引发冲突，从而使得这些问题变得复杂。

（三）加强教师突发事件处理能力的策略

教师要加强突发事件处理能力，可以采取以下策略：

1. 遇事不惊，沉着应对

教师需要具有处变不惊的心理素质，以应对随机、随时发生的突发事件。在事件发生的第一时间里，教师需要调整自己心态，稳定情绪，控制自身的行为，再冷静客观地对当前事件所指向的矛盾点进行分析和判断，以此为基础来发现可解决问题的契机与途径，智慧处理事件。在事件处理过程中，当事人家长有可能情绪不稳，教师需要在突发事件中沉着冷静，既展现出自身的良好素养，又让家长产生信赖之感。这样的信任感会为教师赢得时间，从而去思考下一步的解决方案，也为事件的解决奠定基础。

2. 就事论事，掌握分寸

公平公正、就事论事是教师处理突发事件的基本原则。对于事件的前因后果，教师一定要充分了解，将所有的疑惑点梳理清楚，在事件的关键点处力求达成共识，不可妄下论断。对于事件的处理一定是以事实为依据，结合事件本身的性质进行判断和处理。在处理事件时，教师应当把握好处理问题的尺度，不将事件扩大。教师"上纲上线""简单粗暴"的处理方式会引起家长的反感，不利于解决问题。因此，教师应全面了解事件经过，不急于评判和评论，应尊重事实，就事论事。

3. 润物无声，循序渐进

突发事件可能发生在与学生、与家长、与他人的交流中，身份、环境、教育氛围的不确定性，教育情境的可变性，为事件的解决增添了难度。不管是在何种情境之下，教师处理突发事件都不可急躁冒进，可采取由此及彼、换位思考、循循善诱的教育方式，以善意的提醒为主，明确教育的重点是帮助孩子，让孩子学会冷静、沉着地应对突发事件。在问题解决之时，教师已将正向的教育贯穿其中，将尖锐矛盾化解，使当事学生、家长感受到教师"润物无声，循序渐进"的教育思想。教师在处理突发事件时，可根据事件的性质和具体情况灵活处理，将教育的步调放缓，将缓缓而入的情感浸润传达给当事人，再以此为基础来化解矛盾。

4. 随机应变，因势利导

事件的发生看似随意，实则有内因可循。在了解内因的过程中，可能会有不可预料的教育情境出现，此时，教师需要由细微的语言或行为感知到情境的"变化",而问题解决的关键点往往就隐藏于其中。教师在迅速适应变化的情境后,通过分析问题来寻求解决途径,并将教育理念传达给学生和家长,让其对自身行为做出合理的判断,引发情感共鸣与认知共识,从而达到教育的目的。于微妙处抓住"变",是对教师的洞察力、理解力、感知力的最大考验,合理地运用"变",既能提高学生和家长的思想认知,又能达到教育的目的。

在事件的处理过程中,教师要做到有礼有节、言辞达意。任何事件的处理都会涉及语言的沟通、行为的展现。有礼有节的谈吐与适时亲近的技巧性动作可以降低学生和家长的戒备心理,以促成与当事人的良好沟通。

突发事件的处理能力是教师长期经验的积累。因此,教师要不断加强自我修炼,提升应变能力,提高自身对事件的敏锐性、处理事件的智慧性、遇事不惊的稳定性、及时机智的反应力,并将其转化为自身的专业素养能力。

五、个性化指导能力

个性化指导能力,是指教师根据不同学生的具体情况制定的不同问题的解决策略,根据不同学生的问题或家庭需求,理性、客观、全面地为家长提供个性化教育指导和咨询的能力。

(一)教师个性化指导能力良好的表现

教师个性化指导能力主要体现在以下方面:

1. 了解家庭背景

教师能深入了解学生的家庭环境,包括家长的文化程度、职业状态、家庭关系以及家庭教育理念等,以便更好地根据家庭情况给出有针对性的指导。

2. 识别个性差异

教师能够通过日常表现对孩子的具体情况进行判断,识别每个学生的独特性,包括他们的学习风格、兴趣爱好、个性特征等,了解学生的个性化需求。

3. 提供具体方法

面对不同学生出现的多种情况，教师能够有针对性地提供切实可行的具体方法，指导家长对学生进行家庭教育。

4. 定期互动反馈

教师要定期与家长沟通，相互反馈学生各方面的情况，全面了解学生，才能不断改进指导方式，为家庭提供更适合学生的教育支持。

5. 持续学习更新

教师积极参与专业发展活动，不断提升个性化指导能力，以应对不同阶段、不同类型的学生及家庭需求。

（二）教师个性化指导能力不足的表现

教师在家庭教育方面个性化指导能力不足，主要体现在以下方面：

1. "一刀切"的教育模式

部分教师和家长通常采用"一刀切"的教育模式，容易忽视学生之间的个体差异，没有充分考虑到他们的独特需求、个人兴趣和能力水平。每一个孩子都是独立的个体，他们的需求、兴趣爱好和能力水平都各不相同，"一刀切"的教育方法无法满足所有学生的需要。这种忽视个体差异的做法不仅会导致教育效果不佳，也可能会对学生的个人成长产生不良影响。

2. 了解不全面，定位不准

个性化差异需要教师提供有针对性的家庭教育指导，当教师对学生的了解过于片面，对学生的判断就容易出现偏差，导致家庭教育指导方法缺乏可行性，从而影响教育效果。

上述问题无疑都影响了教师家庭教育指导的实施和效果。为了有效解决这些问题，教师需要重新审视自己的教育模式，在全面、客观地判断学生的综合情况后，再提出可行的方案，以确保在教育过程中实现真正的个性化指导。

（三）加强教师个性化指导能力的策略

要加强教师对家庭教育的个性化指导能力，可以采取以下策略：

1. 了解差异，尊重人格

教师应理解每个学生的独特性并认识到这些独特性的价值，这需要教师花费时间和精力去了解他们，包括他们的兴趣爱好、能力水平、性格、学习风格、人际关系以及他们的家庭背景等。另外，教师还应尊重学生的人格，在走进学生内心的过程中要循序渐进，并注意保护学生的隐私。

2. 分类指导，对症下药

与学校教育相比，家庭教育有一个显著的特点——差异大。每位家长的人格修养、性格气质、知识层次等都是不一样的，不同家庭环境下的孩子其特点也就不同。

教师应抓住各个家庭的特点，对不同类型的家长进行分类指导，以提高家庭教育指导的实效性。例如：对于那些对孩子失去信心而放任不管的家长，教师要及时将学生的点滴进步反馈给家长，激发他们对孩子的信心，鼓励他们帮助孩子克服困难，不断超越自我；对于那些对孩子期望过高、教育方式因循守旧的家长，应建议家长尽量站在孩子的角度想问题，认真体会孩子的感受，与孩子产生共情；对因离异而忽视孩子的家长，要引导家长共同管理与教育孩子，关注孩子的成长过程，履行父母抚养和教育子女的责任与义务，让孩子在关爱中健康成长。

3. 紧密合作，共商对策

教师需要经常与家长进行有效的沟通，以便更好地了解他们的想法和期望，从而找到最佳的教育策略。在遇到孩子犯错或言行不规范时，教师要指导家长了解事件的过程，耐心地帮助孩子分析错误背后的原因，客观表达自己真实的想法，并给出方法上的建议和指导，让错误成为孩子成长过程中的一种人生体验。

4. 时时关注，适时指导

首先，教师在进行个性化家庭教育指导时，要引导家长先拟定一个目标，并朝着拟定的目标持续跟进；其次，教师在指导过程中的言行和指导方式应是家长能接受和理解的，同时要让家长慢慢地参与到指导中；最后，教师要科学指导，并时刻关注家庭和孩子的变化，以便及时做出调整。

5. 持续学习，共同成长

个性化指导能力的提升需要持续学习，参加各种教育研讨会、阅读家庭教育方面的书籍、线上学习有关家庭教育的视频并及时总结和反思可以不断丰富教师的教育教学方法和技巧，以便更好地满足新时代学生和家长的需求。

总的来说，提升个性化指导能力需要教师投入时间和精力去进行持续性的学习。教师在不断学习的过程中，不仅可以提升自身的能力，以适应不断更新的要求，还可以帮助孩子充分发挥其潜力，创造更适宜孩子发展的教育环境。

教师家庭教育指导能力提升策略

随着时代的进步，家庭教育的重要性日渐凸显。教师作为专业的教育者，承担着立德树人根本任务的责任和使命，其家庭教育指导能力关系到我国高质量教育体系的建设。而立德树人目标的实现需要学校、家庭、社会形成育人合力，共同承担学生成人成才的责任。然而，部分家长虽对家庭教育的重要性认同度高，但缺乏专业知识，在面对亲子问题时往往束手无策，缺乏有效的方法应对，此时就需要教师来帮助家长提升家庭教育水平。中小学教师在开展家庭教育指导工作中，需要坚守职业底线，不断丰富家庭教育知识储备，提高指导家长开展家庭教育的能力。

本章聚焦教师家庭教育指导能力的提升策略，是第一章所讲的五个教师家庭教育指导能力在实践中的综合运用与细化。本章对教师指导家长的过程中涉及的家委会管理能力、情绪管理能力、职业启蒙能力、干预疏导能力、转化教育能力、心理识别能力等多种能力进行了较为详细的分析和阐述，并给出了策略及方法。这些方法不仅能提升教师在家庭教育指导中的专业能力，还能为家长提供具有时效性、针对性、专业性的指导，满足不同家长的需求，引导家长规范家庭教育行为，助力家校协同育人，构建良好的教育生态环境。

强化责任意识　坚持"四少"原则
——提升教师开展家庭教育指导的能力

【导语】

人的一生中所接受的教育来自学校、家庭、社会三个方面，家庭对学生未来的发展有关键性的影响。家庭教育的核心是家长，但不少家长缺乏必要的家庭教育知识，缺乏科学的教育方法，这些都影响了亲子之间的交流与沟通，成为亲子矛盾的导火索。如今，不少家长在如何理解孩子的真实想法与内心需求、如何与孩子有效沟通、如何与孩子增进亲子关系等方面面临困惑。教师作为学生与家长的沟通桥梁，要在深入了解学生及其家庭情况的基础上，采用专业的家庭教育知识来强化家长的责任意识，指导家长采用少说教、少偏爱、少攀比、少责骂的"四少"策略，帮助家长树立科学的家庭教育理念，引导家庭回归本真，有效处理家庭教育问题，改善亲子关系。为此，教师作为专业的家庭教育指导者，应提高自身的家庭教育指导能力。

在某市一项针对3000多名中学生心理状况的调查中，其中"对待父母的态度"一项，56.28%的孩子表示极度反感或痛恨父母，19.22%的孩子对父母态度冷淡，13.13%的孩子反感父母，6.62%的孩子惧怕父母，仅有4.75%的孩子喜欢自己的父母。不少家长和老师很困惑，为何中学生会出现如此情况？据一线调研发现，一是中学生进入青春期，对自身身心发展急剧变化异常关注并充满矛盾。他们心理发展失去平衡，感受着许多心理冲突和压力，情绪情感、性格特征及日常行为等方面会出现种种问题，甚至出现较严重的心理及行为偏差；二是家长缺乏科学的教育观念和方法指导。家长受社会发展的影响，在教育中多呈现简单说教、管教方式不当、功利心较强等特点，不仅导致家庭教育问题频发，还影响了孩子正常的成长。

一、少说教：良好亲子沟通的前提

《曾子立事》中有言："微言而笃行之，行必先人，言必后人。"其意思为：话要少，做起来要扎实，行动要比别人早，说话要比别人晚。当孩子与家长沟通时，一些家长较少用心去倾听孩子内心的想法，而容易站在成年人的角度去批评孩子的不当行为，对其输出自认为对的道理。尽管家长在"用心"教育，但并未起到实质作用，反而引起孩子的抵触乃至厌烦。长此以往，孩子自然不愿说、不愿听，将真实的自己隐藏起来。

小 H 是一个比较懂礼貌的男生，见到老师总能主动打招呼，与班上同学关系也不错，但他的妈妈总是在微信里"告状"，责骂小 H 不懂事，在家里老是顶撞她。一天，小 H 的妈妈给老师打来电话——"老师，这个娃娃简直无法无天了，刚才把我推出门外。""不着急，慢慢说，没有……"还没等我说完话，她又激动地继续说："他今天做英语，字写得很难看，我让他重写，他写了，但是写得不好，我又让他再写。他一边写，我一边说，说着说着，我俩就发生了冲突。他说我啰唆，一直指责他，居然还说不写了。于是，我就更生气了，把他的作业撕碎了。在我撕碎的过程中，他来抢，我就打了他，他还把我推开，然后把门关着，一个人在屋里哭……"我一直听着小 H 妈妈的讲述。在听的过程中，我回想起她在班级微信群里也曾讲述过孩子学习不主动、书写潦草等，加上这件事情，更能看出小 H 妈妈在开展家庭教育过程中存在的问题。等小 H 妈妈讲完后，我问了她一个问题："如果你是小 H，当你面对妈妈这样的语言和行为时，你心情如何？你会接受吗？"这时，小 H 妈妈陷入了沉思……

很多家长在教育孩子时，都只是采用简单的"说教"，以及使用命令式的语气和孩子交流。比如："你应该……""你不应该……""你这样是不对的。""我告诉你，你是错的。"……家长这样简单地说教，不倾听孩子的内心，是在以爱的名义伤害孩子。在平日与家长的沟通中，教师要指导家长认识到这样谈话交流的问题所在，引导家长学会做孩子的倾听者，倾听孩子诉说的内容，不随意打断孩子的话，不随意否定孩子，而是先耐心倾听，了解孩子内心的真实想法。家长在听的过程中，能更好地考虑如何与孩子进行交流。同时，教师可以引导家长在和孩子沟通时摆正态度，改变居高临下的姿态，将"说教"变成"交流"，学会多站在儿童的视角去体会和感受，并和孩子进行互动，接纳和理解孩子的情绪，减少评判和说教，孩子才能敞开心扉和家长进行交流，家长才能拉近与孩子之间的距离，改善亲子关系，真正走进孩子的内心世界。

二、少偏爱：和谐多孩家庭的原则

"己所不欲，勿施于人。"这告诉我们，如果自己都不希望被人如此对待，推己及人，自己也不要那般待人。当前，国家采取多项措施鼓励"生二孩""生三孩"，给家长们许多政策支持。部分家庭选择了"生二孩"或"生三孩"。当新一个孩子出生时，有些父母会不自觉地将注意力集中在新生孩子身上，导致大的孩子感受到原本属于自己的爱被"分割"走，心里自然而然会对父母"不公平"的爱产生抵触，可能也会对弟弟妹妹的出生存在一些看法，从而导致孩子与父母之间的矛盾以及同弟弟妹妹的关系不和谐。

小 Y 戴着厚厚的眼镜，留着长长的刘海，常和好友在班级教室某处围成一堆讲小话。某天，美术课后 W 老师气愤地走到我面前，递给我一张纸条，上面写着不尊重 W 老师的话。经过了解，原来小 Y 上美术课时和同桌搞小动作，W 老师请她起来回答问题，她回答不上，觉得 W 老师故意伤她面子，随即在纸上写下这些话语。我教育她后，她又约几个女生在厕所不甘心地诉说自己的"委屈"。不久之后，班级进行了座位调换，她的同桌换成了一个不爱讲话的男生，几天后她又在某社交平台上发表了一些伤害该男生的言论。以上种种行为真的让人气愤，我随即拨通了家长的电话。与家长交流后才得知小 Y 曾经很开朗，父母没有和她商量而要了二孩后，三年级的她性格慢慢发生了改变，尤其是和弟弟发生矛盾后妈妈总是偏向弟弟，让她极度不平衡和缺乏安全感。她讨厌弟弟，讨厌妈妈，甚至开始讨厌身边一切她认为对她有恶意的人，更不愿与家人待在一起。妈妈也很头疼，对于如何与小 Y 相处，她表示很无力，希望老师能帮帮忙。

在现实生活中，我们会发现在两个或多个孩子的家庭中，家长会更加偏爱乖巧懂事、和自己更亲近或者年龄更小的孩子。家长习惯以高标准、高道德来"绑架"不被偏爱的孩子。比如："你是哥哥，让一下弟弟不行吗？"

"你成绩那么差,当姐姐连个表率都做不好。""你扫个地还不如妹妹。"……研究发现,父母的不平等对待会影响孩子与父母以及孩子之间的关系。在与家长的沟通中,教师要指导家长去关注每个孩子的感受和情绪,减少一些攻击性语言。无论处于什么年龄段的孩子,在受到父母不公平的对待时内心都会相对敏感和难受。教师要指导家长学会接受每个孩子的不同,引导家长发现每个孩子的优点和独特之处。同时,在日常的陪伴和教育中,家长要有计划地安排和不同孩子的相处时间,让孩子们感受到父母并没有厚此薄彼。当然,教师还可以多鼓励家长去听取反馈的声音,通过询问身边的亲人、朋友、孩子等来了解自己对待孩子的方式是否相对公平,通过改变自己的言行做出积极的调整,让孩子感受到自己依然是被父母疼爱的孩子,是家庭中不可或缺的一员。

三、少攀比:保护孩子自尊的基础

《增广贤文》有言:"严于律己,宽以待人,以责人之心责己,以恕己之心恕人。"意思是说,以严格要求别人的态度要求自己,以宽容自己的态度宽容别人。现实中,不少家长对子女过分强调成绩,按照自己的意志塑造和左右孩子,很大程度上忽视了孩子,压制了孩子的主观能动性,成为专制型父母。在新时代背景下,教师和家长都应坚持"育人为本"理念,突出学生主体,重在培育学生全方位的能力,而非一味追求分数。

小 R 是擅长画画的腼腆女生,教师节时总会别出心裁地做手工礼物送给老师,班级手抄报任务她总是一马当先,是一个懂感恩且有担当的孩子。她在某一周的心灵本突然写道:"我的进步他们看不到,只有考第一、第二才是完美,我想考个大学做个轻松的工作就可以了,可爸爸却让我考研究生,他们给我取名字为'悠然'是希望我无忧无虑,但亲手毁掉我的却是他们两个,现在我已经对父母没有期待了。"当看到这样的文字时,我的心是难过的,但更心痛。和她妈妈面谈聊了很久,她有几句话让我印象深刻:"周末的早上,她从来不会自觉早读,看看别人家的孩子。""没事就喜欢看电视,空余时间背几个单词多好啊!""成绩比她哥哥差远了,哥哥从不让我操心。"……不难发现,小 R 的母亲是一个对孩子有着高要求,但同时也是一个爱拿自家孩子去和其他好孩子攀比的家长。她经常会对孩子需求和声音置若罔闻，想当然地给孩子的学业施压加码，导致亲子关系紧张。小 R 的妈妈问我："老师，你说我家小 R 怎么样才能像我希望的那样成长呢？"我无奈地笑了，问："您平时是个很自律的人吗？您会早上 6 点起床看书吗？如果您是孩子，您希望周末能睡个懒觉吗？如果自己都做不到，那我们凭什么让孩子必须做到？"这时，妈妈才恍然大悟，脸上露出了尴尬的表情。

在许多父母眼中，孩子的成绩高于一切，孩子只有好好学习才能出人头地。于是，父母常常借"爱"的名义给孩子施加过多的压力，以完成自己的期待。期望子女不能比别人差，这样的家庭教育观念让亲子冲突加剧。教师在与家长进行家庭教育交流时，要更新和改变家长一些陈旧的观念，指导家长正确看待孩子的成长，尊重孩子的独立人格，采取平等的沟通方式，制定有效的家庭规则来约束双方行为。教师还应引导家长不要拿孩子与他人比较，因为总有人更擅长学习，更擅长写字画画，要引导孩子与曾经的自己比较，多用发现的眼光找出孩子身上的闪光点。同时，教师应帮助家长学会尊重孩子发展的差异性和特殊性，培养孩子广泛的兴趣爱好、健康的审美追求与远大的理想信念，给予孩子更多的成长空间，让他们按自己的节奏成长，这胜过所有"爱"的语言和物质。

四、少责骂：克服孩子恐惧的关键

冰心在《我的童年》一书中写道："不论童年生活是快乐，是悲哀，人们总觉得都是生命中最深刻的一段；有许多印象，许多习惯，深固地刻划在他的人格及气质上，而影响他的一生。"当孩子表现出不符合父母期望的行为时，一些父母会采用简单、粗暴的做法加以批评，甚至打骂，这将给孩子心理上带来很大的伤害。如果一个孩子童年生活在否定、指责的家庭环境中，他们可能会产生自我怀疑与自我否定，缺乏自信，哪怕遇到机遇也可能会退缩不前，不敢尝试。

小 F 性格开朗，平时像个小鸟一样叽叽喳喳，偶尔会为了一些学习任务与我撒娇讲条件。她喜欢帮助同学，是班上很受欢迎的女孩子。在一次数学自习课上，她不小心睡着了，看着疲倦的她，我不忍将她叫醒。下课后她来办公室道歉，解释说晚上没有睡好。我微笑着不与她计较，她却抱着我痛哭起来："老师，我好难受啊，我爸妈离婚又不是我的错，为什么我稍微犯点错误，爸爸就说要不是因为我，他就不会和妈妈离婚。不知道从什么时候开始，我感觉我真的不应该出生，这个家已经没有了温暖，不过是吃饭睡觉的地方罢了。我现在经常睡不着，总是莫名地想哭。"抱着在我怀里泣不成声的小F，想起平时活泼开朗的她，这个外表坚强的女孩在家庭变故中承担了太多，才会变得如此恐惧。她在我并不宽厚的肩膀上哭了好一阵儿，我为她擦干眼泪，安慰她，但我的内心却五味杂陈。弗洛伊德曾说："好的童年治愈一生，不好的童年要用一生去治愈。"在这样一个离异家庭中，父亲的话无疑伤害了这个无辜的女孩，她真的做错什么了吗？很明显，父亲在与孩子的沟通与相处中存在很大的问题，从而导致小F感受不到来自家庭成员的爱，开始自我否定。

在家庭教育中，一些父母较少学习相关的家庭教育知识去和孩子相处，而常常用过去父辈们教育自己的方式来教育现在这个时代的孩子。父母可能会习惯性地指责："你真是个差劲的孩子。""碗都洗不干净，你还能干吗？""我现在最后悔的一件事情就是生了你。"……这些伤人心的责骂会让孩子离父母越来越远。随着社会的发展，离异家庭中的父母某一方在陪伴孩子成长的过程中无疑会比夫妻共同抚养要辛苦，压力也会更大。教师无论是在面对离异家庭的父母还是家庭氛围不和谐的父母时，要引导家长先端正自己的态度，把孩子当成一个独立的人看待，在尊重孩子的前提下与孩子平等地交流。同时，教师要引导家长无论与孩子发生什么矛盾，无论自己有多么生气，都应该学会让自己先冷静下来，伤害和侮辱孩子的话一定不能说。教师还应该引导家长对事情进行正确归因，不能随便地把一些不良后果产生的原因归咎于孩子，这对孩子很不公平，也是一种极不负责任的表现。

家庭教育有法却无定法，社会学家潘光旦说："真正的教育有一个重要的前提，那就是每一个人都有一种内在的智慧，并且具有使用这种智慧应付环境、解决问题的能力。"家庭教育指导作为一种成人教育，能够启发家长自我教育才是成功的教育。在日常工作中，教师从学生身上发现的一些问题往往能折射出家庭教育对学生的影响，教师可在适当时机巧妙地利用专业的心理学、教育学知识，采取一系列行之有效的措施加强对家庭教育的指导，通过教师带动家长、家长推动家长的行动计划，真正实现家校协同育人。

增进家校合作　形成育人合力
——提升教师开好新生家长会的能力

【导语】

当班主任接手起始年级的班级时,与学生和家长都是第一次相见。有些班主任不太重视新生报名当天的细节准备,而且在半学期结束后才召开家长会。于是,在新学期开始两三周时,班主任就因为与家长的教育理念和教育方式不同而产生摩擦,出现矛盾,学生因对老师的教法和管理不适应而让家长误解,认为学生不喜欢老师等等。这些问题都会给班主任的工作带来困扰,也影响家校共育的效果。因此,班主任需要结合自身的教育理念和带班智慧,精心设计并开好新生第一次家长会,尽快在较短时间内与家长建立良好的互动关系。

在报名当天开好入学第一次家长会尤为重要,班主任需要善用"首因效应",给家长留下好的"第一印象",这一方面有利于提高班主任对家长的影响力,另一方面有利于构建互信、合作、共赢的家校关系。家长会的设计和实施都能体现和考验班主任的协同组织能力。

一、做好开学准备工作,为开好家长会奠定信任基础

由于报名当天学生多、家长多,报名事务烦琐,有可能出现报名时间长、报名秩序乱和报名矛盾多等问题,这容易让家长质疑班主任的工作能力,可能会影响后期工作的开展。班主任在开学前做好自身思想准备、教室环境准备和事务准备等,可以让报名工作有序高效。

在新生报名前,班主任根据学校划分的教室和提供的学生名单,要提

前做好报名各项准备工作，让家长感受到班主任工作的条理性、人文性和专业性。比如：熟悉每个学生姓名，对不熟悉的生字要及时查阅，尽量不出现不会读的情况，可以注好拼音等。待学校开完报名工作会后，班主任根据学校相关安排，编辑"温馨报名工作流程"信息给每位家长，内容包括学校位置、教室位置、班主任联系方式、所带物品、交通安全注意事项以及到校后有任何问题应找谁解决等温馨提醒。内容既要温馨，也要简明扼要，清晰、完整地呈现信息，让家长在报名前就感受到班主任做事细心和用心。前门和后门可以各贴一张报名流程图、男女生寝室表、整个校园图等，便于让更多家长了解，避免出现教室堵塞，从而更好地执行报名流程。提前打扫干净整个教室，对齐桌椅板凳，摆放一些绿植和图书，前黑板上写好欢迎词、班主任和科任教师的姓名与电话以及简要的报名流程指向图、家长会时间等，后黑板可以分别写上"我是一名初中生啦！我想说……""孩子，你是初中生了，我想对你说……"两部分内容等，学生、家长可以签名、留言，作为第一个月的主题黑板报。提前给每个学生制作一个姓名牌，并按照学生花名册顺序摆放，便于学生和家长一进入教室就可以对号入座，也便于老师认识家长，同时也让家长和学生感受到整洁、温馨的环境，从而不再紧张，放松心情，在家长会上畅所欲言，表达出对初中阶段的期待和希望。另外，开家长会前，班主任要准备好铅笔、中性笔、文件夹、胶水、订书机以及学生花名册等。

"凡事预则立，不预则废。"班主任在报名前根据学校安排做好报名的各项准备，才能在报名当天游刃有余，有条有理，办事高效。这样一来，班主任的细心和用心能让家长感受到放心，这一系列前期工作也会奠定家长对班主任的良好印象。

二、精心设计入学家长会，为增进家校沟通架起桥梁

俗话说，沟通是人与人之间了解的载体。一个班级成立后，班主任必然要在未来的时间里与家长进行各种方式的沟通。然而，据了解，在学生入学不久，就出现了家长与班主任发生各种误会与矛盾，影响家校之间的互信与合作的案例。究其原因，在于家长对班主任没有更多的了解，家长

与班主任在教育理念、教育方法以及管理方式等方面不同，造成双方沟通不畅，从而引发了家长与班主任之间的矛盾。

报名当天，虽然时间有限，但班主任十分有必要召开第一次家长会。这是班主任第一次在家长面前"亮相"，班主任在本次较短的家长会时间里，一方面要展示自己及自己的教育理念等，另一方面也要把学生入学最容易出现的问题同家长沟通。具体来说，接手新班的第一次家长会时，班主任要大方、不夸张地"宣传"自己。首先，班主任可以从"好校长""好学校""好老师"三个角度谈自己对"一个好校长就是一所好学校""一所好学校是一群好老师共同创建的"和"一群好老师才会带出一大批好学生"的理解，介绍建校历史、学校校训以及师资力量等，让家长从宏观上了解学校一切从学生成长与发展出发，了解学校大环境背景下的师资力量与师德修养等，从而让家长放心学校的管理与每个班的师资搭配等。如果是刚入职的班主任或年轻班主任，更需要谈以上内容，以便让家长了解学校对班主任的培养，放心年轻班主任也能胜任班主任工作。班主任可以展示之前所带班级学生、班级在各方面取得的成绩与荣誉、自己在教育教学方面取得的成绩，还可以展示并解读班主任的带班理念，让家长了解班主任培养的是"有担当""有情商""有爱心""有目标""有眼界"的学生，感受班主任是一个全面评价学生和公平对待每个学生的老师，从而引起家长对教育的思考以及对班主任育人理念的认同。为了避免学生入学后出现一些常见问题，班主任可以提前将这些问题提出来并与家长交流，包括军训学生常见问题、小学和初中教师授课方式与教育方式不同、食堂饭菜不合胃口、住宿学生想家以及因各种原因和同学闹矛盾等，引导家长帮助孩子学会"断奶"，学会度过小升初适应期。通过以上交流，帮助家长感受到班主任的专业性，意识到自己与班主任要相互沟通、相互信任、相互理解与相互支持，共同构建家校共育共同体，更好地引领自己的孩子健康成长，从而让班主任在第一次入学家长会中得到更多家长的了解、认同与接纳。

三、加强线上家校交流，为加深第一印象持久性助力

新生入学第一次家长会后，班主任与家长有了初步了解，为班主任进

一步开展相关班级工作提供了条件。可以说，这次家长会开得好，班主任会让绝大多数家长支持班主任的各项工作。但并不是说仅仅一次面对面的入学家长会就能解决一切问题，还需要家长会结束后进一步延续与巩固。

一些寄宿制学校，学生当天报名结束后就留在学校，家长开完入学家长会后就可以离开了。当天下午搬书、发书、打扫卫生、整理寝室以及晚上第一天住寝室等，班级学生会有许多表现，而这些表现恰好是班主任应细心观察和记录的要点，使之成为最好的教育资源。这不仅可以正面暗示学生本人，还可以影响其他同辈群体。结合这些情况，晚上查完寝室后，综合半天多的学生表现，班主任可以继续通过微信、QQ开好"延续家长会"。其一，给全班家长发送两条信息。一条是表扬家长的信息，包括家长按时带孩子报名、家长与老师对话很有礼貌、家长引导孩子向新老师打招呼、开家长会时家长们管理好了手机等，从而强化如何做一名与老师共同协作的家长的理念，引导家长做高素质家长。另一条是表扬班级整体学生的信息，包括全班同学的精神面貌、整体学生的礼仪礼貌、打扫卫生的参与度、搬书发书的积极性、寝室整理的规范性等。就不同的内容可以举出具有代表性的学生，这样更具有说服力和真实性。一方面让家长及时了解班级整体，另一方面让其看到更多学生当天积极融入班级的表现，从而第一时间了解班级整体风貌。其二，给部分家长发送信息。一种是对当天从刚开始的不适应到慢慢调整的学生、积极主动给班级服务的学生、主动申请担任班级担当的学生等进行及时表扬与肯定，让家长第一时间了解孩子进入初中的积极表现。另一种是个别学生有不适应或其他情况的，应与家长及时交流孩子相关情况，共同商讨教育对策，形成统一思想，以便更好地引导教育。同时，班主任还可以把当天报名照片、家长会照片、学生参与班级各种事务照片和班会课照片等上传至班级家校群相册，让家长能看到孩子进入初中当天的生活状态，给学生和家长留下珍贵的回忆。这样，不管是全班家长还是部分家长都能在报名结束后获知以上信息，从内心更加"延续"了对班主任的好印象，也更能感受到自己孩子的班主任是一位真正关心和关注孩子成长的老师，从而对学校放心、对班主任放心。

班主任要带好一个班，离不开家长的理解与支持。在入学第一天召开入学家长会，其实是班主任"亮相"的最佳时机，是给家长留下良好第一次印象的最佳机会。我们知道，人与人之间的第一印象具有持久性，而班主任当天在各项事务中给家长一个好的第一印象,从而建设积极的班级舆论场,对之后开展教育教学和管理工作都会有很大的帮助。可见,班主任作为班级的第一责任人,在家校共育工作中,需要不断更新教育观念,用适合学生可持续发展的理念指导自身的行为,并引导家长和教师打好"配合",有效构建互信共生的家校关系,共同为孩子的健康成长保驾护航。

把握情绪边界　成为情绪主人
——提升教师指导家长做好情绪管理的能力

【导语】

近年来,青少年的情绪问题、心理问题越来越受到重视,孩子的情绪问题对孩子的成长至关重要。其实,人有情绪是正常的,但消极情绪会影响孩子的身心健康与人际交往,甚至影响孩子未来的生活和事业。有些家长不了解孩子情绪背后的真正需求,采取忽视、责备、打压等方式来应对,这不但不能解决问题,反而有损亲子关系。教师是家校沟通的纽带,因此,教师应提高自身指导家长做好情绪管理的能力,指导家长把握情绪边界,调节孩子的情绪,帮助孩子成为自己情绪的主人。

孩子的情绪发展是一个不断变化的过程,他们的喜怒哀惧是对内心的真实表达。很多家长没有意识到这一点,往往忽略孩子行为背后隐藏的情绪。因此,教师需要指导家长做好孩子的情绪沟通,进行有效的干预,让孩子学会正确的情绪发泄途径和方式,从而避免孩子的心理出现问题,帮助孩子学会管理好情绪。

一、察言观色,探寻孩子情绪背后的原因

我们知道,情绪是每个人都有的一种心理活动。然而,不同的情绪会导致不同的行为,产生不一样的结果。有些孩子前一秒还兴高采烈地沉浸于快乐的事情中,下一秒就可能因他人一句不经意的话刺激得情绪化起来,或是摔东西,或是流眼泪,或是大吼大叫,甚至还会出现伤害自己的行为。当孩子出现这些情绪问题时,教师可以指导家长学会察言观色,了解孩子情绪背后的真正原因。

（一）自卑心理，导致情绪不稳

孩子的某些缺陷会让孩子自卑，产生焦虑、烦躁和不安心理，孩子经常通过哭泣、愤怒、叛逆行为来发泄自己的负面情绪。

小A是一个早产儿，从小身体虚弱，身体抵抗能力差，经常生病。平时小A很喜欢与同学一起玩耍，但在玩耍的过程中，同学们时常因他头发稀疏的特点而嘲讽他。慢慢地，当小A一听到这样的话就会大吵大闹，与同学们发生冲突。小A也对自己的相貌感到担忧和沮丧，他情绪被激怒后总是无法自控，有时还会动手打人。小A在家里的脾气也很暴躁，和家人交流时也经常发脾气，让家长很是无奈。

从这个案例中我们发现，孩子的不良情绪源自同学对他的嘲讽和语言打击，让他产生了自卑心理。为此，教师可以引导家长了解小A情绪背后的原因，在了解事情原委的基础上，再来帮助孩子寻找解决途径。

（二）言传身教，情绪代际传递

"人之初，性本善。"孩子生下来犹如一张白纸，在成长的过程中，这张白纸逐渐变得丰富多彩。孩子的性格很大程度上受父母的影响，除了遗传因素外，更多是家庭中氛围的浸染。生活中若父母情绪控制力不足，容易冲动、失控，经常用责骂、暴力等方式对待家人，孩子就会在潜意识中认为这样的情绪是正常的，通过暴力对抗是解决问题最有效的方法。因此，孩子可能会在与同伴交往中模仿这样的行为。

小D的爸爸是一位商人，经常不在家，小D的妈妈则是一个全职妈妈。小D的爸爸妈妈性子都十分急躁。有一次，因为小D和同学打架，老师将小D爸爸请至学校协同处理。当小D爸爸得知孩子打架后，未问缘由就将小D教训了一顿。经交流了解，每次小D犯错后，不是被妈妈严厉批评，就是被爸爸教训。长期下来，当有同学和他发生矛盾时，他都会情绪激动，无法控制自己的行为。从小D宣泄情绪式的交流方式，我们可以看出，小D长期受家庭环境的影响，让他觉得解决问题就应当用宣泄情绪的方式。

教师要引导家长对自己的行为进行约束，因为家长的言传身教对孩子的影响是极大的，孩子的处事态度很大程度上会受父母的影响。要让孩子变得明事理，不冲动，父母首先要在家营造和谐的家庭氛围，遇事冷静、换位思考、以身作则，为孩子创设温馨的成长氛围。

（三）教育因素，情绪认知匮乏

孩子在接受教育的过程中，难免会遇到各种学习上的问题。孩子由于抗压能力不足，面对挫折时不能找到正确的解决方式，再加上情绪认知匮乏，缺乏情绪认识的引导，就会导致负面情绪堆积影响身心健康。

小 C 是一个乖巧的孩子，父母都是高级知识分子，但孩子自身学习能力较弱，导致学习上较为吃力。但是孩子自身十分积极向上，总想通过努力取得好成绩。随着年级的升高，到了小学中高段，小 C 的学习越来越困难，经常不及格。这可急坏了小 C 的父母，于是在家各种督促、补习。久而久之，小 C 变得沉默寡言，学习不再上心，更多时候开始厌学。当家长一提及成绩，她便哭泣不止，父母也不知所措。小 C 的故事让我们看到了家长、孩子对待挫折时的无力，没有找到情绪背后的真正原因，未及时疏通情绪。这些负面情绪累积在心中，变成一座座大山，压得孩子喘不过气来。

此时，教师应引导家长了解孩子的学习情况及学习能力，帮助孩子找到适合的学习方式，确定适中的学习目标，以此激发孩子的学习兴趣，找回学习动力。

（四）外因影响，难以承受外界冲击

现如今，孩子被外界的高要求、高期待包围，面对强迫式学习，孩子更多透露出不满的情绪，当他们急需寻找良好的沟通方式时，却被父母以"听话""懂事""这是为你好"等话语敷衍，从而导致情绪越来越糟糕。

小 B 是一个成绩优异的孩子，是同学们口中的"学霸"。然而，小 B 的父亲却觉得小 B 还可以做得更好，因此对她要求特别严格，每天除了在校的学习，回到家后，还给她布置额外的练习题和网课，她几乎每天都要学习到 10 点以后。这让小 B 十分疲惫，人也没了精神，整天闷闷不乐。从小 B 身上，我们看到父母的高要求给孩子带来的无形压力，他们期盼孩子

更优秀。强压之下的孩子心中产生怨气，不满情绪压抑在心中。外在的这些压力让她变得心事重重，学习动力也在不断减弱。

教师要适时引导家长多与孩子谈心，不能把自己的意愿强加给孩子，让孩子被迫学习。久而久之，随着成长，孩子会变得更加叛逆，这就适得其反了。

二、见微知著，探寻调节孩子情绪的有效策略

孩子在成长的过程中，会受到许多来自外界的压力和负面影响，如果他们无法正确疏导自己的不良情绪，就会导致情绪失控，这不仅伤害孩子的身心健康，而且让亲子关系变得紧张。因此，教师要积极引导家长关注孩子的情绪问题，在发现孩子出现情绪问题时，要积极采取措施进行干预，见微知著，及时调整好孩子的情绪，避免事态严重化。

（一）主动接纳孩子，允许孩子发泄情绪

孩子的情绪是可以观察到的，当孩子有负面情绪时，教师应告诉家长允许孩子发泄情绪，从而减少对孩子心理的伤害。通常情况下，孩子会采取哭泣的方式发泄自己心中的情绪。当孩子哭泣时，教师可以引导家长给孩子留出情绪发泄的时间。当他哭完后，摸摸他的头，拉拉他的手，抱抱他，再询问他哭泣的原因。当孩子看到家长这样的态度，会更愿意向家长讲述内心的委屈或不快。当这种情绪得到释放后，孩子内心也就释然了。

在孩子情绪爆发时，给予孩子发泄的空间和时间，当孩子情绪平复后再来进行沟通。家长也可以借助体育锻炼、做家务等方式，转移孩子的注意力，逐渐让孩子的不良情绪得到缓解，切忌一味地打压、怒骂，不然会导致孩子越来越抵触父母的教育，以至于亲子之间无法沟通。

（二）巧用情绪温度计，及时了解孩子内心

大部分的孩子会主动表达自己的情绪，而有一部分孩子则不知道如何表达自己的情绪。教师可引导家长及时走进孩子内心，帮助孩子打败情绪"小怪兽"。当孩子不知道如何表述自己心中的负面情绪时，教师可以教给家长运用情绪温度计进行测试。这款情绪温度计跟普通的温度计类似，以

红色和绿色为底色。红色温度计表示坏心情，绿色温度计表示好心情，温度计下端表示情绪低，温度计中间表示情绪适中，温度计的上端表示情绪达到顶峰。还可以将开心、兴奋、激动、不开心、生气、愤怒、难过、恐惧等表示心情的表情卡交给孩子在情绪温度计上摆放，通过看心情卡在温度计的什么位置判断自己此时的心情。这样，家长在面对不善于表达的孩子时，也能及时发现他们的情绪状态，从而及时安抚、鼓励他们，并及时调节孩子的情绪，更有利于孩子的身心健康发展。

（三）积极引导，教会孩子包容与反思

当孩子出现负面情绪时，教师要引导家长学会控制自己的情绪，用同理心来看待孩子所遇到的问题，并和孩子共情。可以用"原来你是这样想的……""换作我，也许也会……""我能理解你……"类似这样的话语打消孩子的顾虑，让孩子愿意向家长表露心声。当家长了解孩子的真实想法后，再正向引导孩子去反思，也可以讲讲自己的故事，让孩子感受到家长是真正地站在自己的立场来帮助自己解决问题的，孩子也更愿意和家长交心。

（四）开展亲子主题活动，找到情绪的栖息地

家长在教育孩子时如果一味地说教，会让孩子不喜，甚至反感。教师可给家长们推荐一些关于情绪的书籍，引导家长相互借阅，通过书籍中主人公的故事，让孩子了解正确发泄情绪的方式。同时，还可以开展一些亲子主题活动，例如玩亲子情绪主题桌游、看关于情绪的动画片等。这些活动的开展不仅可以增进亲子关系，还能让孩子在游戏中找到发泄情绪的正确方式。丰富的亲子活动总是愉快而和谐的，可引导家长在跟孩子的日常互动中，减少严厉的批判，多站在孩子的角度去看待问题，孩子也会变得更加阳光、向上。

情绪犹如身体里的一块磁铁。当孩子的情绪总是满满的正能量时，他们的内心就会变得越来越阳光；当孩子的情绪总是充满负能量时，他们的内心便会被这些负面情绪包围，变得消极悲观。教师需要引导家长学会观察孩子的情绪，及时调整孩子的心态，发现并培养孩子的兴趣爱好，告诉孩子遇到问题时可以及时寻求帮助，从而帮助孩子摆脱消极悲观的情绪，促进身心健康和人格健全。

职业启蒙教育　撬动职业生涯
——提升教师指导家长开展职业启蒙教育的能力

【导语】

当前，不少高中生、大学生因缺乏自我认知，对自己未来的发展或就业没有明确的方向，在选择专业和工作时感到迷茫，只能选择最保险的方式——随大流。因此，开展中小学职业启蒙教育很有必要。在科技发展日新月异、社会转型升级较快的今天，对学生开展职业启蒙教育是多方面的。父母是孩子的第一任职业启蒙老师，父母的职业生涯经验是孩子重要的职业启蒙教育，但我们在教育实践中不难发现，有的中小学生家长对孩子的职业启蒙教育不重视，还有的家长不知道如何对孩子开展职业启蒙教育。因此，教师要提高自身指导家长开展职业启蒙教育的能力，以帮助家长更好地对孩子进行职业启蒙教育。

曾有一位导演从1964年开始拍摄一个纪录片系列的第一部，采访十四个来自不同家庭的七岁孩子。此后每隔七年，导演都会重新采访当年的这些孩子，倾听他们的梦想，畅谈他们的生活。这部纪录片中，有职业生涯意识的父母早早地就给孩子规划好了未来的职业方向，让孩子在学习的过程中更有目标感，并为实现目标而努力。而与之相反，那些没有目标、对人生规划不清晰的孩子在学习与生活中就很迷茫。

在懵懂的年龄有着明确的目标，再加上自己的努力，成功的机会将会更大一些。所以，班主任可引导家长在孩子的职业启蒙路上发现孩子的兴趣所在，通过家庭教育让孩子拥有更多的选择。

一、职业启蒙教育方式之一:"请进来"

班主任指导家长对孩子进行职业启蒙的第一步是"请进来",可以引导家长先借助书本、影像、传记等,拓宽孩子的职业认知和思考,从绘本到百科,从传记到纪录片,让孩子了解专业和职业的关系以及各种职业的要求、特点等。

现在一些学校设立了"家长进课堂"系列课程,由不同职业的家长来分享自己的工作经历和故事。班主任可以以此为契机引导家长向孩子们分享自己的工作,家长的生涯经验也可以成为孩子对职业认识的重要资源。

之前我听了两节"家长进课堂"的课,第一堂课是小 C 爸爸带来的《神奇的"芯"科技》。什么是芯片?芯片是怎么制造出来的?一系列提问引起了孩子们对芯片的好奇心和求知欲。大家竖起耳朵,认真听着"芯"科技的新鲜知识,接触到了很多专业的名词,如单晶硅、晶圆、18 兆欧水、超净室、光刻机、极紫外光等。同学们表示,此次活动开阔了眼界、增长了见识,要认真学习各种本领,希望自己长大可以设计更先进的芯片,用自己的力量推动我国科学技术的进步与发展。

第二堂课是小 H 妈妈带来的《海姆立克急救法》。她从事医药行业十余年,同时也是一名执业药师,她告诉孩子们如何避免呼吸道异物阻塞,远离伤害。讲解海姆立克急救法时,她现场邀请孩子们来演示。孩子们跃跃欲试,争先恐后地到讲台实操练习,小 H 妈妈现场逐一指导,帮助同学们规范按压位置与手法,感受操作的角度、力度和强度,确保在突发急救中能够正确施救。课堂气氛活跃、高潮迭起,小朋友们踊跃发言、参与互动,不但知晓了气道异物急救的黄金时间,还了解了海姆立克急救法的细节、技巧和方法。

孩子们听完这两堂课,对芯片工程师和医药师这两个职业有了初步了解,当孩子们为家长的专业能力惊叹时,职业规划的种子也在孩子们心里悄悄萌芽。

经调查发现,大部分家长很少与孩子聊自己的事,特别是工作,可能是觉得赚钱养家是大人的事,孩子只需要好好读书,也可能他们觉得自己的工作不够好,不值一提。其实,班主任可以告诉家长:孩子非常渴望了解父母正在经历什么，正在做什么。父母是直接对孩子产生影响的人。所以，家长可适当将生活中、工作中的故事、感想、体会、收获与孩子分享，这是给孩子最宝贵的精神资源，能够带领孩子走进更广阔的职业。所以，班主任可指导家长在平时与孩子的沟通交流中多聊聊自己的工作，帮助他们认识这份工作的性质及需具备的能力和条件。教师可以建议家长与孩子分享这些内容：

1. 选择这份工作的原因是什么？
2. 这份工作的主要内容是什么？
3. 这份工作需要的重要能力有哪些？
4. 工作中最让自己有成就感的事是什么？
5. 对自己未来职业的规划是什么？
6. 最近工作中面临的一个挑战是什么以及是如何解决的？

如果条件允许，家长也可以把孩子带到自己工作的地方进行职业体验，也可以请身边不同职业背景的亲戚朋友来为孩子做分享。

孩子在生活中会遇到不同职业的人，班主任可以指导家长与孩子一起了解：这种职业是做什么的？有什么价值？在什么环境里工作？有什么成就感？需要付出何种努力？……家长可以与孩子分享自己的工作，让孩子初步了解未来生涯发展对他自身的要求，拓宽孩子的生涯视野，获得一定的启发。同时，对处于青春叛逆阶段的孩子来说，家长换一种角度和孩子交流，可以减少孩子的对立情绪，增进和改善亲子关系，比简单说教更有效。

二、职业启蒙教育方式之二："走出去"

班主任指导家长对孩子进行职业启蒙的第二步是"走出去"。班主任可指导家长让孩子们去到真实的机构、企业或工作场景里参观、感受、采访。

去年3月社会实践，某学校带领小朋友和家长走进消防队，去体验"消防员"的一天。消防员详细地给孩子们讲解了家庭防火基本安全常识、火场逃生等知识。之后，在室外训练场，小朋友们体验了充气消防车、消防帐篷。消防员给小朋友们讲解了灭火器的使用方法，小朋友们依次体验，切实过了一把"消防瘾"。最后，小朋友们在消防员的带领下来到了车库，参观了消防车，小朋友们惊呼连连。消防员又介绍了各种消防车辆的战斗性能和装备器材，新奇、先进的消防装备激发了小朋友们浓厚的兴趣。面对各式各样的消防装备器材，小朋友们十分好奇，不断地提出问题，消防员耐心地为小朋友们讲解消防器材的"奇妙世界"。通过观察、体验等多种形式，小朋友了解到各种消防救援器材的名称、用途及使用方法，极大地满足了好奇心，在寓教于乐中，孩子们对"消防员"这个职业也有了充分的了解，并且对这份职业产生了崇高的敬意。

家长和学校还可以带领孩子们体验"邮递员""送餐员""银行柜员"等不同的职业。家长们也可以在家和孩子们玩一些与职业相关的游戏。每天在生活中发生的、新闻里听到、看到的故事都可以成为游戏素材。当然，现在还有很多专门为孩子开设的职业体验馆。本质上，这和我们在家或幼儿园玩"过家家"、角色扮演功能相似，但道具更丰富一些。孩子在体验中也能深入了解职业，以更为正式的方式增强体验感。

三、职业启蒙教育方式之三：模拟人生

班主任需指导家长不仅要教孩子体验什么是职业，树立职业目标，还得知道为了自己的职业理想可以从哪些方面努力。比如十年后，从事自己选择的职业需要具备哪些能力，为了梦想可以有怎样的努力方向。模拟人生比游戏更真实、全面、深刻，孩子相当于亲身实践社会生存机制，在真实场景中与他人沟通、竞争、合作。

在职业体验里，孩子会去扮演不同的角色，学写简历，寻找一份工作，领取工资，也可以在工作中了解财富的知识，还可以通过一些阻碍理解工作的艰难。班主任还可以指导家长引导孩子积极参加志愿者活动，或体验一份正式的工作，在参与、观察、感受中学有所获。

班主任还要引导家长告诉孩子，人生有好的经历，也一定有不好的经历。最重要的是，要通过这些经历让自己更为清晰地认识到，为了实现职业理想应学习相关知识，并为之努力和奋斗。

除此之外，班主任还应建议家长和孩子进行一次深度的对话。和日常

主题对话不同，深度对话要让孩子知道从事一个职业的收获和荣誉感，还要付出相应的努力，这会影响孩子的职业观。每一份工作都有优势和不足，要让孩子学会正确、深刻地看待每一份职业，孩子对自己以后想要从事的职业才会有更深远的思考。

研究发现，孩子对待工作的态度，很大程度上取决于父母对待工作的态度。班主任需告知家长如果父母双方都对自己的工作抱有积极态度，孩子会更有信心顶住压力，坚定地追求梦想。很多医生世家、律师世家、建筑世家，都是因为孩子从父母身上看到了这份职业的魅力所在。父母永远是孩子最重要的老师，成功的教育远不只是提供外在条件，还在于启发孩子自身的内驱力，完善与补充内在自我认知系统性，通俗地说就是培养孩子的"十商"[包括德商（MQ）、智商（IQ）、灵商（SQ）、情商（EQ）、心商（MQ）、志商（WQ）、健商（HQ）、逆商（AQ）、胆商（DQ）、财商（FQ）]。其中，"志商"就是指一个人的意志品质水平。

总而言之，班主任要让家长明白真正优质的职业启蒙教育是让孩子真实、全面地体验真实的世界，了解整个社会的构成，扩大眼界，增加阅历，对他人和世界更宽容、更从容，更是让孩子发现自己的职业兴趣、个性能力，明确自身未来的发展方向，不断明晰自身的职业规划，并为自己的目标去努力奋斗，最终实现个人价值。

关注特殊学生　引领学生成长
——提升教师指导家长做好教育引领的能力

【导语】

教育是推动人类文明进步和社会发展的重要力量之一。家庭教育作为义务教育的重要组成部分,在学生成长过程中发挥着至关重要的作用。然而,一些特殊孩子还不能很好地融入学校、班级教育中来,家长也缺乏对这些特殊孩子进行科学引导和教育,导致这些特殊孩子因为不能与他人正常交往而受到同辈群体的排斥,从而给身心造成不同程度的伤害。教师需要针对这类家庭开展特殊的家庭教育指导,帮助和提高家长的认识,共同为孩子提供个性化的教育方案和更多的教育支持,以满足其个性化需求和全面发展的需求,让他们找到自身价值,长大后成为社会有用之人。

根据相关法律规定,我国所有的适龄儿童和青少年都享有接受义务教育的权利,各级政府应当建立特殊教育机构,为残疾儿童、智力残疾儿童、患有严重疾病的儿童等特殊学生提供适当的教育服务,确保教育机会的公平性、均等性和普及性。除政府外,家庭也承担着重要责任,家长需要提高家庭教育的艺术和水平,掌握基本的科学方法。班主任作为学生家庭教育的重要指导者,需要为特殊学生家庭教育的公平性和个性化需求提供更多关注和支持,提高教育指导能力,推动特殊教育普惠发展,实现家校社协同育人。

一、特殊学生角色界定及产生问题的原因分析

特殊学生是指因为身体、智力、情感、语言、视力、行为、社交等方面存在一定的障碍或困难,需要接受个性化教育服务的学生。生活中,导

致特殊学生出现障碍或困难的原因有许多，如先天原因、后天疾病、环境因素、心理因素等多种因素。

综合分析特殊学生在教育中遇到的诸多问题发现，特殊学生出现障碍的原因主要分为内因、外因两个方面，具体分析如下：

（一）内因：学生自身存在问题

特殊学生往往在身体、智力等方面存在不同程度的困难。这使得其在学习、社交等方面呈现不同程度的问题。解决这些问题需要特殊的教育服务和教育支持。特殊学生本身没有意识到自己的问题及问题严重性，或者是没有积极主动配合老师和家长，问题就慢慢凸显出来。

（二）外因：家庭因素导致问题

家长在特殊学生的教育中担任非常重要的角色。家长缺乏教育意识或意识不到孩子的特殊需求，很难为孩子提供有效的教育支持和引导。把对待同龄孩子的方法用于自己孩子身上，家长努力之下没有结果，抱怨、指责、批评随之而来，使得孩子内心深受打击。此外，家长也存在另一种情况，对孩子过度保护或过度干涉，导致孩子缺乏自主性和独立性，从而在学习、生活、人际交往等方面出现问题。

二、班主任指导特殊家庭教育的重要性

（一）对学生而言：班主任不断激发学生潜能、增强自信

班主任可以帮助特殊学生在家庭和学校之间建立起有效的沟通和联系，了解学生的家庭环境和教育背景，为学生提供个性化的教育服务与指导。这样，通过针对性的指导，帮助学生更好地适应学校和社会生活，克服遇到的困难和挑战，增强自信心和自尊心，激发学习兴趣，实现自我价值和发展潜能。

（二）对家长而言：班主任提供个性化咨询并参与指导

班主任可以为家长提供咨询和建议，帮助家长更好地理解和应对孩子

的特殊需求，提供家庭教育指导，分享教育资源和经验，加强家庭与学校之间的联系和合作，共同为特殊学生的成长和发展提供支持。

（三）对学校而言：班主任架起家校沟通的桥梁

班主任可以作为学校和特殊家庭之间的桥梁和纽带，促进学校和家庭之间的沟通和合作，提高学校对特殊学生的关注和支持，完善学校特殊教育服务体系，提高学校特殊教育工作的质量，更好地满足特殊学生的需求。

（四）对社会而言：班主任培养特殊人才促发展

班主任的指导可以帮助特殊学生获得更多的教育和帮助，提高学习能力、生活能力、相处能力、适应能力等，从而更好地融入社会，获得全面发展。同时，班主任指导特殊家庭教育也有助于社会对特殊教育的认识和重视，加强家长对特殊学生的关注和跟进，为特殊家庭孩子推行个别化教育，营造更加包容和有利的家庭与社会环境，共同引领学生向上向善。

三、班主任指导特殊学生家庭教育的途径

《"十四五"特殊教育发展提升行动计划》提出："加快健全特殊教育体系步伐，推进特殊教育高质量发展。"特殊学生已逐渐成为教育领域中的一个重要群体，他们的家庭教育需要得到更好的关注和重视。班主任作为学校教育管理的重要组成部分，肩负着指导学生家庭教育的责任。

（一）与学生沟通了解问题和需求

每个孩子都值得被接纳和支持。在每天的相处过程中，班主任和学生之间的关系也在发生着微妙的变化，课上是师生，课下是朋友。在心与心的交流中建立互相尊重、相互关心、彼此理解的师生关系，让学生从内心感受到班主任的关心，可以让班主任工作更加轻松和有效。

班上的小A同学，中午不睡觉，午休时间和邻床的同学说话、玩游戏，如果没有同学与她互动，她就会去上厕所……最初，我认为孩子不太适应小学生活，和她交流了午休时应当遵守的纪律，也向家长反馈了情况。一

段时间后，小A同学的午休情况还是没有改变，公寓的老师和同学对于她的行为非常不满，再这样下去，势必激发同学矛盾。这一次，我先平复了自己的心情，用平和的语言问她："中午为什么不睡觉呢？"她低头不语。我摸着她的肩膀说："有什么你都可以和老师说，老师尽全力帮助你。"这时她抬头看了我，小声说道："我有尿床的习惯，中午不敢睡觉，我怕……"

孩子的大脑皮质发育迟缓就可能出现尿床的情况，当孩子在学校出现此类情况没有得到合理处理时，就可能让孩子在心理上产生负担、思想上有包袱，害怕同学嘲笑。此时，班主任可以蹲下身来，找到合适的地方与孩子交流，去倾听孩子的心声和想法，关注孩子的情感变化，让孩子真切地感受到教师的关爱，彼此建立一种互相信任的关系，从而降低学生的心理防备，敞开心扉与老师进行沟通交流。这样，班主任才能从根本上了解问题背后的真实原因，有针对性地开展心理疏导，为孩子提供具体且有用的方法。

（二）与家长交流寻求重点和策略

我们知道，家庭教育与学校教育、社会教育互相联系、密不可分，三者共同构架成一个完整的教育体系。可见，教育不应该仅仅局限于学校，还应回归到家庭教育之中。当学生在学校出现某些问题时，班主任应及时和家长进行沟通交流，找到问题背后的原因以及解决问题的方法。

开学初，一位母亲带着11岁的孩子小C来班级报到。我在和其母亲的交流中，了解到小C的脚先天残疾。孩子在以前的学校饱受同学异样的眼光，影响到了正常的学习和生活，于是家长决定换一所学校就读。随后的一个月时间里，我时常关注小C，我发现孩子话语不多，朋友也不多；上课基本不举手，眼神躲闪，学习也不太理想；每天上课需要上5楼，对他来说非常吃力。面对小C天真可爱的笑脸，帮助他是我义不容辞的责任。在那段时间里，我主要做了这些工作：

首先，和家长沟通了解。我向家长反馈了小C在学校的情况，也了解了孩子在以前学校的表现。在了解了小C在两所学校的情况后，发现其前后的表现极其相似。分析后发现小C目前出现的表现不是环境造成的，而是孩子内心的自我设限。

接着,开展家访工作。我和科任教师一起开展家访,了解小C的生活和学习环境。家访中,我们了解到孩子还有一个弟弟,弟弟活泼可爱、热情大方,和哥哥的性格截然相反。我们也注意到家长在谈及弟弟时,眼神里满满的自豪感,说及哥哥时,则更多的是愧疚。

然后,和家长共同商讨方法。我们在与家长沟通中,引导家长不只关注孩子表面的问题,更要关注孩子的心理健康。老师和家长一起寻找小C的闪光点,帮助孩子找到自我的存在感和价值感。同时,我们与小C父母沟通时谈到父母要对小C充满期待和渴望,帮助孩子培养一些独立自主的能力,比如独立上下楼梯的能力、独立和他人交往的能力等。父母还可以用生活中的故事启发小C,帮助孩子发现生命的意义,寻找不一样的自己,活出生命的精彩。

最后,关注进步,不断鼓励。家访后,小C的自信心大大地增强了,笑容也多了。学校里,他有了新的朋友,上课也在积极地举手发言。我也积极鼓励小C为班级做事情,他自己申请了绿植小担当,不定期地为植物浇水。在小C的精心照顾下,班级的花卉长得很好。

班主任不仅承担了教学工作,还承担了班级各项事务的管理。班主任观察到孩子在校某些特殊的行为或表现时,要积极主动地和家长沟通,及时了解学生在家庭和学校的表现和需求。一方面,班主任通过入户家访与家长共同探讨如何更好地帮助学生发展自己的潜力和能力;另一方面,班主任可以开展特殊学生家长交流沙龙,家长们相互交流教育心得,为学生的后续发展助力护航。同时,班主任在班级中也要公平对待特殊学生,选择适合他们担当的岗位,让他们在班级小岗位中锻炼综合能力。家校携手,共同协作,共同关爱特殊学生健康成长,点燃特殊学生的"希望之灯",让他们的生命更有色彩。

(三)与学校配合制定规划和目标

"每个人都是天才,但如果你用不恰当的标准去衡量一个人,那么这个人永远觉得自己是个失败者。"特殊学生需要特别的关注和支持。教育需要注重个体差异,在教育中尊重每个学生的学习风格和节奏,给予他们适当的挑战和机会。这不仅需要班主任和家长的努力和配合，更需要学校层面给予支持和鼓励。

一次班主任会议结束后，班主任们开始交流起班级特殊学生的表现及班级中出现的管理问题。"我班上的小D脾气很火爆，情绪常常很难控制，怎么办？""我们班的小L，上课不认真听课，还影响其他同学，我和他沟通了好几次了，效果并不明显。""小Q同学经常在桌子下面玩耍，怎么说也不听。"……

在教育教学过程中，特殊学生的问题持续出现，当班主任耐心、细心、温心地教导之后，发现教育效果不佳，孩子的改变较小，而其行为对班级的整体管理也会受到影响。那么，教师还可以寻求学校层面的帮助和支持。

班主任可将这部分学生的情况反馈给学校，寻求学校相关部门的帮助。若老师经过多次沟通与教育，学生仍无改变，那么，老师可以将学生的相关行为与学校心理老师进行沟通，并请心理老师单独对学生进行沟通，了解学生内心的想法，分析学生行为成因，以此为基础来制定适合学生规划和目标的个性化方案。可将其细分为需要达到的技能和知识水平、达成目标所需要的步骤和时间。在实施过程中，班主任还需要持续不断地观察和分析学生当前的行为，确保学生的特殊需求得到充分的关注和支持。不只是学校、老师应与孩子建立有效的沟通渠道，家长也需从家庭教育层面参与其中，通过家校联动的方式来不断强化孩子的行为规则意识。

班主任要以发展的眼光看待特殊学生，关注学生的内心需求，同时引导家长清楚地了解孩子的特殊需求，双方共同采取针对性的指导措施，促进孩子的全面发展。同时，班主任作为家庭教育的重要指导者，也要提高自身素养和专业水平，指导家长制定合理的规划和目标，帮助特殊学生一步一步做得更好，成为阳光开朗的好少年。

树立正确观念　了解相关知识
——提升教师指导家长开展性教育的能力

【导语】

青春期是孩子逐渐走向成年的过渡时期，是个体生理、心理、行为的突变阶段。随着青少年生理心理的发育，他们开始对性产生一定的好奇。然而，受传统文化的影响，有些家长对此避而不谈或错误引导，很大程度上压抑了孩子的好奇心，甚至会影响他们心理和人格的健康发展，青少年在缺乏科学引领的情况下，通过其他方式获得对性的认识容易使他们出现自我认知偏差，产生情绪障碍和行为障碍等。班主任应正视当前性教育的开展现状，提升自身指导家长对孩子开展性教育的能力，在国家相关法律法规要求下主动作为，与家长共同开展青春期性教育，共同引导孩子正确看待青春期的性萌动，从而使孩子在成长过程中拥有积极、健康的心理情绪。

《中华人民共和国家庭教育促进法》"家庭责任"中提出："关注未成年人心理健康，教导其珍爱生命，对其进行交通出行、健康上网和防欺凌、防溺水、防诈骗、防拐卖、防性侵等方面的安全知识教育，帮助其掌握安全知识和技能，增强其自我保护的意识和能力。"由此可见，国家高度重视性教育，已将孩子青春期的性教育问题上升到法律高度。所以，为青春期的孩子提供性教育是学校和家庭义不容辞的责任和义务。

一、现状分析，直面问题

随着孩子慢慢长大，家长们的困惑也越来越多。比如：原本自信满满的女儿不知不觉开始含胸驼背，总是喜欢独自一人待在房间；孩子依赖手机，沉迷于网络，甚至无法自拔；孩子越来越害羞，言语越来越少，甚至有了自己的小秘密；对异性的关注与好奇越发强烈了……

针对孩子青春期的问题，某中学班主任对所教班级的家长、教师进行了关于青春期学生性教育现状的问卷调查。

家长问卷有 84 名家长参与。在规定时间内收回 74 份问卷，有效问卷 74 份，问卷回收率 88.09%。对问卷调查的梳理结果显示：家长普遍认为，随着社会的发展，时代的进步，青少年越来越早熟，大部分家长会主动对孩子进行性教育，但很多家长没有给孩子买过与性教育相关的绘本和书籍；家长在面对孩子遇到的性方面的问题时，有 70 人会选择从科学的角度引导分析，帮助孩子树立科学的性观念，但如何给青春期的孩子进行性教育，大部分家长表示很迷茫。

教师问卷有 70 名老师参与，有效问卷 70 份，回收率 100%。调查结果显示：接触过性教育的教师有 43 人，占 61.43%；认为性教育非常重要的有 51 人，占 72.86%；认为很重要的有 17 人，占 24.29%。由此可见，大部分教师都很重视青春期孩子的性教育问题。同时，教师在平时的教育工作中遇到有关性教育的案例时，要善于运用专业的知识指导家长针对青春期的孩子关于性教育的问题进行答疑解惑。

二、指导家长，开展活动

青春期是人一生中特别重要的时期，是孩子第二性征开始出现的阶段，也是孩子生理、心理发展最快的时期。这一时期的孩子经常会产生易怒、敏感的情绪，男生和女生的身体也发生着很大的变化。这一系列的身体变化，也给青春期的孩子带来了一定的影响，甚至造成困扰。为此，家长们普遍比较困惑，需要教师给予相应的指导，共同引导孩子正确对待青春期身体的变化情况。

（一）邀请家长参与主题班会，重视孩子健康发展

一名四年级女生小 A，由于身体发育比较早，夏天来临时在学校老是喜欢裹着外套，热得满头大汗，即便是脱了外套也是含胸驼背。问及原因，小 A 说担心学校男同学看到自己的身体会嘲笑自己，她也特别难为情。在

调研中，有家长也谈到，有男孩子总是拿剪刀去剪自己的腿毛，认为腿毛看起来很恶心。

对于青春期孩子身体的发育问题，家长们总担心自己把握不好教育的方式和尺度。面对这样的情况，作为教师可以指导家长帮孩子正视自己青春期的生理心理发育问题，父母可以让孩子熟悉自己的身体特征、了解不同性别的异性的发育特征，家长还应告诉孩子青春期的发育是每个人都要经历的，但不同的人发育时间和速度会有所不同。另外，家长还可以和女孩子聊聊月经，和男孩子聊聊遗精的知识，帮助孩子科学地认识这些常见的生理现象。

比如：女孩到一定年龄出现月经时，家长们可能会告诉孩子这是女性正常的生理现象。其实，从专业的角度，我们可以指导家长这样告诉孩子：女孩一生下来，卵巢里就会有原始卵泡，当我们进入青春期，卵巢内的卵泡就开始逐渐发育成熟，大约每个月便会有一个成熟的卵子由卵巢排出，称为"排卵"，此时子宫内膜就会自动脱落引起子宫出血，这就是月经（俗称"例假"）。

面对第一次来月经，有些女孩会比较惊讶、彷徨和恐慌，有些女孩会不知所措，少部分女孩能正确、轻松应对。母亲可以对孩子讲一讲自己青春期来月经的事，让孩子从家长的切身经历中，坦然去面对自己身体的发育及变化。同时，教师需要指导家长在恰当的时机提前给孩子普及这方面的知识。比如：女儿发现妈妈在用卫生巾而好奇发问时，妈妈就可以慢慢告诉她关于月经方面的知识。同时，妈妈还可以教孩子如何选择卫生巾，注意月经期的卫生与保健等，以减少孩子内心的担忧。另外，不管是男孩还是女孩问关于此类问题，家长们都应尽量用科学的方式去解答，不要利用逃避来压抑孩子对以上问题的好奇心。

班主任可以在班级开展一些关于青春期的主题班会课，比如"我的身体我做主""你好，青春期"等，邀请家长共同参与班会的全过程，用科学的方法指导家长给孩子正确开展青春期性教育。可见，当孩子了解了自己的身体，知道了青春期的发育是正常的生理现象后，他们也不会特别在意或羞于聊有关性的话题，才会用理性、科学的态度去看待以往会觉得敏感的话题。

（二）引导家长理性认识早恋，帮助孩子走出情感"误区"

家长和老师都比较担忧青春期孩子早恋的问题，担心早恋会影响孩子的学习，担心孩子在关键时期不好好学习会影响其一生。其实，有的青春期孩子发育提前，青少年性意识迅速发展，将好感、友情错认为是爱情，教师可以指导家长这样跟孩子谈谈"爱情"：心理学家罗伯特·斯滕伯格提出爱情三元论，即爱情由三个要素组成：亲密、激情、承诺。同时满足亲密、激情、承诺就是完美的爱。青春期的孩子对某个异性产生好感，并引起强烈的情感冲动，容易误以为产生了爱情，从此形影相随、难舍难分。

其实，这意味着孩子性意识与性心理开始萌发，开始关注并欣赏异性，希望得到异性的认可，这些都是孩子成长过程中的必经阶段。孩子对异性产生情感是正常现象，但需要正确引导，让孩子知道男女生交往原则、男女生早恋可能带来的一些影响等。同时，家长还需要引导他们正确认识爱情，形成正确的人生观、事业观和爱情观。若孩子出现早恋问题，教师要指导家长们"疏"而非"堵"，这样才会帮助孩子尽快走出情感"误区"。

（三）家校共同预防"性侵害"，引导学生学会自我保护

近年来的一些儿童受性侵的案例令家长和老师担忧。教师应该指导家长去教授孩子掌握一些预防性侵的基本常识，学会保护自己。

结合实际情况，教师可以引导家长教孩子预防"性侵害"的方法。比如，教师引导教会孩子认识身体，保护身体的隐私部位，学会辨别坏人的恶劣行径，学会对不喜欢的行为说"不"；引导家长教会孩子在面对让自己有不舒服的身体接触的人时，谨记以下四个步骤：识别—拒绝—离开—告知，从而帮助自己远离危险。

识别——言语警报、触摸警报、视觉警报。

拒绝——拒绝需要勇气、机智和坚定，拒绝永远不会太迟。

离开——生命安全是最重要的，冷静并抓住机会逃离，及时离开危险的环境。

告知——等到安全区域之后，尽快把这件事告诉给家长或者信任的大人。

家长还可以帮助孩子一起建立属于自己的信任圈，当遇到危险可以向

他们寻求帮助，家长务必告诉孩子"保证安全，生命至上"是前提。

总之，性教育不是洪水猛兽，可怕的性态度才是洪水猛兽。教师需要引导家长用科学的态度看待孩子成长过程中出现的与性相关问题，同时尊重孩子，不要一味地打压、指责，正向引导孩子树立正确的性价值观，遇到棘手的问题要及时寻求专业人士的帮助，或查阅专业书籍，教会孩子要相信家长，大胆寻求家长的帮助。

正确解读早恋　学会正确引导
——提升教师指导家长理性处理问题的能力

【导语】

随着青春期的到来，青少年的心理和生理都有了一定程度的发展。面对异性，青春期的孩子往往会产生好奇，他们渴望得到异性的关注。但懵懂的感情往往会给他们的学业和生活带来影响，如何处理孩子早恋问题是一直困扰家长的话题。不少家长在面对孩子早恋问题时采用粗暴的方式进行干预，结果往往适得其反，而且导致亲子关系紧张，甚至破裂。教师作为学生在校的第一责任人和家庭教育理念的传达者，有必要引导家长正确、全面地认知早恋问题，引导家长对早恋的孩子进行正向的引导和理性的处理，帮助孩子智慧处理爱情与友谊，树立正确的"恋爱观"。

一位班主任曾遇到过这样一个案例：

小Z是一名班长，成绩优异且乖巧懂事，但从初一下学期开学的第一个月开始，他上课就很难集中注意力，作业的质量也不乐观。后来，班主任发现他"恋爱"了。这位班主任立即联系了小Z的妈妈，共同交流了此事。小Z的妈妈表示自己不知道该如何和儿子聊早恋的话题，并表示很焦虑，希望得到老师的帮助和指导。

案例中家长的担忧是许多家长面对孩子这一问题的第一反应。教师应对家长进行有效的指导，教会家长用科学有效的育儿理念对孩子进行引导，帮助孩子树立科学健康的"恋爱观"。

一、指导家长科学认识早恋

现实生活中,许多家长一提早恋,要么讳莫如深,要么谈"爱"色变,这样的想法既不正确也不科学。教师需要指导家长正确认识早恋,引导家长站在儿童的视角上想问题,从而真正走进孩子的内心。

随着青春期的到来,孩子的身体开始分泌性激素,性激素促使他们的下丘脑和脑垂体腺分泌出多巴胺。多巴胺是一种让人多情的物质,使人产生一种很欢愉的感觉,也对异性产生懵懂的情感。青春期的男女对异性产生好感是正常的,既不可耻也不丢人,这种好感既反映了青春期男孩女孩生理与心理在不断地发育,又体现出他们从孩子到成人的成长过程。这一时期的青少年需要家长和老师共同正确引领。

二、指导家长多角度区别早恋的类型

早恋的产生与学生自身的身心发展、家庭环境、学校及社会环境等因素有着直接的关系。一般来说,早恋可以分为三种类型:朦胧好奇型、从众模仿型、补偿寄托型。

(一)朦胧好奇型

由于家长平时没有在合适的时间与孩子探讨爱情的话题,孩子往往只能从小说、偶像剧、流行歌曲中去认识爱情。学生对爱情的认识较为片面,对异性产生出朦胧的爱也比较盲目,往往没有考虑为什么喜欢,以及盲目恋爱会给自己和他人带来什么后果等问题。

(二)从众模仿型

初中生正处于社交圈子扩大和人际关系变得更加复杂的阶段,这个时期的他们渴望得到同伴的认可,渴望融入同辈群体中,害怕被孤立和排斥。当他们观察到其他同学有恋爱现象时,由于受同辈群体的影响,或许因为压力或个人面子等原因,也可能学习他人这样的行为。

(三)补偿寄托型

这是一种因感情空虚、孤独而引起的恋爱,他们中的一些人可能与父母、兄弟姐妹、同学关系不佳，不愿或者很少与他们交流，从而引起许多烦恼和痛苦，内心感到寂寞孤独。还有一些因为家庭的原因，比如单亲、父母离异等，他们有倾诉心事和寻找知音的需求，如果此时有异性愿意耐心倾听并给予理解和陪伴，就有可能使他们的感情得到补偿，从而建立强烈的情感纽带，这样的感情更基于一种对亲情的渴望。

三、指导家长对早恋孩子进行正向引导

很多家长会担心太早和孩子聊早恋的话题会让孩子提前萌生爱情的想法或出现早恋行为。其实不然，家长越是避而不谈，孩子越是充满好奇。心理学研究表明，父母要根据孩子不同年龄和实际情况对孩子开展爱情启蒙教育。虽然父母的作用如此重要，但很多家长却因聊什么、怎么聊等问题而陷入苦恼。所以，教师在指导家长面对自己的孩子有早恋迹象或行为时，应该从以下"三要三不要"的方向进行正向引导。

（一）要理解尊重，不要随意贴标签

当孩子聊起喜欢谁，无论是什么年龄，家长都需要冷静，尊重孩子内心美好的表达，不要盲目地给孩子贴标签，不轻易把"早恋"和品质不好画等号。当孩子告诉家长时，只是表达了内心独一无二的感受，这份感受值得被保护和尊重。教师要指导家长在孩子表达出喜欢某人的时候，可以分析孩子欣赏之人的特征，肯定他人的优点，不随意批判他人，让孩子感受到父母的尊重。

例如孩子告诉父母自己喜欢某个人，教师可以指导父母去询问孩子喜欢对方哪些方面，并对孩子喜欢对方的某个或某些特性表示肯定，换位告知如果是自己，可能也会被具有这种属性的人吸引，用共情的方式将孩子的心拉得更近，让孩子感受到自己被父母理解和尊重，无须因为对异性产生了不一样的感觉而感到害怕和自卑。

（二）要循循善诱，不要讲大道理

当孩子有早恋想法或者行为以后，教师应该告诉家长要保持理性的态度，先让自己冷静下来，最不可取的是因为愤怒而冲动地对孩子动手或者

进行责骂，这样会伤害孩子的自尊心。同时，教师需要指导家长不要试图和孩子讲大道理，父母习惯用成年人的思维和眼光去评判孩子的早恋，用自认为对的言辞进行说教，越是喋喋不休，孩子越是反感，从而造成亲子之间的矛盾，伤害亲子关系。教师应指导家长引导孩子认识青少年早恋的原因和利弊，让其明白在恋爱中可能会面临的问题和责任，让孩子对早恋有一定的认识和心理建设，学会在爱自己的同时也能爱他人。这样，家长在理解和尊重孩子的前提下可以和孩子敞开心扉沟通。

例如有些家长习惯用"你还这么小，你知道什么是爱情吗？你有资格谈恋爱吗？""我把全身心都投入在你身上，你这样做对得起谁？"等话语与孩子对话，这些话语对于恋爱中或者有喜欢对象的孩子来说其实作用并不大。处于早恋中的青少年，往往考虑得比较单纯和简单。教师可以指导家长从科学角度帮助孩子认识对异性产生好感的原因，并引导孩子明白爱的责任。

（三）要善于疏通，不要尝试堵截

很多家长在面对孩子的早恋倾向时，试图采用各种办法阻断。然而，采用简单、粗暴的方式并不能真正起到作用，反而可能导致一些矛盾乃至恶性事件的发生。我们知道，早恋宜疏不宜堵，更不能回避。教师应指导家长不去强行压抑孩子的情感，因为过度压抑情感会导致孩子在成年后不懂得如何去爱。教师也应让家长们明白，在孩子的成长过程中，早恋是一种很正常的情感行为，是孩子内心的一种情感反应，父母不应该去否定和阻止它，而应该站在孩子的角度去正确引导，告诉孩子在异性面前要秉持自然、适度的交往原则和把握分寸、不越界的相处底线。

例如，教师应该指导家长不要试图让孩子们马上分手，或者让双方不再联系、不准见面，甚者转校等。家长可以让孩子聊聊自己对早恋的想法，然后和孩子约法三章。如果孩子的恋情属于朦胧好奇型和从众模仿型，那他们的恋情很容易因不稳固而失败，家长要做好孩子失恋后的情绪安抚，并使其快速回归正常生活；如果孩子的恋情属于补偿寄托型，那么父母应该好思考孩子是哪方面的情感缺失，如何进行弥补，或许当孩子的感情得到父母的满足后，也就自然而然不再想去恋爱了。

四、指导家长对早恋孩子进行持续跟进

教师与家长需要达成一种共识，即早恋问题并非一两次沟通交流就能够彻底解决，还可能反反复复地出现问题。所以，早恋的孩子更需要家长的持续关注和引导。教师可以指导家长平时在家里对孩子的行为、语言等进行观察，当家长发现孩子有任何不正常的情绪和行为表现时，应及时与班主任、科任老师、孩子本人进行沟通，找到问题的突破口，正确处理孩子的早恋。

每个孩子都是独一无二的个体，他们的经历和想法各不相同，所以教师应该指导家长秉承"一把钥匙开一把锁"的原则，根据自己孩子的具体情况具体分析，才能帮助孩子平稳度过青春期，同时父母也收获更多的育人智慧。

调适逆反心理　培育健全人格
——提升教师指导家长进行干预疏导的能力

【导语】

青春期是一个人成长中快速发育的时期，对个体的身心健康有着重要的影响。由于父母和青春期孩子在认知上不对等，有代沟，青春期孩子的想法和行为也不被父母所理解、接纳，这就导致青春期的孩子十分叛逆。在这种情况下，教师的指导和帮助就显得至关重要了。因此，教师需要发挥自身的专业知识和职业特长，指导家长进行正确的干预疏导，让家长了解青春期孩子叛逆的特点、内心需求、沟通策略，积极指导家长做好青春期孩子的叛逆教育工作。

青春期是个体由儿童向成年人过渡的时期，一般为10岁到20岁左右。在这个时期，孩子的生理与心理发生了很大的变化，如生长速度加快，身体重量增加，骨骼、肌肉和性器官的快速发育等，同时还伴随着丰富的心理变化，如自我意识的提升、情感波动、性别认同、人际关系的复杂化等。

一、青春期叛逆的表现和特点

青春期孩子的大脑快速发育，使得他们产生强烈的独立自主意识。随着社会的发展、科技的普及，孩子们获取信息非常便捷，但是由于大脑发育尚不完善，又缺乏社会经验，常对事物判断不准确，这让处于青春期的孩子很烦恼。他们一方面想自己做决定，表现出强烈的独立愿望；一方面又受到家长的干涉，从而产生认知偏差和叛逆行为。

（一）情感叛逆

情感叛逆的孩子容易与家庭成员发生争吵，也不善于倾听家长和老师的建议，常常产生与家长和老师要求相悖的意识，进而情绪失控、孤立自己。

（二）行为叛逆

行为叛逆是指青春期少年故意违背家庭、社会、学校或其他权威机构的规则和要求的行为。这种叛逆行为的表现形式因个体而异，包括不服从父母和老师的要求、不按时完成作业、尝试危险行为等。在这个阶段，孩子开始追求独立性并尝试建立具有个性化的个人身份名片。他们可能会试图开拓自己的边界，追求自主权和自由，以表现自己的独特性。这些行为是孩子们在寻找自我认同、探索个人界限的一部分。

（三）沟通困难

青春期叛逆的孩子往往会表现出消极的沟通态度，不愿意主动与家长老师进行对话，可能还会明确地拒绝与家长老师进行交流，对长辈所发起的话题不感兴趣，有时候情绪激动、易怒或沮丧时，既期待家长的关注，又不愿意接受他们的建议或指导。

（四）争强好胜

青春期的孩子通常对进步或成功充满渴望，并愿意通过竞争来获得成就感。他们还表现出强烈的竞争意识，力图在各个方面取得优势。他们开始追求独立自主的权利，渴望在家庭、学校和社交圈中获得更高的地位和更大的影响力。青春期的孩子可能对成年人的权威和规则产生抵触，试图借助争论、辩论和对抗来获得发言权。在观点不一致时，他们可能会与父母、老师或其他成年人发生冲突。

（五）思想独立

青春期叛逆孩子对家长和老师的观点、看法有自己的思想，当他们不赞同家长和老师的决定和规定时，可能会和家长与老师产生矛盾，并做出与家长和老师要求相反的事。

总之，青春期叛逆的孩子情绪和行为变化多端，需要特别的关注和理解。教师应当引导家长切实关心和帮助孩子渡过难关，并尽可能地与孩子建立良好的沟通和信任关系。

二、青春期叛逆孩子的内心需求

（一）需要被理解和接受

叛逆孩子在心理上处于矛盾和不稳定的状态，遇事时容易出现较大的情绪波动。教师需要引导家长学会倾听、包容和理解孩子的内心感受，让孩子感受父母对于他们的爱。

（二）需要独立和自主

叛逆期孩子希望独立掌控自己的生活，包括自己的生活方式和社交圈子。教师需要引导家长在生活、学习方面尊重孩子的个人想法。

（三）需要被尊重和信任

孩子需要和父母建立良好的关系，尤其是建立互相尊重和信任的关系。教师应当引导家长不断地与孩子通过交流和讨论，建立和谐的家庭氛围，从而让孩子感到被尊重与信任。

（四）需要受到关注和支持

无论是情感上还是物质上，孩子都特别需要家长的关注和支持。教师可引导家长经常主动询问孩子的学业和日常生活，了解孩子的情绪状态，给予他们所需的支持。

总而言之，青春期的孩子需要充分体验到被爱和被尊重，因此，教师需要引导家长与孩子建立良好的沟通和互动关系，同时注重孩子独立意识的培养。

三、教师指导家长引导叛逆孩子的教育策略

针对青春期孩子叛逆的特点，教师需要提醒家长关注孩子的心理变化，

并根据实际情况及时改变自己的教育方式和沟通方式，给予孩子成长的空间和时间，相信孩子有能力变得更好。在此过程中也需要有底线地约束而不是放纵孩子，引导孩子形成底线意识。

（一）教师指导家长尊重孩子

叛逆是青少年成长过程中常见的一种情况，当孩子出现此类问题时，教师应引导家长和家庭成员理解并尊重孩子的情感需求，建立开放的沟通渠道，与孩子一同努力，营造积极和谐的沟通氛围。家长要理解青春期给孩子带来的挑战和压力，尽量提供情感上的理解和支持。

小C同学不爱学习，平时上课心不在焉，课后几乎从不完成作业，并且爱打游戏；他脾气暴躁，常和同学发生冲突。教师与家长沟通后发现，原来父母对他的要求很高，喜欢将他和邻居家的孩子做比较。家长认为小C不但调皮，而且学习成绩也不好，因此，只要家长认为小C不听话，就会责备甚至打骂。教师和小C沟通后，得知他内心也有很多想法，只是父母根本不给他表达的机会，比如在物质上的一些合理要求，即使在家庭条件允许的情况下，父母也不会满足他，因此小C觉得父母不爱他，不管父母说什么他都抱着无所谓的态度。

在教育孩子的过程中，父母若采用暴力的教育方式伤害了孩子的自尊，会让孩子越来越不听话，越来越叛逆。家长不给孩子表达的机会，孩子内心会感到压抑，导致产生情感叛逆和行为叛逆。因此，教师要告知家长，粗暴的教育方式会导致孩子脾气暴躁，影响亲子关系、同学关系、师生关系等。同时，在孩子犯错时，家长要尊重孩子的表达权，倾听孩子的表达。家长学会倾听，孩子才能学会倾听，家长也才能更好地了解孩子行为背后的原因。教师还需要告知家长正确看待老师的反馈，老师向家长反馈孩子在学校的表现，目的是寻求家长的支持并正确引导孩子，而不是希望家长打骂孩子。

每一个孩子都有他的缺点，但也有优点。家长要全面地看待孩子，认可孩子的优势，给予孩子成长的动力与希望。最后，教师建议家长在经济条件允许的情况下，要适当满足孩子的一些合理要求。

（二）教师指导家长信任孩子并给予孩子成长空间

青春期的孩子独立意识增强，比较抵触家长的说教。同时，孩子交友欲望强烈。交友是探索自我认同、独立性和建立个人界限的一部分。此外，身体和生理变化、社交压力和学业压力等因素也可能对沟通产生影响。因此，教师要提醒家长信任孩子并为孩子提供一个开放和安全的空间。

小 A 是 13 岁的男孩，3 岁时父母离异，他和妈妈相依为命，他很聪明，学习成绩也很好，在学校的表现也很不错，但有些自卑。小 A 这段时间在课堂上表现不佳，背诵任务总是不能按时完成，书面作业也很拖沓。小 A 妈妈也反映孩子在家经常和同学聊天聊到深夜，甚至影响了睡眠时间。妈妈不放心孩子一个人，就一直陪着孩子直到他睡着。

小 A 的成绩已经考到年级前列，但是小 A 妈妈还是告诉小 A 要尽量考到年级第一。虽然妈妈说"尽量"，但是这样的语言还是给了小 A 无形的压力。加之舅舅家两个表姐的学习成绩都很好，妈妈总喜欢拿她们来做对比，这也给了小 A 很大的压力。

孩子对于"朋友"有自己的想法和认知，直接说教会适得其反。因此，教师要引导家长与孩子进行"交友"话题的探讨，以具体的事件来引发孩子的思考，明确"朋友"是可与之畅谈、设立目标并为之共同努力的人。当"朋友"已经影响到了自己的正常生活、学习时，孩子应学会正确处理这段关系。因此，家长要给予孩子思考和判断的时间与空间，不要主观判断，给孩子造成过多的心理压力。

青春期孩子因其大脑发育过程的特殊性，心理过程会变得比较复杂。青春期孩子叛逆是在争取他们该有的权利，如独立性。他们想要摆脱对父母的依赖，拥有自主的决定权。在这过程中，孩子想要自己做主，但是又不够理性。对孩子来说，这并不是坏事，家长要正确看待青春期孩子的叛逆。同时，家长还需要关注孩子的心理动态，尊重孩子的想法，理解并接纳孩子的行为，采用正确的方式引导青春期叛逆的孩子，让孩子顺利度过叛逆期，对孩子未来发展具有极其重要的作用。

呵护学生心灵　重拾学习热情
——提升教师指导家长开展转化教育的能力

【导语】

厌学心理是学生对于学习的一种情绪反应。学生的家庭背景、教育环境、个人习惯等都有可能引起他们在情绪、认知、行为上的变化，从而产生厌学心理。厌学，是实现教育目标的一大障碍，更是让很多家长束手无策的大问题。班主任在教育教学中需要提升自身指导家长开展转化教育的能力，指导家长共同做好厌学学生的转化工作，用科学、智慧的方法让厌学的孩子感受到成功的喜悦和快乐，从而激发孩子的学习兴趣。

2017年，教育部印发《中小学德育工作指南》（教基〔2017〕8号），明确将家庭教育纳入德育工作体系，指导各地各校建立家庭教育工作机制，统筹家长学校、家长会、家访、家长开放日等各种家校沟通渠道，丰富家庭教育指导内容，帮助家长提高家教水平。2021年1月《中华人民共和国家庭教育促进法》正式实施，这意味着家长们进入了"依法带娃"的时代，家庭教育由家庭层面提升到国家事务层面，同时也细化了国家支持和社会协同措施，即国家和社会应该为家庭教育服务。那么作为与孩子家长接触最直接的一方，中小学班主任指导家庭教育义不容辞，应当充当好"桥梁"作用，引导家长做好孩子的第一任老师，提供科学的指导方法，推动形成政府主导、家长参与、学校组织的家庭教育工作格局。

一、正确认识厌学

（一）学生方面

厌学，是孩子面对学习的一种情绪反应。造成厌学的原因，第一是内在动机不足，学习目标不明确，许多孩子不知道自己为什么要学习，也不知道要学习什么，更不可能学好；二是父母期望过高，实际落差较大，许多家庭都有"望子成龙，望女成凤"的心态，而又完全不考虑孩子的实际情况，这种落差感也会让孩子对学习产生抵触心理；三是易受社会环境干扰，许多孩子被网络上的"读书无用论""学历低门槛"等信息误导，从而丧失学习的兴趣。有些家长不知道孩子为什么会厌学，有些家长知道原因，但又无从下手，正需要班主任给予家长指导，引导家长对此类情况进行处理。班主任可对学生的学习情况进行观察，秉承因材施教原则，针对不同的家长提出不同的要求，让家长对孩子进行教育时遵循科学性的原则，结合学校教育一起推动家庭教育顺利实施。

（二）家长方面

相关数据显示，家长的焦虑86.32%来自孩子的学习，其中主要焦虑是"对孩子学业转化的无力感"。当孩子出现厌学情况时，有些家长不愿或逃避承担教育子女的责任，常以"工作忙""距离远"为借口，回避孩子的教育问题，家庭成员间也出现了相互推卸责任的情况；有些甚至直接将孩子交给班主任，认为教育是老师的事，和父母没有关系；一些家长想参与孩子的教育，但自身素质不高，找不到正确的方法，还在运用传统落后的教育方式，这不仅会限制孩子的思维，还不能让孩子信服；还有些家长受社会环境的影响，试图用钱来解决孩子学习中存在的问题，"用人脉""走关系"等，表面上看起来解决了问题，实则没从根本上解决孩子的问题。家长在教育中暴露出的问题也正体现了班主任指导家庭教育的重要性。孩子是祖国的未来，是民族的希望，解决学生厌学问题迫在眉睫，指导家长转化孩子厌学状态更是刻不容缓。班主任要意识到家庭教育的作用，遵循政策的指引，以实际经验对家长进行指导，发挥家庭教育的机制，为满足高质量家庭教育的迫切需求出一份力。

二、班主任指导家长转化厌学生的策略

（一）更新家庭教育理念

家庭教育和学校教育具有同样的地位，应该受到家长的重视。但是，从当前的教育情况来看，家庭教育存在着各种各样的问题，家长对孩子的教育存在理解偏差，运用的教育观念比较陈旧。比如有家长不重视家庭教育，常把教育问题全部交给学校，认为教育就是学校的事，就是老师的事，自己则不闻不问。还有些家长抱着"我对孩子的要求不高，只要以后能找到稳定的工作就行""他只要以后比我强就好了"等观念，这体现出有些家长的教育理念太过陈旧，要么是拿孩子的现在和自己的过去做对比，要么就是对学习的追求只停留在满足基础物质生活上，跟不上这个时代的发展。以前寒门出贵子，穷孩子通过读书改变命运，而现在社会多元化、智能化，孩子的思想早已发生了巨大的变化。

首先，班主任可以让家长填写《指导意向统计表》，包括当前家长在教育中面临的问题、困惑，希望得到哪方面的指导等内容。班主任从表中能看到家长的需求，主要是在哪些方面需要指导。同时，这也可以调动家长参与孩子教育的积极性。接着，可对家长们的需求进行分类统计，包括理论指导和实践。理论方面，班主任可引导家长了解国家相关政策，明确自己在孩子教育中的责任和重要作用，同时也可以推荐家长阅读一些教育类书籍，让家长学习正确的人才观和价值观，从书籍中寻找正确的教育方法。俗话说："读万卷书，不如行万里路。"在生活实践中，家长也可以利用寒暑假带孩子游览祖国大好河山，体验科技、文化与生活，在旅行中开阔视野。

当然，班主任也可以设计"意见指导箱"，请家长将自己在教育中遇到的困难及时与自己进行沟通，以便自己对指导工作进行及时的调整。家庭教育理念需要结合时代的特点，需要不断更新，才能走进家长的内心，才能激发其内在动力。

（二）树立正确的人才观

家长需要改变对人才观的认识，对孩子要有多样性的评价方式，不能仅用成绩来评价孩子的优劣。有些孩子虽然成绩不理想，但是口才好，有特长。家长在言语上要注意，不能给他们泼冷水，要在他们擅长的领域给予他们信心和希望，鼓励他们发展自己的爱好。

小 B 同学是班上的一个待优生，从进入初中开始成绩就不太理想，但是他的妈妈却时常向我透露出自己的期望，要让孩子直升或者考上重点高中，这对一个各科成绩都不太理想的孩子来说太过于困难。在一次沟通中我与家长这样交流："小 B 妈妈，从你和我交流孩子情况的频率来看，你非常关注小 B 的学习，我知道你对孩子的期望很高，也给他制定了许多的目标，但从小 B 几学期的考试和平时的表现看来，这些目标对他来说太高了，他跳一跳不能达到的目标是无效的目标，不仅不能帮助他提高学习成绩，反而让他在一次次失败中受挫。孩子的特长非常耀眼，他的口才好，积极担当学校大小活动主持人，每次演讲比赛、主持人大赛、即兴表演等都非常出色，那为何不去发展他的特长呢？难道只有成绩优秀才叫优秀吗？孩子有特长，有才艺，这难道不算优秀吗？"

以上案例中，教师和家长的沟通体现了以下几点：一是教师肯定了家长的出发点，即很关心孩子的教育问题，但也指出了小 B 妈妈做法的无效性；紧接着放大孩子的优点，让家长感受到孩子在语言上的潜力，从而转变对孩子的培养方向。许多家长对孩子的评价方式太过单一，常常是"唯分数论"。其实，成绩只是评价孩子的一个方面，我们需要培养的是能够适应社会发展的孩子，所以真正的人才不能被贴上"只是成绩好"的标签，应该允许孩子的多元发展，多元化的社会正好满足孩子的差异性发展。

（三）加强挫折教育引导

许多孩子在学习中一遇到困难就容易放弃，因认为学习太苦而失去兴趣和动力，未来的生活可能会遇到比"考差""作业多"等更困难的事情，也可能会遇到竞争更激烈的事，家长应该引导孩子用积极的心态面对生活中的挫折。

在一次交流中，C 班主任向我提到他们班的一个男孩子心理承受能力非常差，因为父母在他很小的时候就离婚了。男孩一直由妈妈带大，加之妈妈的工作繁忙，小时候对他的陪伴较少，所以男孩一直很缺乏安全感，更缺少男子汉的气魄，性格上总感觉没那么大气，常常因为学习的事情哭，这与大部分男孩子相比已经有些不同。后来 C 班主任发现，每次只要数学考差了，男孩就非常情绪化，脾气也特别暴躁，要么狂言骂出题老师，要么和同学发生口角，甚至有几次直接放弃后面一科的考试。孩子妈妈特别无奈，非常担心孩子的这种抗压能力会影响中考，于是找到了班主任请求帮助……

班主任提出家长可以陪孩子多些生活上的"魔鬼体验",于是妈妈就把孩子带到了某个工地,体验"工地的一天"——推车、捡砖、和水泥。烈日炎炎,衣服早被汗水湿透,手上也被铁丝割破了口。妈妈注意到男孩的眼泪已经在眼眶里打转,故意叫了几个工人过来唠家常,男孩发现工地上的工人对这些"所谓的苦难"早已习以为常,没有一个人将苦难放在心上。孩子终于明白了挫折和困难是人生常态,我们要欣然接受,更要苦中作乐,用强大的心灵去面对生活的不如意。

　　家长还可以陪孩子一起加强体育锻炼,比如做家务、打球、跑步、引体向上等,在运动中感受"累"和"饿",体会成功和失败不同的滋味,感受失败和挫折的意义,让孩子在实践中明白学习的目的不是得高分,而是在获得知识的过程中拥有学习的能力,在挫折面前拥有宽广的胸襟和乐观的心态。

(四)达成奖惩并进共识

　　王文湛教授曾说过这样一句话:"我们教育工作者,始终要牢记两句话:假如我是孩子,假如是我的孩子。"班主任应该引导家长站在"假如我是孩子"的角度来思考。初中生厌学,一部分原因是无法获得自我成就感,那么家长应该抓住初中生的心理特征,给他们外在的推力和正面刺激。

　　在一次德育活动中,某位班主任分享了他的做法:班主任既然可以用"操行分"制度来管理班级,为何家长不能用"积分制度"来管理自己的孩子?这句话给了我莫大的启发。小D同学是一名学习习惯不太好的初三学生,特别是自己的座位经常不收拾,课堂上总是在找书、找卷子,有些时候自暴自弃,甚至开始不交作业,慢慢地学习动力也不足,上课迟到等不良习惯衍生出来。班主任给家长提了个小妙招:适当的奖惩是有必要的,让孩子明白哪些是对的,哪些是不能碰的。于是家长召集了家庭主要成员,针对孩子的厌学现状拟定了一份"合同",并做出如下规定:不能在课堂上睡觉、不能不交作业、不能逃课。除此之外,还要考察孩子学习习惯(是否按时提交作业?是否书写潦草?)、学习态度(举手回答问题的次数、被表扬的次数、迟到次数、为班级服务次数等)、心理的变化(交流中是否有更多负面情绪?是否谈及学习就想回避?),每项5分,2周核算一次,若达到80分，及时奖励一顿大餐、买一件心仪的物品或拥有一次自主安排一天假期的权利等。

孩子的进步需要家长不吝地表扬，给他们积极的暗示，让孩子有自我认同感。语言的激励和物质奖励有机结合，肯定和提醒并进，能引领孩子走出厌学状态。

（五）实现家校信息共享

厌学是多方面原因引起的，厌学转化工作也需要构建多元共育机制。班主任应该引导家长主动加强与学校的合作，通过电话、微信或者面对面沟通的方式，将孩子在家的情况反馈给老师。孩子做得好的地方，教师要进一步肯定；做得不好的地方，可一起寻找改进的方法。

小E同学刚入校的时候成绩非常好，但在初二的时候沉迷网络言情小说，成绩一落千丈，同时表现出对学习的事情非常抗拒，上课就发呆走神，家长一问成绩情绪就很激动。课间和同学讨论的全是小说，周末的大多数时间也花在看小说上。班主任找小E单独沟通了几次，发现小E意识到了自己的问题，但是控制力较差，需要持续关注和叮嘱，一回到家就又"打回原形"。于是，班主任给家长布置了一项"作业"，周末用手机记录孩子的改变过程。于是，老师收到了家长发来的照片和视频，包括孩子专注做作业的时候，旁边没了手机，也不再边听音乐边看书；还有孩子做家务的照片，明显感觉到看小说和刷剧的时间变少了；也有孩子主动提出购买教辅资料和给家长讲题的视频等。老师的正面表扬，又促进了他的学习内在动力。

家长持续地反馈孩子的变化状态，与老师交换共享信息，有利于自己了解孩子的成长过程，更有利于教师的进一步教育。除此之外，家长也可以积极参与班级和学校活动，比如家长走进课堂的主题班会，让孩子感受到父母对自己成长的关注，进而减少厌学情绪。

三、开展家庭教育指导的启示

在与厌学学生沟通的过程中我们发现，其实大多数厌学学生的内心并不想放弃学习，只是因为他们正值青春期，贪玩、逆反心理、缺乏自制力，这些复杂的青春期特点让他们产生了厌学情绪。我们在与厌学学生家长沟通的过程中发现，这些家长非常无奈又无助，不知道问题出在哪里，更不知道如何改善。作为教育者的我们，应该遵循教育的公平性原则，对厌学的孩子一定要及时介入，加以引导，不能区别对待他们，更不能放弃他们。教师要主动给家长做指导，引导家长学会科学的教育方法，家校协同共育，努力转化学生的厌学现状。

缓解家长焦虑　回归理性教育
——提升教师指导家长共育共识的能力

【导语】

伴随孩子的出生、成长、入学、升学等，家长们迎来一轮接一轮的教育挑战。多数家长希望自己的孩子不输在起跑线上。当希望与现实出现落差时，家长往往感到焦虑、烦恼、无奈，当情绪堆积无法疏解之时，便陷入了家庭"内耗"：家人之间发生矛盾，亲子关系不和谐，长此以往容易影响孩子的健康成长。教师作为家校共育的桥梁，需要提升自身指导家长共育共识的能力，并采用合适的方法指导家长减轻焦虑和家庭内耗，以平和的心态去教育和引导孩子。

郝景芳在《不焦虑俱乐部》里曾说："不需要做 100 分的'完美'妈妈，做一个'good enough mother'就好了。"部分家长过分追求完美，无论孩子出了什么问题，都认为是自己的错，总是处于焦虑之中，总是提前为未来的事情发愁。家长的这些焦虑情绪在与孩子相处时会无形中影响孩子，这将非常不利于孩子的健康成长。作为教师，我们有责任和义务去关心每一个孩子的成长和发展，这就需要我们为焦虑的家长带去个性化的家庭教育指导。

一、管理焦虑，控制情绪

有的家长要求自己做称职的父母，但又怀疑自己的能力，担心在教育子女的过程中会出现失误，因而顾虑重重，惶恐不安。也有的家长看到别人教子有方，取得好的效果，觉得自己不如别人，产生了不必要的自卑感。

这种紧张、焦虑的情绪无形中会传染给孩子，影响他们良好个性品质的形成。所以，教师要让家长了解到自己的焦虑情绪对孩子的健康成长造成的不良影响，以此来引导家长学会管理自己的焦虑情绪。

首先，教师要引导家长用正面的情绪去影响孩子。尝试调整自己的心态，以平常心对待孩子，学会接受孩子的不完美，发现孩子身上的闪光点，以鼓励和欣赏的眼光看待孩子的每一个小小的优点，家长要成为孩子成长的阳光雨露，用良好的情绪去滋润孩子变得越来越好。

其次，教师要引导家长在平时生活中将焦虑转化为提升自我的动力。与其焦虑地想要掌控那些无法掌控的东西，不如专注于真正可以控制的事情——做好自己。从焦虑的俘虏变成自己的主人，努力工作，努力生活，控制自己的情绪，给孩子提供优质的家庭教育。

最后，教师还可以引导家长学会控制情绪，并学会深入地了解孩子，在与孩子交流的过程中，家长需要不断尝试转变一下心态，把自己和孩子相处的最大目标变为：享受和孩子在一起的时光，一同追寻孩子的目标。

小 L 是一位四年级的女孩，单纯可爱，但是成绩不理想，学习也不主动。学习过程中，父母认为打也打了，骂也骂了，但不管用什么方法都改变不了她的学习态度和学习效果。小 L 妈妈为此严重焦虑，几乎抑郁，甚至去看心理医生，也经常找我聊天。通过交流，我了解到小 L 妈妈为了辅导孩子学习，从单位辞职成为全职太太，一心一意带孩子，但孩子的成长不但不明显，还有退步。小 L 的爸爸是货车司机，很忙，经常东奔西跑。爸爸没在身边，不知道小 L 的真实情况，以为是妈妈没有把小 L 教育好，因此夫妻二人也经常吵架，而小 L 也感受到父母的焦虑情绪，在父母的长期"施压"下变得不自信，甚至叛逆，每天生活得也不快乐，也不和同学交往……

上述案例中的妈妈，为了孩子辞掉工作，以为这样可以更好地照顾家庭和孩子。但这位妈妈在辞职带娃一段时间后，却陷入了自我否定的情绪中。小 L 妈妈辞职后不仅对孩子没有什么帮助，反而因为自己辞职影响了职业发展和收入而产生了心理落差。为了陪伴孩子，她减少了社交，也没有时间去追寻自己的兴趣爱好，心思全在孩子身上，这样不但给自己带来了很大的心理负担，也把孩子压得喘不过气来。后来，小 L 妈妈通过与学校老师聊天和沟通，转变了心态，决定重新找一份相对不太忙碌的工作，把放在孩子身上的注意力转移一些出来，给自己和孩子一点空间，自己去做一些喜欢的事情，把自己的心态调整好，也给孩子成长的空间。就这样，母子俩的关系得到了一定改善，彼此都变得积极、阳光起来。

二、寻找初心，缓解焦虑

孩子们带着家庭的纯粹的爱来到这个世界，但家长却在孩子不断成长的过程中为这份爱加入许多附加条件。这样的附加条件使得孩子压力倍增，家长也出现焦虑。焦虑的堆积会影响到亲子之间的良好关系，缓解的最好方式便是探寻初心——教育的初心。这几年网络流行词汇中有一个不容忽视的词叫作"鸡娃"，指的是父母给孩子"打鸡血"，为了孩子能好好读书，考出好成绩，不断给孩子安排学习和活动，不停让孩子去拼搏。

"鸡娃"成了很多家庭孩子的真实写照，而一部分家长"鸡娃"的方式是不合理的，与孩子之间也没有形成良好的沟通。最终的结果是：父母越来越焦虑，孩子越来越痛苦。究其原因来自以下两点：

（1）与同伴的比较。家长通常喜欢把自己孩子的不足与其他孩子的长处进行比较，结果发现自己孩子缺点甚多，于是焦虑就产生了。

（2）对未来的恐惧。关注到中、高考形势的严峻，家长认为以孩子目前的学习状态，不容易考上高中，继而不容易考上大学，从而找不到好工作，就过不上好的生活……连锁反应之下的焦虑感让家长深陷其中。

面对家长的焦虑情绪，教师可组织班级活动，让家长也来参加，在活动中以游戏的方式启发家长思考，让家长真切地回忆起爱孩子的"初心"。

游戏过程：

1. 请家长在纸上写下5个教育孩子的目的。
2. 然后从5个中选择1个划掉，并写明理由。
3. 再从4个中选择1个划掉，并写明理由。
4. 逐次划掉所写下的目标，只余留最后1个，而这一个就是家长教育孩子的初心。

请家长们准备一张纸，写下5个家长教育孩子的目的，范围不受限定。

家长可能会写：为了孩子能考个好大学、孩子能找到一份好工作、孩子能有更好的经济基础、孩子有较强的学习能力和社交能力……

经过以上步骤，引导家长不断划掉纸上所写的内容，最终只留下1个。经观察发现，绝大多数家长最终剩下的一个是希望孩子健康快乐成长。回忆起最初孩子降生时自己对孩子的"初心"之爱，家长们就会发现随着时间推移，自己给孩子施加了太多东西。教师以此启发家长思考，如果能依照对孩子的初心，那么自然能发现孩子身上的闪光点，平心静气地与孩子一起去追寻未来，焦虑感降低了，幸福感便提升了。

三、科学处理，智慧引导

教育从来就是一件复杂的事情，家长责任重大。伴随着孩子的成长，家长的"成绩焦虑""升学焦虑"会不断增加并且无从避免。引导家长正确看待这份焦虑并自我调节，教师可以将如下建议提供给家长：

（一）家长需要调整观念

梁晓声在《人世间》中这样写道："孩子若是平凡之辈，那就承欢膝下；若是出类拔萃，那就让其展翅高飞。"家长要有这样的一个观念，特别优秀的孩子毕竟是少数，而大多数的孩子是普通的，家长要接受孩子的平凡，只要孩子自己定下目标去努力了，与之前相比有了进步，家长就应该为孩子这种积极向上的状态感到开心。

（二）帮助孩子寻找优势

每个孩子都有自己的天赋，教师要引导家长为孩子创造体验成功的机会，每个人理解的成功是不一样的，要有自己的"小确幸"。家长要帮助孩子认识到自己的优势，增加孩子的胜任感和价值感，可能也会提高孩子对于学习的兴趣。

（三）通过运动控制自己的情绪

教师可以指导家长利用运动控制自己的情绪，并以此来带动孩子。同时，还可以请家长通过做腹式呼吸、冥想、正念等方式来缓解焦虑情绪，将自身的情绪控制得越来越好。

（四）从孩子的角度思考问题

教师要引导家长了解孩子相应年龄段的特点，明确孩子年龄尚小时，对事物没有一个明确的概念，心智虽不成熟，但可塑性很强。如果家长一次骂孩子不争气，他或许会提出疑问："我是一个不争气的孩子吗？"如果家长第二次骂孩子不争气，他就会思考："我或许是不争气的。"如果家长第三次骂孩子不争气，那就可能成了定性，他便会认为自己是不争气的。

教师要引导家长掌握和孩子沟通交流的正确处理方式，同时顾及孩子的感受。当问题发生时，家长不要责骂孩子，而是教会孩子在遇到问题时的正确解决方式，在家庭中制定出相应的奖惩措施。比如：当孩子在学校受到表扬时，家长可以给予孩子肯定式鼓励。

（五）多与他人沟通

教师鼓励家长利用班级微信群等，多跟其他家长沟通分享教育经验，把自己目前的困难或困惑说出来，家长们相互探讨与交流，以便更好地跟孩子沟通，以此来克服自己焦虑的情绪，并平静内心。

（六）学会接受

教师引导家长走出焦虑，学会接受孩子的真实情况，关注孩子的情况并及时与孩子沟通，和孩子一起做出改变。现实情况之下，如果一味想让孩子变成自己想要的样子，会让家长和孩子的距离越来越远。教师要引导家长明白耐心地接受也是明智的选择，暂时接受，伺机改变，也许能达到不一样的效果。

（七）不要好高骛远

教师应该让家长了解到脚踏实地的方式对于孩子的教育有更积极的作用，切忌好高骛远。家长要坚持根据自己的家庭情况、自己的能力去教育孩子，才可能达到好的效果。不能一味地去拿自己的孩子与别人家的"好孩子"进行比较，这样会让孩子的叛逆心理更加严重，最后导致孩子孤独感加重，更不愿跟家长沟通。

（八）健康问题与教育

教师要指导家长更多地关注孩子的身心健康。孩子的健康是每个家长都不应忽视的问题，不但要关注孩子的学习问题，还得关心孩子的身心健康问题。身心若不能健康发展，学习再好都无济于事。家长要善于抓住孩子的兴趣爱好，使之优先发展。家长要与孩子共同进步，对于兴趣爱好要有所取舍，才能保证孩子的长足发展。

（九）鼓励与教育同时进行

教师要指导家长给予孩子精神上的鼓励，比如取得好成绩、主动做家务、提前完成作业时给孩子一定的表扬，当然伴随一些物质的奖励也是可行的。家长既通过语言进行鼓励，又通过物质奖励进行鼓励，这样的行为会让孩子明白怎么做是对的，并对自己正确的行为进行固化，家长再进行正确引导，这样的做法对于教育效果有明显帮助。

（十）给予肯定与信任

教师要引导家长不吝啬自己的肯定与信任。父母要想走出焦虑，要给孩子足够的信任。父母只有对孩子信任，才会让孩子找到安全感。及时发现孩子的长处并给予肯定，也会让孩子感觉自信。孩子发展好了，父母的焦虑感也会下降很多。

科学地处理情绪，智慧地对待孩子的改变，教师需要在不断引导中让家长将自己和孩子的心理都看得更清晰一些，在平时的相处中多观察孩子、了解孩子、尊重孩子，才能驱散焦虑生活中的迷雾。家长还要用发展的眼光看待孩子，用平等的态度与孩子沟通交流，让孩子专心做自己喜欢的事情，陪伴孩子一起成长，做不焦虑父母。

融洽亲子关系　实现共同成长
——提升教师指导家长建立良好亲子关系的能力

【导语】

亲子关系问题是当前家庭教育中常见的问题，它涉及家庭、教育以及心理健康等多个方面。在当今生活节奏快、压力大的社会环境下，父母和孩子之间的紧张关系往往成为家庭内部矛盾的焦点。面对这一问题，部分家长不能客观看待，无法进行有效的干预以改善状况。因此，教师需要提升自身指导家长建立良好亲子关系的能力，从亲子关系的类型、良好亲子关系的表现、构建和谐亲子关系的策略这三方面对家长进行指导，以此来帮助家长维护亲子关系，建立更加和谐温暖的家庭氛围，以智慧的教育方式促进孩子的健康成长。

良好健康的亲子关系可以让孩子拥有安全感、归属感和价值感，这能促使孩子健康成长。在一个亲密、温暖和稳定的家庭环境中，孩子可以建立积极的自我认同和自信心，学会与他人建立健康的人际关系。

一、亲子关系的类型

在教育教学中，我们不难发现，有些学生活泼开朗、乐观向上、做事积极主动；有些学生却退缩、冷漠、自私、专断。研究表明，这种差异的形成除了先天的遗传因素外，亲子关系和谐与否也对此有较大影响。影响亲子关系的两个重要因素是爱与管教。"爱"代表的是关爱与支持，"管教"代表的是规则与要求。根据爱与管教两个维度，家长与孩子之间的关系可以分为四种类型：

（1）溺爱型关系：对孩子只有关爱与温暖，没有要求与规则。
（2）专制型关系：对孩子没有关爱与温暖，只有要求与规则。
（3）忽视型关系：对孩子既没有关爱与温暖，也没有要求与规则。
（4）民主型关系：对孩子既有关爱与温暖，也有要求与规则。

小A正在玩乐高，好不容易搭建好的高楼总是倒塌。小A尝试了几次之后，还是没有成功。小A大发雷霆，一气之下把乐高扔得到处都是，嘴里还不停地骂骂咧咧。

溺爱型家长会这样说："宝贝，别生气了，妈妈帮你拼！"

专制型家长会这样说："这么简单，你自己拼不好，还好意思发脾气，把乐高收起来，不玩就算了！"

忽视型家长会这样说："你拼不好，就换一个玩具玩就好了，你不是还有很多玩具吗？"

民主型家长会这样说："你尝试了很多次，都没拼好，很伤心吧！没关系，深呼吸，冷静下来，我们一起看看哪里出了问题。"

民主型关系是最理想的亲子关系，这种方式下培养的孩子真诚友善、自尊自立、大方热情、关心他人，能经受挫折，能接受他人批评。民主型关系中的父母与孩子的关系是平等的，沟通是双向的。民主型关系中的父母理解孩子，对孩子既有支持又有要求。这种支持并不是一成不变的，而是根据当时的情境和孩子的能力不断地变化：孩子能做到的就让他自己做；如果孩子做不到，父母再从中协助，帮孩子"搭梯子"，帮助孩子越爬越高，最终让孩子自己完成。

二、良好亲子关系的表现

亲子关系对孩子的影响是持久、深刻的。良好的亲子关系能让孩子充满安全感，提高孩子的人际交往能力，促进家庭氛围和谐。良好的亲子关系表现在以下七个方面：

（1）孩子能够在父母面前表现各种各样的真实情感。
（2）孩子会向父母表达自己的想法，不担心父母的反应。
（3）孩子遇到问题时，首先想到的是向父母倾诉或寻求帮助。

（4）父母能够对孩子的表现进行反馈，不随意评判或贴标签。

（5）父母会鼓励孩子做自己喜欢做的事情。

（6）父母会对孩子道歉，并且会弥补过错。

（7）父母会给孩子设置恰当的规则，不担心孩子反抗。

三、指导家长构建和谐亲子关系的策略

（一）调整心态

"望子成龙，望女成凤。"父母都期盼自己的孩子有所成就，但过高的期望往往会带给孩子难以承受的压力，影响孩子的身心健康发展。因此，教师可以指导家长在面对孩子学习问题时调整心态，以平常的心态来面对和解决问题。

（二）"四忌"与"四宜"

1. 忌居高临下，宜换位思考

教师要指导家长在和孩子交流的时候要像朋友一样平等，放下当家长的架子，先倾听后表达，少跟孩子说"你应该……""你一定要……""你必须这么做……"，多说"我理解你的感受……""我看到了你的付出……"。对待所有问题应当鼓励孩子表达自己的内心感受，当明白孩子真正的想法之后再给出一些建议，变督促管束为支持陪伴。

2. 忌指责攻击，宜欣赏鼓励

教师要指导家长不对孩子说"一看你就没有多大出息"类似的话语，要多说"看你为目标而努力，有这种不畏困难的精神，为你点赞"。每个人都有自尊心，都希望得到他人的赞美与肯定，不喜欢总是被批评，孩子也是如此。我们身边有一些家长，在家庭聚会时，总是当着孩子的面，向亲朋好友数落自家孩子的缺点。说者无心，听者有意，这种做法会严重伤害孩子的自尊心，也会让孩子的内心逐渐封闭起来。

教师可以引导家长夸赞孩子。在亲朋好友面前，尤其当孩子在场时，不谈论孩子的缺点，多肯定、赞扬孩子。例如："我家小 Z 最近学习非常努力，早上很早就起床了，读英语、背语文。关键我觉得小 Z 长大了、懂事

了,特别孝顺,知道我们工作累了,饭后还主动洗碗、扫地等。"适当的表扬会使孩子感到一种被肯定、被赞美和被认同,同时会使他们产生一种积极的心理暗示,这种积极的心理暗示会推动他们为成为更好的自己而努力。

教师还可以指导家长借他人之话来表扬孩子。家长可以巧妙地在饭桌上与孩子提起:"儿子,今天我在街上碰到了你的数学老师,我们聊一会儿天,数学老师一直夸你,还说最近你上课很积极主动,爱举手问答问题,课后习题基本都是正确的,书写很工整。"孩子听着心里美滋滋的,不仅会更喜欢数学学科,也会更喜欢数学老师。

3. 忌没有信心,宜积极期待

教师要引导家长对孩子充满信心,以积极期待的心态对待孩子,才会让孩子更有动力。父母要对孩子充满积极期待,父母期望孩子成为一个什么样的人,孩子就有可能成为一个什么样的人。作为父母,一定要持之以恒地对孩子充满信心,并让孩子感受到父母的期望。所以,不要说"做得好不好,学得好不好都无所谓",多说"爸爸妈妈相信你可以做到"。

4. 忌与人比较,宜自我比较

当父母将自己的孩子和别人家的孩子进行比较时,总是看到孩子的不足之处,不断以言语来打击孩子,想要通过这种打压的方式让孩子越来越上进,却往往对孩子的心理造成不同程度的伤害。孩子会认为在父母眼中自己一无是处,从而变得越加自卑或叛逆,还会影响亲子关系的和谐。所以,教师要指导家长不要将孩子与他人比较,而是让孩子和自己比较。不要用"某某同学好厉害,比你强多了,你要向他学习"这类语言来与孩子沟通,而要说"你比上次有进步,特别是在对学习的态度上,爸爸妈妈为你感到开心"。

(三)保持界限

在心理学上,有一种效应叫"刺猬效应"。"刺猬效应"说的是在寒冷的冬天,两只刺猬想相互取暖,一开始由于距离太近,各自的刺将对方刺得鲜血淋漓,后来它们调整了姿势,相互之间拉开了适当的距离,不但相互之间能够取暖,而且可以很好地保护对方。距离产生美,亲子关系中也需要一些距离，和谐的亲子关系离不开清晰的界限。

教育学家陶行知说："好父母守望孩子，让孩子主动成长，坏父母替孩子做事，让孩子被动成长。"最好的爱是得体地退出，最伟大的亲情是适时地放手，最好的亲子关系是保持界限。家长应把握好界限，明白自己责任范围内的事与哪些是孩子自己的事，不过度包办或干涉，让孩子学会负责任的态度和行为。例如，成长是孩子分内之事，学习是孩子应尽之责。有关学习的事情，家长应该把主动权交给孩子自己，而不是比孩子做的还多。孩子可以自己收拾书包、记住学习任务、按时完成作业。当孩子磨蹭、不好好完成作业时，不要表现得比孩子还要着急，可以给予孩子改进的方法和建议，引导孩子进一步认识问题和改进问题。

（四）稳定情绪

在现实生活中，部分父母有一定的情绪问题，并存在因自我情绪失控而打骂孩子的现象。情绪是会相互传递的，如果父母情绪不稳定，孩子也会受到影响。构建和谐的亲子关系，稳定的情绪是关键。父母的情绪稳定，孩子不仅可以获得足够的安全感，情绪也会更加稳定。

在教育孩子的过程中，当父母控制不住情绪，想发脾气时，可以数"1、2、3"，深呼吸，给予自己缓冲的时间，让自己冷静下来，平静之后再来思考问题的解决方法。

小Y是一个14岁男孩，经常找各种理由不上学，父母很无助。4月30日，小Y以头晕为理由，拒绝上学。妈妈知道他是在装病，气不打一处来，但这次她控制住了心中的怒火。妈妈认为言语劝说对孩子来说作用已微乎其微了，于是灵机一动，打算利用即将到来的"五一"假期对孩子进行一番"改造"。小Y妈妈在假期第一天带着小Y回到了农村老家，她带着小Y拿起镰刀走向了一块荒地。妈妈一点点地指导小Y进行除草，小Y嘴里不停地喊着累，但看着妈妈一刻不停地劳动，他也只有硬着头皮坚持。第二天，妈妈又带着小Y扛着锄头对这块地进行挖地，不一会儿的工夫，小Y的手便磨了好几个水泡。妈妈一边安慰小Y，一边找来纱布为他包扎。第三天，妈妈继续拉着小Y的手来到地里，将提前准备好的种子交给小Y，让小Y播种。小Y很疑惑，为什么妈妈明知道自己的手已受伤的情况下，还执意要自己来播种，于是"罢工"不干了。妈妈问小Y："这三天的劳作，你有什么感觉？"小Y回答："很累。"于是妈妈继续说道："无论是学习还是种地，都会遇到困难。但是遇到了困难，我们要学会向他人求助，而不是放弃。同时，为了得到果实，我们都要付出艰辛的劳动。学习和种地一样，除草、挖地、播种、施肥等，一个都不能少。"小Y在妈妈的引导下，又有了这三天的磨砺，不仅学习到许多种植庄稼的知识，也明白了妈妈的良苦用心。假期一结束，小Y便主动早起，并提前去了学校……

教师要引导家长了解管理情绪的益处，明白发脾气并不能解决问题，重要的是教孩子认识到错误，学会如何改正。一味地责备并不能从根本上解决问题。在纠正孩子的行为之前，应先建立情感基础。

父母是孩子最好的老师，教育好自己的孩子是所有家长一生的事业。老师和家长要认识到每个孩子都是独一无二的，要尊重孩子的个性和权利。教师在面对家长和孩子关系不和谐时，要指导家长与孩子建立良好的沟通渠道，多抽时间陪伴孩子，建立良好的亲子关系，倾听孩子诉说，参与孩子的学校活动，尊重孩子的想法，这更有利于亲子关系的建立与融洽。

关注农村教育　提升家长素养
——提升教师指导农村家长协同教育的能力

【导语】

在教育教学中，班主任作为家校之间的重要桥梁，在提升农村家长的家庭教育水平方面起着重要的作用。农村家长由于自身受教育程度较低、经济条件有限、社会文化欠缺等，导致其家庭教育能力较低。班主任要提升自身指导农村家长协同教育的能力，可以从"了解学生家庭背景，加强家校联系""鼓励家长参与教育，提高教育意识""建立家庭成长指导中心，指导家长学习"等策略入手，从多角度指导农村家长不仅只关心孩子成长，更要积极参与到孩子的成长中来，进而实现与孩子共同成长，让家庭教育为孩子的成长护航。

由于受地域、文化、经济等多种因素的影响，农村学生与城市学生在一些方面存在一定的差距。一些家长由于缺乏教育知识和经验，难以给孩子提供高质量的家庭教育指导，导致一些孩子的学习和发展受到一定的影响，这在一定程度上成为制约农村教育发展的重要因素之一。《中华人民共和国家庭教育促进法》第十四条指出："父母或者其他监护人应当树立家庭是第一课堂、家长是第一任老师的责任意识，承担对未成年人实施家庭教育的主体责任，用正确思想、方法和行为教育未成年人养成良好思想、品行和习惯。"部分农村家长的家庭教育水平不高是导致农村教育发展不平衡的重要原因之一。因此，教师帮助农村家长提升家庭教育水平，不仅是促进农村教育公平的需要，也是提高农村学生受教育水平的有效途径。

班主任作为学生教育管理工作的关键人物，在提升农村家长家庭教育能力方面扮演着重要的角色。班主任要站在教育公平的视角，通过提升农村家长家庭教育能力，有效指导家长开展家庭教育，助力学生可持续发展。

一、农村家长家庭教育指导能力分析

家庭教育作为教育的重要组成部分，已不单是学校教育的延伸和补充，而且是改善育人环境的重要阵地，对推进教育现代化、提高教育教学质量起着举足轻重的作用。近年来，随着我国城乡教育的不断进步，农村教育的发展也逐渐受到社会各界的重视。但是，由于种种原因，部分农村家长在子女的教育过程中依然存在许多问题，对子女的教育出现了一定的缺失或偏差。究其原因，主要包括以下方面：

（一）受教育程度较低

家庭是孩子的第一所学校，家长是孩子的第一任老师。通常来说，父母受教育程度影响着孩子的家庭教育。父母的行为是孩子模仿的对象，在一定程度上影响并决定着孩子的未来。部分农村地区的家长受教育程度不高，自身文化水平有限，不能充分认识到家庭教育对于孩子发展的重要性。同时，部分家长缺乏科学的教育理念和方法，容易导致其教育方式不合理，出现"棍棒型""溺爱型""放任型"等不合理的教育方式，从而使亲子关系紧张乃至恶化。

（二）经济条件有限

一方面，部分农村家庭经济条件相对较弱，家长长期为家庭成员生计和改善家庭经济条件而奔波，没有更多时间和精力来教育子女，家庭教育也就心有余而力不足。另一方面，农村家庭的父母没有过多的时间、精力和资金来提升自身的文化水平，对子女的教育能力也就难以得到提升。

（三）家庭结构失调

在很多农村家庭中，父母通常拥有明确的角色分工：父亲负责赚钱养家，母亲则负责照顾孩子和料理家务。这样"阻断式"的角色分工使得父母双方缺少沟通，在孩子的教育方式上难以达成一致。另外，有的父母长期在外务工，而将子女留在老家，托付给老人或其他亲戚代为照顾，这种隔代教养或寄养的家庭模式使得家庭养育仅停留于对孩子物质需求的满足，孩子在思想上、情感上不能与长辈有效交流，高质量的家庭教育也就难以实现。

综上所述，农村家长家庭教育能力较低的原因是多种多样的。为提升农村孩子的教育质量，班主任可以运用多种策略引导家长重视孩子的教育问题，并指导家长对孩子开展有效的教育和引导。

二、农村家长家庭教育指导能力提升策略研究

班主任应基于以上实际，深入分析农村家长在家庭教育指导方面的困难，积极开展提升农村家长家庭教育能力的活动，共同助力孩子的全面发展。

（一）了解家庭背景，加强家校联系

了解学生家庭背景是班主任提高农村家长家庭教育能力的前提条件。班主任可以采用问卷的方式，从中了解班级家长的文化程度、家庭教育观念、家庭教育方法等，但要注意保护家长的隐私以及避免问及家长职位、收入等隐私情况。发放此问卷的目的是从中了解班级学生的家庭状况、学习环境、个性特点以及在家表现等，从而让老师更全面地了解学生情况，为家庭教育指导提供针对性建议，避免"一刀切"的教育方式。

班主任还可通过线上线下家长会、班级微信群等方式与家长保持沟通，与家长建立良好的互动关系，畅通沟通渠道，这样有利于班主任及时了解家长对孩子的教育期望以及家长普遍关心的问题，以便为家长提供更好、更有针对性的教育服务和指导，从而为家长排忧解难。

一年级进入第二学期，班主任发现班级中仍然有两三个学生的习惯有待加强，存在不遵守规则、爱捉弄人等问题。其中，小Z的行为习惯问题最为突出。班主任与科任老师沟通后，决定一起去小Z同学家开展家访，以便更全面深入地了解学生的情况，也让家长更好地了解孩子在校的行为表现，从而更好地提出家庭教育指导建议。

走进小Z的家里，小Z妈妈接待了老师们。家访过程中，孩子在沙发上、餐桌上上蹿下跳，而小Z妈妈只是面带微笑地将他抱下来，此过程反

复了两三次。经过了解，小 Z 上小学前父母长期在外务工，由爷爷奶奶带大。爷爷奶奶对孩子异常溺爱，未意识到孩子行为有不当之处。进入一年级后，父母逐渐参与到孩子的教育中来，但是关注的只是孩子的学习情况，并且认为孩子的不当行为是因为年龄小、不懂事，长大后便会逐渐好转。随后，班主任和科任老师跟小 Z 妈妈交流了孩子在校的表现，并探讨了行为习惯的规范对孩子健康成长和良好学习的重要性。小 Z 的母亲也开始认识到孩子的习惯方面存在的问题，并通过和班主任交流，学习到一些正确引导孩子良好习惯培养的方法。

由此可见，在充分了解和及时沟通交流之后，班主任能及时发现问题，恰当指导，帮助家长提升家庭教育指导能力。

（二）鼓励家长参与，提高合作意识

提高家长的教育意识是班主任提升农村家长家庭教育能力的关键。部分农村家长由于自身受教育水平有限、时间精力不足等原因，参与子女教育的意识不够，在家校共育中参与度较低。部分家长以"没有时间""文化不高，不懂教育"等为由，很少参加学校组织的家校合作活动，认为家长管"生活"，学校管"教育"。但是，家庭教育具有学校教育不可替代的作用，促进孩子健康成长是学校和家庭的共同责任。只有家长充分认识到家庭教育的重要性，积极主动地参与到子女的教育中来，家校的教育合力才能最大限度实现。因此，班主任要科学地指导家长，与家长建立良好的关系，并邀请家长到校共同参与班级管理和学生教育工作，激发家长参与子女教育的责任感和积极性。

小 L 是一个学习好却沉默寡言、不自信的孩子。此前，小 L 的父母从未参加过孩子的家长会，平时也从不主动与老师们联系了解孩子的在校情况。每次家长会，小 L 都显得失望和难受。通过与孩子聊天，班主任了解到小 L 的父母工作繁忙，孩子学习好，他们对孩子很放心，对孩子的其他方面也就没有多问，生活上主要由爷爷奶奶照顾。期末考试，小 L 取得了非常好的成绩，班主任在与小 L 的交流中感受到他很希望父母来参加家长会。于是，班主任再次主动联系了小 L 的父母，将自己的观察和想法告诉了他们，希望他们能够尽量来参加孩子的期末家长会，并邀请小 L 家长在

家长会上分享经验。小L家长意识到了班主任的用心良苦以及父母在孩子成长过程中的重要性，为家长会分享做了充分的准备，分享了自己在教育孩子方面的经验。

家长会后，班主任才知道，小L的父母虽然文化水平不高，在平时的生活中却很注重身教重于言传。此后，小L父母也意识到了孩子的成长不只有学习，其他方面的发展也很重要。他们对孩子也更加关心，小L的脸上多了许多笑容。

家庭教育在学生成长中十分重要，教师应引导家长积极参与到孩子的教育中，主动与教师建立良好的联系，形成有效的沟通渠道。此外，班主任要指导家长从不同方面了解孩子的心理和想法，对孩子不同的情况采用不同的方法。

（三）建立指导中心，指导家长学习

学校建立家庭成长指导中心，从学校层面出发，以学校主导、教师参与的方式指导家长是提升农村家长家庭教育能力的有效措施。班主任可以协同学校德育处和校家委会，请心理老师牵头，招募家长志愿者，规范家长学校建设，在学校内部设立家庭成长指导中心。在设置家庭成长中心的过程中，校长牵头，德育处具体落实，联动区县关工委、法治副校长、班主任、优秀教师、家长委员会等共同设计家庭教育课程，提供家庭教育咨询，调解家校矛盾或纠纷，共同为家校共育架起"沟通桥"。

学校可以统一购买一系列家庭教育书籍、杂志等，分发到每个班级。家长可以根据自己的家庭教育实际，借阅相关书籍。班主任可以开展家庭教育类亲子活动，如班级"家长共读"活动、亲子趣味接力赛、"猜爸爸妈妈"、亲子爱心义卖等；班主任还可以借助"国家中小学智慧教育平台"，为家长推荐家庭教育课程，让家长免费学习到更多的家庭教育指导知识，例如《寓教于生活成就美好童年》《家庭教育要在关爱和约束之间达成平衡》《做好家庭教育规划父母与子女共同成长》《乐学与会学的小学生》等。

六年级小W的父母感觉到与孩子的沟通困难重重，孩子不愿意与他们交流，双方的关系很紧张。在班主任的推荐下，小W父母学习了关于亲子关系的课程后，他们认识到良好的亲子关系对于孩子身心健康的重要性，

以及对社会人际关系、完善家庭教育的环境等方面都有着重要影响。于是，小W的父母放下了作为家长的权威，慢慢改变自身与孩子的相处方式，让孩子感觉到家长的尊重、爱和包容，放下了唠叨，不再把对孩子的要求不断挂在嘴边……渐渐地，他们的关系好转了，家里的氛围变得和谐许多。

开展丰富多彩的家庭教育活动能有效提升家长的家庭教育知识和技能，帮助家长提高家庭教育的水平和质量。班主任应鼓励家长积极参与孩子的教育，促进家长的自我学习和提升。

三、农村家长家庭教育指导能力提升的思考与建议

开展家庭教育指导对班主任自身能力、家庭教育相关知识储备和经验提出了较高的要求。为了更好地将农村家庭教育指导落到实处，班主任需要进一步做好以下方面工作：

（一）掌握指导方法，提高指导能力

当前，部分班主任没有系统地学习过家庭教育方面的专业知识，在指导过程中缺乏系统且不专业。可见，班主任需要学习和具备一定的理论知识和实践经验，才能更好地指导家长开展好家庭教育。同时，班主任还需要提升自身的专业教育素养和教育技能，包括良好的沟通能力、共情能力、语言表达能力等，以及针对不同年龄段学生的教育方法和技巧，从而为家长提供具有针对性的家庭教育指导。

（二）坚持以人为本，注重人文关怀

提升农村家长家庭教育能力需要班主任具备敏锐的洞察力和丰富的经验，以便更好地理解农村家长的文化背景、教育观念和实际情况。此外，班主任还应该注重教育实践，通过调研和实地走访，深入了解家庭教育的具体情况，制定有针对性的家庭教育方案。

有效家校沟通　达成教育共识
——提升教师指导家长进行有效家校沟通的能力

【导语】

家庭教育在孩子成长过程中起着重要的作用，但也有一定的局限性。学校作为学生成长的重要环境，学校、老师的教育管理理念、方法以及学生和同辈群体的相处等都会影响孩子的成长。只有家长和学校及时有效地沟通，共同了解和关注孩子的心理和行为发展，才能正确引导和帮助孩子。教师需要提升自身指导家长家校沟通的能力，指导家长"慧"沟通，更好地融洽家校关系，促进家校互动，共同助力学生成长。

在家校沟通交流中，有些家长在与老师的沟通中存在一些问题：家长害怕与老师沟通、排斥与老师沟通、不知道如何与老师沟通等。这些问题导致家校沟通不顺畅，较难达成良好的共识，实现家校共育良性发展。因此，教师需要指导家长了解与老师沟通交流的方法与艺术，让家长学会避雷区，善沟通，真正架起家校共育的桥梁。

一、敢沟通：认识沟通重要性，主动出击

沟通是人与人之间相处的桥梁。为密切家校联系，构建家校协同育人良好生态，教师与家长之间要常沟通、常联系，共同建立良好的家校沟通关系。但是，由于各种原因，家长缺少与老师沟通的方式方法，常常导致家校双方沟通受阻、沟通低效，最后出现不愿沟通的情况。

小Z同学的妈妈刚参加完初一半期考试家长会，听老师说欢迎家长们积极交流，可是看着好几个家长围着老师，小Z妈妈就带着小Z离开了。

小 Z 妈妈心想:"反正半期考试的成绩已经看到了,考得不是很理想,老师估计也就说些要努力之类的话。并且现在孩子上中学了,我也辅导不了孩子。再说时间这么晚了,问多了也耽搁老师时间,而且老师也没有点名要跟我谈,老师不找我,就证明自己孩子没什么问题,我就不用去问了,不如早早回家吧。下次,如果孩子出什么问题再找老师吧!"

小 C 爸爸在参加完会就迅速离开了学校,心想:"自己孩子成绩差不是一天两天了。"拿孩子没办法,又不想被老师约谈,所以他赶快离开了学校。

在现实生活中,有部分家长就和小 Z 妈妈一样,觉得自己不懂教育,不会辅导孩子,只用做好后勤工作即可;也有的家长碍于面子,或害怕耽误老师时间,不好意思、不主动与老师沟通,担心老师觉得自己事多而惹怒老师;有的家长觉得自己孩子的成绩还可以,也不惹事,不需要沟通,只有等孩子出现问题了,才需要跟老师沟通。

其实,以上几种家长观点都是不恰当的。在学校里,各科老师是最了解孩子的人,包括孩子的上课听讲状况、作业状况、每个阶段的复习情况、知识掌握情况、心理情绪变化以及和同学的相处情况等。家长只有与老师沟通,才能全面地了解孩子的情况,这对家长做好家庭教育是有益的。如果家长不与老师沟通,或者被动沟通,就容易引发一些不必要的误会或矛盾,会让老师觉得家长对孩子不闻不问,不重视孩子的教育。一般情况下,老师希望家长主动与自己沟通,主动关注孩子的成长过程,与老师一起为孩子的健康成长护航。

构建和谐的家校关系需要良好的沟通。因此,在家校沟通中,家长应重视家校沟通,变被动为主动,与老师形成良好的合作关系。

二、会问答:聚焦沟通指向性,提升效率

沟通是一门艺术,会沟通更是一种能力。管理学家德鲁克曾说:"一个人必须知道说什么,一个人必须知道何时说,一个人必须知道对谁说,一个人必须知道怎么说。"很多家长既想了解孩子情况,又容易出现不会沟通的情况。

小 Z 妈妈知道沟通的重要性,于是周末的时候跟老师发了一条消息。

"老师，小 Z 最近表现怎么样？"老师回复道："整体挺好的，在阅读上还要加强训练，希望继续加油！"这场交流便告一段落。小 Z 妈妈觉得问了老师，但是又没有了解到足够的信息，又不知道再问点什么，周末问多了会影响老师休息，于是就发了一条"谢谢老师"，就这样结束了这次交流。

小 Z 妈妈的问题"孩子最近表现怎么样？"是大部分家长都会问的问题，但是这个问题太过于宽泛，不够聚焦，老师不容易从细处回答，这样往往达不到沟通的效果。为了让家长的表达更加明确有效，让家长在与老师沟通时能更清楚地了解孩子的情况，教师可指导家长做如下尝试：

（一）聚焦问题，提高效率

梁实秋先生曾说："谈话，和作文一样，有主题，有腹稿，有层次，有头尾，不可语无伦次。"教师应指导家长在跟老师沟通时，尽量简洁清楚地阐释出自己的问题，长话短说，提高谈话效率。在和老师沟通之前，家长也需"备课"。家长可以先对自己的孩子有一个合理的评估和了解，带着问题和思考去跟老师沟通，有针对性地提问而不是宽泛、抽象地提问。比如，家长想了解孩子的学习情况，那可以问老师"他上课听讲是否认真？是否积极举手回答问题？"；家长想了解孩子的人际关系怎么样，那可以问老师"他与同学之间相处得如何？有哪些方面需要我们家长引导的？"等。问题问得越具体、越有指向性，老师给出的答案就越明确，沟通才能更有效。

（二）换位思考，将心比心

沟通是双向互动过程，只有彼此把话听进心里去了，沟通才能更有价值。家长与老师交换观点，既要表达自己的诉求，又要倾听对方的想法，把自己放入对方的情境中，去分析对方的出发点。要想实现有效沟通，关键就在于站在对方的立场上思考，从对方的角度出发进行沟通，这样更容易达成共识。

孩子考试成绩出来后常常是家校沟通的一个好时机。有的家长会直接问老师"班平均分是多少？孩子成绩在多少名，孩子是不是没有达到平均分，是不是比较糟糕？"等一系列的问题。面对"双减"，对于成绩有相关的规定，家长的这些问题实在难住了老师。家长可以这样问："我们家孩子这次阶段性测评后，在哪些方面还需要改进，或有哪些方面需要家长配合老师的？我们一起来帮助孩子。"这样不仅显示出家长积极关注孩子的学习，也表达出家长有意愿共同教育与管理孩子，让老师更愿意与自己沟通，共同讨论提升孩子各方面能力的方法。

（三）掌握方法，智慧答复

"金无足赤，人无完人。"家长与老师沟通时，为帮助孩子全面发展，老师难免会指出孩子的问题。有家长在听到老师谈到孩子问题时，有的包庇或否认，有的一味附和或抱怨。

案例一：孩子是家长的宝，听到老师指出自己孩子的短处，有家长觉得接受不了，不愿意正视或者接受孩子的不足。某次，老师谈到发现小 C 有说脏话的情况，举止不太文明，于是告知了小 C 爸爸。小 C 爸爸没有去教育或纠正孩子的行为举止，而是马上说："老师，我家孩子在家很乖，他从来没有说过脏话，反正我在家没有发现，这些肯定是跟同学学的。"家长这样矢口否认孩子的问题，会让老师觉得家长在推脱问题和责任，不愿意正视和解决问题。这样容易造成彼此的沟通不畅，很难促成有效的沟通并纠正孩子的错误行为。

案例二：自从小 Z 妈妈上次在班主任老师那里得知，要多跟老师沟通。于是，小 Z 妈妈就隔三差五问老师孩子的情况。某次，老师反映孩子学习不自觉、作业完成不好等情况，希望家长平时多关注，周末也能多监督。小 Z 妈妈回复道："是的，我家孩子就是不自觉，就是不听话，在家不喊她去做作业，她就可以一直玩，看电视、刷手机……我们没有文化，也管不住她。"然后小 Z 妈妈就开始罗列孩子在家的种种表现。老师跟小 Z 妈妈沟通了几次后，发现孩子并未有什么起色和改变，对这种"抱怨"或沟通感到无奈。小 Z 妈妈也很疑惑："明明我已经在努力、积极地跟老师沟通了，为什么孩子还是没起色，老师也不像以往一样积极回应了？"殊不知这种抱怨和宣泄沟通属于低效沟通，对指导孩子改掉缺点价值不大。

在听到老师反映孩子的优缺点时，如何回答是一门艺术。老师能发现指出孩子的问题，说明老师在关注孩子。班级里几十个孩子，老师能在繁忙的工作中关注、与家长交流孩子的情况，是对学生负责，对家长负责。

家长可以采取表达感谢及肯定+陈述事实、说出需求+解决方案，与老师共同探究。

比如小Z妈妈可以这样说："老师您好！小Z进入新学期不久，还有一些习惯没有养成，很多地方还没做好，给您添麻烦了！孩子基础比较弱，在家自控力也比较差，手机时间有时控制得不太好，基础背诵这些内容确实没做好，很难跟上班级节奏，我们想跟他商量一下，每天把老师讲的基础的字词、英语单词过关单拿回家，他还可以再复习下，然后做一些配套练习，您看行不？"这样跟老师沟通时，不仅把孩子的情况说出来，也为孩子出现的问题提出目前想到的方法，请老师共同探讨最优方法。同时，家长在和老师探讨结束后，需要协助共同落实方案，才能达到最终的效果。

三、避雷区：负面情绪会处理，化难为易

"为学莫重于尊师，事师之犹事父也。"做学问的人，做得再好也要尊敬老师，对待老师要像对待自己的父亲一样。家长应以身作则，与老师沟通时注意文明礼仪，尊重老师，以诚相待。同时，与老师沟通过程中也要避免一些雷区，具体如下：

（一）控制情绪，科学处理

老师想把教书育人做好，家长也想教育好孩子，双方有共同的目的。在遇到问题时，老师和家长应该放下不良情绪，真诚地沟通解决问题。曾有这么一个案例：有一个孩子回家向家长反映不喜欢某某科任老师，觉得老师处处针对自己，上课公开批评他。于是，家长便在未了解事件始末的情况下质疑班主任及科任老师。这样的沟通，非但不会有好的效果，反而可能因误会老师而让彼此产生矛盾。一般来说，孩子为趋利避害，有时候在向家长表述情况时，可能截取只言片语，未说清事情全貌。家长在面对孩子反馈科任老师的问题时要理性对待。家长先听孩子讲完，然后再找班主任核实情况，与科任老师多一些沟通。这样，在了解事件全部过程后，再做客观、公正的判断，从而才能有效、正确地处理问题。

（二）接受差异，多听意见

有一些家长学历高，有自己的教育理念，在很多时候喜欢依照自己的

想法去给老师提建议，忽视了具体的校情、班情以及孩子的差异性。比如，"老师，我觉得这样教更好……"家长常常以自身想法去要求老师如何教孩子。其实，对于不同家长的需求，老师完全理解。如果家长有个体需求，或者不一样的教育理念，家长可以与老师沟通，让老师了解自己的想法，同时，家长可以尽量把提意见转化为咨询，比如："老师，您觉得这样好不好？"家长既要考虑自己孩子的独特性，也要考虑实现的可行性。

（三）承担责任，形成合力

部分家长说自己没时间管孩子，全权交给老师，把家长的责任全推卸掉，未真正承担起家庭教育第一位的责任，也会让老师心有余而力不足。家长这样的做法，看似信任教师，实则是一种不负责的表现，也很难与教师形成家校合力，在教育效果上也不佳。

（四）换位思考，适度沟通

老师的教学工作比较繁重，作为家长应考虑交流时间、交流次数、交流内容，切忌随时打电话、频繁联系老师、大段文字或语音。作为家长，需要多站在老师职业的角度换位思考。比如，如果不是紧急事情，家长联系老师的时间尽量避开午休和晚上休息时间；联系老师的频率不要太高，需要给老师一定的时间办公或休息；尽量不要发大段的文字或语音，可以简明发文字或语音消息，表达内容中心突出，便于老师快速知道家长表达的内容，以便及时给予回复。

家校的沟通是联络感情的纽带，是架构家校合力的桥梁，更是教育成功的基础。家校有效沟通能提高家长对家庭教育的认识，使家校教育产生合力，为孩子创设良好的成长环境。同时，家校沟通还有助于家长了解孩子在校的表现，有利于老师了解孩子的性格特点，帮助家长走出家教误区，掌握科学的家教方法。家长与教师都需要站在对方角度换位思考，多一些包容、多一些理解、多一些沟通。家长也需要提高与老师的沟通能力，避雷区、敢沟通、善包容，家校共育，共同成为孩子成长路上的引路人。

加强心理健康　培养健康心理
——提升教师指导家长开展家庭心理教育的能力

【导语】

家庭心理教育是以家庭为载体，提高家庭成员的心理健康水平并促进家庭和谐稳定发展的一种教育形式。随着社会的不断进步，家长越来越关注孩子的心理健康，但很多家长对如何给孩子开展心理教育还存在许多困惑。因此，班主任需要提升自身指导家长开展家庭心理教育的能力，引导家长重视家庭心理健康教育，并协助家长采取适当措施提高家庭心理健康整体水平。

2021年10月，国家颁布了《中华人民共和国家庭教育促进法》，该法重在发扬中华民族重视家庭教育的优良传统，引导全社会注重家庭、家教和家风，以此增进家庭幸福与社会和谐，培养德智体美劳全面发展的社会主义建设者和接班人。由此可见，家庭教育对于孩子的健康成长具有极其重要的推动作用，而家庭心理教育则是其中最基础的部分。因此，教师应当引导家长针对家庭心理教育中出现的问题，探索出有效途径，提出合理的实施策略，助力家庭教育体系的构建。

一、家庭心理教育的意义

教育涉及家庭、学校、社会三大领域，其中家庭教育占有举足轻重的地位，而心理健康教育作为家庭教育的重要内容之一，与儿童的健康成长息息相关。父母是儿童的第一任老师，肩负着教育的重任；教师作为学生的直接教育者，需要指导家长在儿童心智成熟前塑造儿童人格，在儿童心理与行为出现偏差时及时矫正，引导儿童正确面对成长道路中的各种困难。

二、家长对家庭心理教育认知现状

为了解家长对家庭心理健康教育的认知度，某校进行了一次网上调研。本次调查对象为某小学的学生家长，发出问卷240份，收回问卷240份，回收率100%，参与调查的人数共计240人。

调查结果分析如下：

（一）家长对家庭心理教育认知不够

当前，很多家长开始在意孩子的心理健康问题，但对心理健康的知识了解还不够。调查显示，对心理健康教育知识"十分了解"的家长占总人数的15%，"有一定了解"的占总人数53%，"较少了解"的占比为17%，"完全不了解"占总人数的11%，认为"没必要了解"的家长占比为4%。

从调查数据可以看出，家长对心理健康教育知识缺乏深入了解，大部分家长仅仅处于"听过"的水平，对心理健康教育的意义以及重要性没有深层次的理解。

（二）不能及时关注和了解儿童心理

调查显示，家长对儿童不同年龄段的心理特点"十分了解"的占总人数的20%，对儿童心理特点"有一定了解"的占比为45%，"较少了解"的占比为31%，"完全了解"的占4%。问卷调查显示儿童在成长过程中，对儿童情绪变化能"经常"察觉的家长占总数的26%，"有时"关注的占比为53%，"很少"关注的占比为14%，"从来不"关注的家长占总人数的3%。

调查数据显示，家长对儿童不同年龄阶段的心理变化不够了解，不能及时察觉到儿童情绪变化。以至于儿童出现情绪变化时家长不能及时察觉并有效干预，这样就大大影响了家庭心理健康教育对儿童的正向引导。

（三）家庭教育的方式固化，效果不佳

调查显示，在教育儿童的过程中，"经常"会表扬、鼓励和奖励儿童的家长占总人数的10%，"有时"会表扬的家长占比为41%。"很少"表扬的占总人数的37%，"从来不"表扬的占比为12%。在教育儿童的过程中，"经常"会用到斥责、打骂或惩罚儿童的家长占总人数的58%，"有时"会斥责

儿童的家长占比为30%，"很少"会斥责的家长占比为12%，"从来不"斥责儿童的家长占比为0。

调查数据显示，家长们在教育儿童的过程中，斥责、打骂和惩罚儿童较多，而表扬、鼓励和奖励儿童太少，且教育效果不明显。家庭教育方式拘于传统，不适应新时代教育的发展。

（四）家长情绪管理失控，缺乏榜样作用

调查中显示，在对儿童进行心理健康教育时，家长处于"生气烦躁状态"的占比为36%，"焦虑担忧"的占比为33%，"伤心失望"的占比为17%，"冷静和平"处理事情的占比为14%，"欣慰满足"的占比为0。在教育儿童的过程中，"经常"会自我检讨、反思、以身作则，给儿童做榜样的家长占比为24%，"有时"会做榜样的占35%，"很少"做榜样引领的占总人数的25%，"从来不"的占比16%。

从调查数据来看，家长在处理儿童问题时情绪比较激动，很难在心平气和的状态下处理问题，这样很容易造成二次问题。在教育儿童时，家长都是要求孩子做而忽略了以身作则，发挥榜样引领的作用。

三、班主任指导家长开展家庭心理教育的实施策略

党的十八大以来，习近平总书记站在培养担当民族复兴大任时代新人的全局高度，对注重家庭家教家风建设作出一系列重要论述，为做好新时期家庭教育工作指明了前进方向。教师要引导家长树立科学教育观念，理性确定儿童成长目标，切实履行家庭教育主体责任，用正确思想、方法和行为引导未成年人养成良好思想、品行和习惯。教师要积极引导家长配合学校落实管理要求，并针对每个家庭情况开展精准指导，提高家长亲子沟通和教育引导能力，着力解决儿童成长中的难点问题。

（一）更新教育观念，提高家长对家庭心理健康教育的认识

1. 科学认识家庭心理健康教育

家庭心理健康教育是心理健康教育的外延，主要是指在家庭教育环境

中对儿童实施的一种心理教育，是心理教育的一个分支，只是教育环境换成了家庭环境。

家庭心理教育是以家长为实施主体，针对自家儿童开展个别的心理教育，可以分为补偿性教育和发展性教育两个方面。发展性教育主要是培养儿童良好心理品质和预防不良行为发生等采取的个性化措施，促进儿童心理健康的发展；补偿性教育主要是针对儿童出现的具体问题，如专注度不够、阅读障碍、不够自信等，补偿性教育问题一般由专业的心理咨询师来解决。家庭心理教育属于个别的发展性教育，教师可以指导家长通过学习来加强个人修养，逐渐成为合格的家庭教育心理指导者和实施者。

2. 实施心理健康教育的重要性

《中华人民共和国家庭教育促进法》的颁布使家庭教育的主体地位更加突出。家庭是教育的第一环境，家庭心理健康教育尤为重要。第一，家庭心理健康教育是儿童心理成长过程中的重要因素，对儿童心理健康的成长起着巨大的推动作用；第二，儿童容易有内心脆弱、抗挫折力弱等弱点，迫切需要家庭心理健康教育的实施；第三，家庭心理健康教育是心理教育不可缺少的一部分，它的有效落实和开展必将推动心理健康教育的发展。

（二）采取适当措施，提高家庭心理健康教育的整体水平

家庭心理教育要取得实质性的成效，必须以家长素质及教育能力为前提。家长需具备相应的心理健康教育的理论准备、情感准备以及技能准备。对应的心理健康教育的策略包括认知策略、操作策略，相辅相成，缺一不可。

1. 认知策略

家庭成员对心理健康教育的认知水平直接影响着家庭心理健康教育在家庭中的实施行为。要提高家庭成员的认知水平，教师需指导家长有意识地关注和重视家庭心理健康，主动学习相关的理论知识。积极调整在家庭心理健康教育过程中的方法与方向，发挥榜样的引领作用和心理暗示作用，以成人的健康心理潜移默化地影响孩子的内心世界，树立正确的人生观和价值观。

（1）了解孩子成长阶段的问题

孩子的内心会随着年龄的增长而不断变化。造成孩子心理困扰的原因主要有社交与情绪困扰、学习困扰、亲子沟通障碍、性格缺陷、问题解决能力差、语言问题等。当家长发现孩子的内心被这些事情所困扰时，应及时分析问题，寻找解决问题的办法。

（2）追寻家庭教育中的问题

家庭是孩子的第一课堂，家人的言行举止影响着孩子的心理变化。孩子的社交情绪最初来自父母，热情、耐心的亲子互动会形成儿童的积极情绪。相反，负面情绪较多的父母，经常在家庭中释放自己的负面情绪，会使得孩子的行为受到影响而出现冲动或具有攻击性。解决问题能力差的孩子，大多是因为父母的包办和过度溺爱，导致孩子缺少锻炼解决问题能力的机会。

2. 操作策略

教师要指导家长通过某种思维或是具体的行动，将心理教育的意识、心理教育的理论知识等落实到孩子心理教育的过程中。

（1）情感教育

感情是良好心理健康的基础。家庭中的情感教育是从亲情教育开始的，班主任要帮助家长引导孩子从小养成尊老爱幼、尊重家人、理解家人的想法等。同时，家长也要站在孩子的角度思考问题，和孩子共情，多沟通交流，形成一种民主的家庭氛围。通过调查发现，在和谐家庭中成长的孩子性格温和、乐于助人，和同学之间相处也非常融洽。

（2）自主教育

家长要培养孩子独立自主的能力，养成独立思考、迎难而上、不折不挠的良好品质，用杰出人物或身边同学、亲戚朋友的事迹来影响孩子。放开手，让孩子做一些力所能及的事情，从做事中汲取成长的养分，拥有独立自主的能力。

（3）榜样教育

孩子成长在家庭中，父母的一言一行都是他们模仿的对象。家长以身作则、示范引领，在孩子心目中树立崇高的榜样力量。家长对工作一丝不苟、对家人关怀备至、对邻里和善友爱，这些对孩子来说都是非常宝贵的人生财富，会对孩子良好品质的建立产生积极且长远的影响。

（三）构建"三位一体"，提高家庭心理健康教育的高效能场

学校教育、家庭教育和社会教育是不可分割的教育主体，给孩子创造一个"三位一体"的教育空间，让心理健康教育获得全方位关注，多方协力共同落实。

1. 构建校本家庭心理教育课程体系

坚持以"成长教育"思想为指导，坚持"父母和孩子共同成长"的教育理念，邀请家庭心理教育专家开展"家长成长课堂"的系列课程；针对孩子不同年龄段心理变化也不同的特征，开展不同年龄阶段的家庭教育讲座。教师帮助家长解决教育孩子中遇到的困惑，提升家长对家庭心理教育的认识，激发家长心理健康教育的潜能，从而形成心理健康教育的知识和技能。

2. 组建家长工作坊和读书沙龙交流

开展家长义工课堂、家长工作坊，组织家长们积极交流，分享家庭心理教育中的有效措施，形成家长成长共同体，帮助家长积极构建良好的亲子关系，促进学生的身心健康发展。

（1）开展家庭心理需求调查，举办家长工作坊、读书沙龙

家长工作坊定期编制家庭心理教育问卷，对全体家长心理指导需求开展调查。根据调查结果，开展线上和线下相结合的家庭心理教育活动。读书沙龙以读心理学书籍为主，由学校专职的心理教师和家长负责，并定期推出家庭心理教育微视频。

（2）开展班级和年级层面的家庭心理教育经验分享会

推荐家庭心理教育经验丰富且显著有效的家长分享家庭教育的经验。可由年级组和家长共同策划，通过互联网的学习方式来进行。开启班级公众号，请家庭心理教育经验丰富的家长写稿，图文并茂地定期推送。

3. 走进家庭，积极有效落实家访工作

（1）落实班级家访工作

开展家访，深化一线学生工作，密切家校联系。家访有利于学校和家

庭深入沟通，帮助教师了解学生生长环境、思想动态；有利于提升教师和指导学生的针对性和实效性，宣传家庭教育观念，帮助家长掌握教育孩子的科学方法，解决孩子成长中的实际问题；有利于"双减"等教育改革政策宣传落地，缓解家长焦虑，更好地指导家长完成家庭心理教育，达成教育共识，形成教育合力。

（2）加强特殊孩子心理辅导工作

部分孩子容易出现畏惧、焦虑等情绪，还有个别孩子由于家庭原因出现了较为严重的心理问题。基于此，班主任和心理教师可定期通过微信、电话随访、家长访谈等形式了解孩子最近的心理健康状况，及时采用针对性的心理辅导和预防心理危机干预；采用一对一访谈的形式，通过易操作的心理游戏和心理活动，提供情感支撑，降低焦虑、恐慌等情绪。

总之，通过建构家庭心理教育体系，践行"提升家庭心理教育意识、采取积极有效的措施、构建'三位一体'心理教育场"的实践策略于孩子的教育意义重大。班主任不仅要指导家长切实有效地落实家庭心理教育工作，也要指导家长了解孩子成长规律，更新教育观念，理性地看待孩子成长中的问题。教师要根据孩子的不同心理特征、不同家庭环境找到适合孩子的家庭教育方式，还要引导家长积极营造良好的家庭氛围，积极构建学校、家庭、社会"三位一体"的心理健康教育，以培养德智体美劳全面发展的社会主义建设者和接班人。

发挥榜样力量　弘扬文明家风
——提升教师指导家长示范带动的能力

【导语】

榜样，是值得学习、效法的好人或好事，榜样的力量是无穷的。在班级家长群中，榜样可以起到示范和引领的作用，以激发家长心中的正能量。常见的榜样示范方式是班主任对榜样家庭的单一介绍，缺少了榜样家庭的自我展示。若能将真实案例在班级活动中与家长们进行分享，提供切实可行的方法和思路去解决部分家庭中存在的问题，不仅能让榜样更有说服力，还能激励榜样自身不断超越自我、不断进步。一个榜样家庭的引领力量是有限的，而一个榜样团体能让引领作用更强、范围更广。班主任需要提升自身指导家长示范带动的能力，统筹与组织榜样家长成立家长讲师团，这对于班级家庭教育指导的发展和家长自身家庭教育成长都是"双赢"的益事，能让更多孩子在积极、阳光、向上的氛围中健康成长。

一、讲师团的组建与招募

常言道："孩子是家庭教育的镜子。"生活中，孩子们容易出现自私易怒、做事懈怠、心态消极等情况，这很有可能是家长对孩子的教育出现了问题。少数家长拘于思维定式，很难意识到自己在教育子女方面有些方法是欠妥的。因此，班主任组建家长讲师团是极具教育意义的，通过为家长们分享更多身边榜样教育故事的方式，让家长们回顾自身行为，反思自己在教育中的不足之处，并学习成功经验。组建讲师团，让家庭教育更加规范化，能激发讲师团成员的责任感与自豪感，激励其自身不断进步，把家庭教育做得更好。同时，家长自身的进步过程也为孩子树立了学习的榜样。

没有人生来就是榜样，榜样也可以通过后天培养。为了让家长获得不断进步的动力，获得自我肯定，班主任可以帮助家长们组建由固定核心成员和非固定优秀分享成员组成的讲师团队，由核心成员负责家长讲师团活动的策划和实施，不断吸纳优秀家长参与其中，让更多的家长可以展示自己的优势，将他们的智慧分享给班级其他家庭。

（一）核心成员的固定

班主任可先用通知、海报、小程序等方式在班级群里发布招募，向家长说明成为班级讲师团成员的条件、义务、责任以及权益，激发家长的积极性与主动性；再在群内发布核心成员申请表（如表1所示），寻找合适人选。讲师团内的职务可设置团长、活动策划负责人、稿件审核负责人、活动记录负责人等。申请表可多维度设定，以介绍家长的优势，如职业、职务优势、教育格言、看过的教育书籍、自己的教育方式等。核心成员人数确定为班级人数的10%左右为宜。人员过多，会导致核心团队成员无施展空间，产生懈怠心理，降低讲师团的活力；人员过少，会加大核心成员的工作难度，影响讲师团活动的正常开展。

表1 ××班家庭教育讲师团核心成员申请表

家长姓名		孩子姓名		
性别		单位及职业		
联系电话		申请职务		照片
职务优势				
教育格言				
阅读过的教育书籍				
家庭教育心得				
加入讲师团初衷				

申请表收到后，班主任可与班级教师团队、家委会成员一起根据申请表的填写内容，进行审核并投票表决，确定核心成员名单。

（二）吸纳优秀新成员

讲师团内核心成员是班级中的榜样，他们用自己的教育故事为其他家长做出示范引领。整个初中阶段，为了让班级讲师团保持高质量的榜样引领和带动作用，班级讲师团核心成员应该不断注入新鲜血液，以一年为周期进行班级讲师团的重新选拔，灵活设置进退机制，让所有的家长都有机会成为班级讲师团成员，为班级分享自己的教育智慧。家长讲师团成立的目的在于让身边榜样家庭做引领，成为班级的家庭榜样，促使所有家长在家庭教育中不断探索、不断完善、不断进步。班主任应以开放的形式组建讲师团，与团内核心成员共议新成员名单。新成员通过讲述自身教育感悟，激励更多有相似困扰的家长共同进步。

小A同学对学习没有目标，沉迷于手机游戏。因父母常年在外工作，无暇照看他，只有爷爷奶奶代为照顾。对于小A出现的问题，爷爷奶奶也无可奈何，他们往往以抱怨、责备的方式来对待他，但效果甚微。在家长讲师团引领下，小A的父母逐渐意识到家庭教育的重要性，常常与老师、讲师团成员讨论家庭教育中的困惑。小A的妈妈也辞去原来的工作，重新选择了离家近的地方工作，并把小A接到自己身边照顾。在生活中，小A父母在家庭讲师团的指导下学会了勇敢表达爱，且对小A的生活习惯进行了比较严格的要求，也更加注重陪伴孩子的方式，如陪孩子一起跑步、打球、下棋，既丰富了小A的课外生活，又弥补了小A情感上的缺憾。一学期后，小A逐渐减少对手机的依赖，重拾对学习的兴趣。

小A的改变以及小A父母的付出大家有目共睹，因此讲师团核心成员邀请小A家长加入，讲述家庭教育成功转变的生活点滴，以及教育过程中的所思所感，为更多有相同困惑的家长提供方法。讲师团的邀请不仅增强了小A家长的信心，也让家长成为孩子学习的榜样，鼓舞孩子不断进步。

二、家长讲师团的指导与孵化

（一）教师对家长讲师团学习的指导

在实际生活中，家庭教育很难做到十全十美，即便是榜样家庭，家长们也需要不断学习。由于专业的限制，家长们能了解到、能获得家庭教育专业知识的渠道少。在家长讲师团成立之初，班主任应帮助讲师团成员树立学习意识，只有不断学习，才能做好同伴引领。班主任可向讲师团家长推荐书籍、学习平台等，共同制定学习计划，适当布置一些学习任务，带领家长共同学习，养成学习习惯。为了激励更多家长参与学习，可将班级家长群定位为讲师团学习平台，由团长在群内发布学习计划，如每周学习一篇教育文章，团成员在群内发表所感所思，带动班级内其他家长共同学习。

进入初中，孩子们步入青春期，和家长的关系变得微妙，不再像小学时那样和父母亲密，有时候因为一点点小事就会情绪激动，容易与家长发生矛盾。绝大多数家长对孩子青春期问题都感到棘手，巧妙地化解是家长们的共同需求。

教师可向讲师团推荐和家庭教育相关的书籍，带领家长与书本为友，共同阅读，共同进步。学习计划制定好后，团长在班级群内发布学习书籍名称及学习计划，并把每天学习的故事发在群内。班主任可主动发表自己的见解，带动讲师团成员也积极发表自己的看法，碰撞出思想的火花。成员们这些观点不仅是自己对家庭教育的思考，也能引领其他家长学习。

（二）教师对家长讲师团活动开展的指导

家长讲师团除去讲解自己的育儿所感，作为榜样引领同伴外，还可以在与其他家长相互交流的过程中，了解班级内家庭教育的实际。在这一次次交流活动中，讲师团可梳理出当前家长们的诸多困惑点，进行分类后，再确定宣讲主题、宣讲人员，这样的方式更具针对性，有助于提升家长们的参与感。在讲师团孵化初期，班主任可参与到讲师团讲演活动的组织中，帮助核心成员熟悉组织流程。

首先，教师和讲师团共同确定讲演主题并确定榜样人选。其次是团长与榜样人选沟通，确定主题后梳理可行的具体方法，并建议榜样家长草拟演讲稿。在榜样家长拟稿过程中，若有疑惑，团内审稿负责人可组织核心成员提供拟稿、审稿帮助。策划负责人选定讲解活动的时间、地点，后勤支持等。最后，记录负责人做好活动记录，并收集演讲者文稿。讲师团可以把收集的文案整理成电子文册，作为成果赠予班级家长，便于家长们二次学习。

家庭教育是教育的细胞，掌握着教育的生命力，影响着孩子成长。班主任帮助孵化家长讲师团，有助于提高班级家长家庭教育指导力。在孵化讲师团时要以家长为主体，注重家长学习的自主性，从赏识的视角不断肯定与激励。

班主任指导讲师团要主动从多维度、多视角发现其他家长的教育优势，以开放的心态吸纳更多优秀的新成员，并给予机会展示其教育的智慧。应让更多的家长参与到讲师团队伍中，也成为榜样。榜样不仅激励同伴，更鼓舞自己。对自我的肯定，鼓舞着家长们去改善亲子关系，用心营造利于孩子成长的家庭氛围，配合学校教育，为孩子的健康成长保驾护航。

第三章
PART THREE
教师开展家庭教育指导实践与创新

家庭教育是社会和学校教育的基础、补充和延伸，父母是孩子成长的第一任教师，也是具体落实家庭教育的第一责任人，父母的教育理念与教育行为在很大程度上影响着孩子的世界观、人生观、价值观。可见，家庭教育对孩子的一生具有重要影响。面对家庭教育的复杂性和长期性，家长需与时俱进，不断学习科学的教育方法，结合孩子的不同年龄特点和成长规律，用正确的教育思想、教育方法和教育行为帮助孩子养成良好的思想、品行和习惯。

家长开展家庭教育离不开教师的参与和指导。家长在面对如何指导孩子进行家务劳动、如何引导孩子正确对待网络、如何引导孩子正确对待挫折、如何指导孩子掌握学习方法、如何培养孩子自主阅读习惯等问题时，往往感到很困惑，需要学校和教师给予专业的家庭教育指导。只有切实提升教师指导家庭教育的意识和能力，才能更好地引领家长认识到"家""校""社"协同育人的重要意义，引导家长自觉承担实施家庭教育的主体责任，并重视家庭建设和学习、践行家庭教育的正确方法。教师通过开展家庭教育指导，帮助家长走出育娃的"困惑区""焦虑区""盲目区"，引导家长紧跟时代步伐，不断学习与充实自我，提升家长的教育水平，为孩子创建和谐温暖的家庭氛围，用科学、智慧的教育方法引导孩子走出"问题区"，从而构建家校合作、共同育人的良好教育生态，落实立德树人根本任务。

善思勤为　以练促能
——教师指导家长培养孩子生活自理能力

【导语】

生活自理能力，是指在生活中自己照料自己的行为能力。良好的生活自理能力是孩子身心健康的重要标志，也是孩子独立性发展的基础。这是家庭教育不可或缺的一部分，对孩子的自信心、责任感、解决问题的能力等方面都有着至关重要的作用。我们在教育实践中发现，家长在培养孩子的生活自理能力方面重视不够，或者很重视但缺乏有效的方法。因此，教师需要通过持续的引导，让家长意识到生活自理能力对于孩子独立性发展的重要性，引导家长对孩子进行持续性的训练，以帮助孩子掌握生活自理的基本技能与技巧，教师与家长协同培养孩子的良好生活习惯，共同引导学生健康成长。

生活自理能力提升的主阵地在家庭中，需培养孩子在生活中"自己的事情自己做"的意识，给予孩子实践的机会，巩固技能，锻炼自身能力，培养孩子的独立性。但现实中，在众多家庭成员的包办下，孩子能够做的事情自己不用做、不会做、不想做。孩子的生活自理能力愈发差，甚至会影响到学习生活。因此，教师需要转变家长的观念，引导家长明白培养孩子生活自理能力的重要性，逐步以适合的方法引导，并予以追踪评价，逐渐让孩子承担更多的责任。

一、培养意识：自己的事自己做

我时常会收到这类信息："老师你好，请小 A 到门卫室拿一下水杯""老师，请小 B 到校门口拿一下跳绳""请帮我叫小 C 到门卫拿一下语文书""请老师帮我问问孩子热不热,如果热的话,提醒孩子把外套脱掉"……

我也时常会见到这类情况:在数学课上不断寻找草稿本的小 A、做题时四处借橡皮擦的小 B、讲评作业时四处翻找练习册的小 C……

我还时常会接到这类电话:"老师,请问班上有没有同学拿错校服?孩子的校服找不到了,能麻烦老师在班上问问谁拿错了吗?"

当孩子发现所需物品找不到时,就只能电话联系家长送遗忘的物品,家长们为了不耽误孩子学习,成为孩子的"小书童",而老师则成为物品送达的"传话筒"。出现这样的情况,只因孩子没有自行收纳整理的意识,欠缺物品收纳与整理的能力。究其原因,是家长对孩子日常生活中该做的事过多包办,忽视了对孩子自理能力的培养。生活中自理能力较差的孩子对家长过于依赖,往往对环境的适应能力较差。孩子处于独立的环境中时,无法做到有条理地安排自己需要完成的事,且缺乏主动性。

当问题频发时,许多家长会向老师表达孩子的不足,同时也会向老师提出许多疑惑:"教他的时间我自己都可以做好,太浪费时间了""一会儿打翻这儿,一会儿弄倒那儿,还不够我收拾的""孩子的学习我都处理不过来了,我还要教这些东西,有什么必要?"因此,帮助家长打破意识壁垒,了解自理能力对于孩子未来生活的重要性极为关键。教师可以以家长会为突破口引发家长思考。

各位家长你们好,相信每一位家长对自己的孩子都是"爱"的,可我们是否为孩子考虑深远呢?触龙劝说赵太后之时,曾说:"父母之爱子,则为之计深远。"所谓"深远"就是要让孩子独自面对社会时,可以走得更好,走得更远。要往前行进,肯定得一步一个脚印地走好当下,用自己的行动来证明自己可以做,并且可以做好。而这一切的开始就是要让孩子学会独立,不再依赖,将生活中的小事做好。

在此和家长们分享一个小故事,上周我给孩子们说将召开家长会,爸爸妈妈们会坐在自己的座位上,所有的小朋友都很激动,表示要对自己的书桌、柜子进行整理,让爸爸妈妈看到自己的成长与进步。于是,小朋友们纷纷进行了细致的清扫、整理,互相帮助、互相检查,看着自己的成果甚是开心。他们的脸上洋溢着开心、自信的笑容。

对孩子而言,自己拥有遇事可以自行独立思考并解决的能力是一件很值得骄傲的事,所以家长们一定要放手让孩子自己去做自己的事,这是对他们的锻炼,也是对他们最好的认可。

通过孩子的表现让家长心中有一个坚定的意识:孩子是独立的个体,他们需要具有独立面对生活的意识和能力。教师要引导家长将"自己的事自己做,自己的事记得做"的观念传递给孩子们,让家长明确知晓,孩子学会自己去整理和收纳自己的物品,掌握可以让自己的生活变得更加舒心的方式,具备在生活中自己照料自己的能力,这对孩子们来说至关重要。那么,第一步也是最关键的一步就是要放手让孩子们去做他们自己的事情。

我们常说,播下一个行动,收获一种习惯;播下一种习惯,收获一种性格;播下一种性格,收获一种命运。因此,孩子在生活、学习等方面每一个主动的行为都会起到重要作用。孩子在面对日常的生活琐事,比如归类整理物品、打扫卫生、规范衣着等时可以通过不断训练而熟悉,当面对问题时能主动、独立思考解决问题的方法,那么他便会逐渐形成由内而外的自信与从容。

二、锻炼技能:以身作则,善加引导

仅靠一时的言语引导,可能会让家长拥有一些勇往直前的勇气,可时间一长,方法引领不够,追踪不足,无法看见成效之时,家长可能就有些泄气。因此,在培养孩子的生活自理能力方面,教师还需要引导家长对孩子进行持续性的训练和监督,同时也需要有技巧地教授、不断地认同和鼓励,让家长清楚明晰孩子所对应的年龄段应具备的技能,根据孩子自身的能力掌握情况,适当分配相应的任务。不同年龄段的孩子所需要掌握的技能不同,所对应的能力也不同,各年龄段所对应的技能和能力如下:

小学低中段:完成个人物品整理、清洗,进行简单的家庭清扫和垃圾分类,树立自己的事情自己做的意识,提高生活自理能力。

小学高段:参加家居清洁、收纳整理。制作简单的家常餐等,每年学会1~2项生活技能,增强生活自理能力和勤俭节约意识,培养家庭责任感。

初中阶段:承担家庭日常清洁、烹饪、家居美化,进一步培养生活自理能力和习惯,增强家庭责任意识。

生活自理能力的提升需要通过不断地实践练习来实现，也需要在一个可以促其发展的环境中来进行。教师要引导家长智慧地看待孩子在此过程中可能出现的问题，并选择适宜的方式引导孩子将训练持续下去。

（一）以身作则

教师要引导家长让孩子做卫生打扫、衣物整理与摆放等家务活时，要有意识地引导孩子明确：要想完成这类事务，就得学会有序，知道每件事情都有先后顺序。学习需要先观察，应引导家长以身作则，有时、有序、有规划地完成收纳、整理等活动，通过"观察—模仿—实践—评价—改进"的方式让孩子在一系列环节中掌握技能。引导孩子发现做事和会做事之间最大的不同在于方法是否得当，在意识提高的同时，自己的能力也在不断地提升，能力提升的同时，意识也逐步增强，两者相辅相成，缺一不可。

（二）善加引导

教师要引导家长智慧地看待孩子的情绪化反应，当孩子习惯于依赖时，他们对于自己要掌握的技能大多数时候是抗拒的。以往这些生活中的琐事，大多已由其他家庭成员所包办，如今需要依靠自身的力量去完成，对孩子而言会是他的负担，孩子内心是不情愿的。那么，家长就要不断地引导孩子去感知收获成就的快乐，这就成为能力养成的"助推器"。教师需要在班级内部寻找表现优异的孩子来树立榜样，时时以文字、语言等方式鼓励自理能力较强的孩子，让孩子收获满满的成就感。同时，也让家长感知到孩子的变化，并引导家长在发现孩子的变化后给予肯定和鼓励，充分调动孩子的内驱力。

各位家长你们好，近来孩子们都能做到到校后放好书包、整理好自己的书桌后就开始早读。虽然偶尔需要管理员提醒，但大多数都能迅速整理好自己的物品，值得表扬。课后也能做到主动收好自己的课本。但是，从书柜的整理来说，部分孩子无法合理地规划书籍摆放的位置，导致物品无法全部收纳。在此分享做得好的同学的收纳图片，并附上讲解，以供家长们参考。近期可以从整理孩子的衣柜来入手，让孩子对自己的柜子进行合理规划，并以"四季"来进行分类摆放，期待看到孩子们精彩的表现。

对于近来孩子表现的总结，既可以以此来鼓励孩子们，又可以让家长感知到孩子的成长离不开老师的关心和帮助。教师以此为引子，一步步将下一步需要做到的事情、需要掌握的技能、可行的方法逐一告知家长，让家长在这一过程中做到心中有数，心中有方向。有了前行方向，目标自然也就更明确了。

三、形成能力：时时勤为，思辨善为

任何事情都不是一蹴而就的，不积跬步，无以至千里。家长要鼓励孩子：只有持之以恒地有所"为"，才能将所学之技能转化成为让自己受益终身的能力，去收获属于自己的成就。

（一）时时勤为

教师引导家长让孩子了解自己的分内之事，并时时记挂于心上。家长和孩子可以共同设计计划表，明确内容和要求，不断地巩固技能并形成能力。教师可在班级内发布制定计划表任务，制定一份《我是小主人》的计划表，以此作为孩子每日可供思考和调整的参照。教师引导家长与孩子商议，共同制定家庭任务：在家庭中需要完成的任务，自己独立完成的部分、需要父母帮助完成的部分，以及完全需要父母来完成的部分。通过定时记录，为计划表制定相应的家庭内奖惩制度，以督促孩子持续地练习。家长们要了解，可通过定期反思，让孩子清楚知晓自己在技能掌握及坚持方面的情况，并在家庭内部由家长进行监督。

引导家长发现当孩子利用自身掌握的技能参与到自己的家庭生活中去，可以感受到自己在家庭中满满的存在感，从而逐步培养自己的事自己做的意识，并养成自己的事自己做的好习惯。在班级中建立相册，鼓励孩子们将自己每天在家做家务的照片发至群中。在班级群中上传孩子们书包、书桌和柜子的收纳图片，展现每一个孩子的进步，并在班级群中对于孩子们近期情况进行总结，与家长保持联系，以求合力之下取得"1+1>2"的教育效果。

（二）思辨善为

事物总是在不断地变化，所需要使用的方式也不尽相同。从最初知晓要做，到如今时时记得做，自己能做好，这当中必然是质的飞跃。当这一连串的信号反应已经建立起来时，将事做得更好就会成为孩子们的挑战。当家长发现孩子因为反复做同样的事情而感到乏味时，就可以带着孩子去发现更多不同之处、可变换方式之处，引导孩子了解相同的事可以有不同的解决方法，以"新奇"触发孩子的思考，争取做得更好，使得技艺更加精进。

大多数时候，家长们觉得孩子属于被保护的角色，处处以孩子为先，反而不利于孩子自理、自立。家长应当给孩子们更多施展的空间，让他们大放异彩。教师也要引导家长将家庭"重任"委以孩子，以"为自己承办一场生日会"为契机考验孩子，这对于孩子来说是独具意义的，也让孩子不再是家庭的旁观者，而是主导者。孩子需要逐一解决的问题非常多，时间的确定、人员的通知、食材的准备、现场的布置……显然这样一件事，只依靠孩子个人的力量绝对是不可解决的，那么请孩子来对人员进行安排，通过自己的沟通去获得他人的支持，每一点都是对孩子的考验。教师引导家长在整个过程中以沟通引导、提出疑问、提供指导的方式，去触发孩子的思考，将事件的多种可能、多种方案最优化。现实情境中的不断练习，不只可以使孩子将其转化为自身的能力，也可以让孩子从已有的能力中不断补充新知，尝试并收获除技能以外的其他技巧。

家长们可以从孩子的一系列行为发现，当单一的技能逐渐联系起来时，孩子们的能力也自然而然形成，在面对问题时，可以更加游刃有余，内心成就感大增，坚信凭自己的力量可以面对所遇到的问题和困难。家长将孩子看成成长中的独立个体，与他们生活息息相关的事情都应当首先由孩子自己来解决，孩子的生活自理能力便会不断提升，不断完善，从而拥有面对世界的能力。

以人为本　全面发展
——教师指导家长引导孩子融入班级活动

【导语】

在家庭教育中，部分家长不知道孩子在小学阶段的个性化发展特点，更不知道孩子参加班级活动是个性化全面发展的重要成长过程，缺乏引导孩子参加班级活动的正确认识，且存在很多误区。还有部分家长的教育理念陈旧，他们更多地关注孩子的学习成绩，否定班级活动对孩子的正面影响。作为班主任，应该意识到问题的严重性并对此高度重视，从"认识学生个性发展特点，树立家长正确的家庭教育理念""构建活动支架，指导家长引领孩子融入活动""共设个性发展评价表，共评活动育人效果""分析差异化，针对性指导家长实施引领方法""阶段总结，指导家长引领孩子个性发展"这五个方面出发，以班级活动为载体，全面落实立德树人的根本任务。

班级活动为学生提供结交新友、融入班级、培养社会社交技能的机会，也能让学生通过班级活动展现才能、优势，提升自信心，还能有助于塑造班级文化，增强班级凝聚力，促进班级团队、小组之间的合作，培养学生综合素质能力，为学生的个人成长和发展提供支持。

一、认识个性发展特点，树立正确的家庭教育理念

小学生的个性发展特点主要包括自我总结、自我体验、自我评价、人格和情绪五个方面。在教育孩子的过程中，教师要指导家长全面认识孩子的个性特点，根据孩子的个性特点来引领他们积极参与班级活动，助力孩子个性化全面发展。

在班级家长会上，教师可以统计孩子们的个性化发展数据，例如获得的各项奖项收集、一日常规评价数据等。以数据分析结果来与家长交流，明确孩子们在小学阶段存在较大的差异性，有的孩子在学习上很有天赋、有潜力；有的孩子在学习上因未掌握方法使得成绩不够理想；还有一些学生对学习没有建立兴趣；有的很早就参加特长培训，比如钢琴、乒乓球、绘画、跳舞等；有的能清晰表达个人发展目标，能评价、总结自身不足的原因。综上所述，学生的个性发展需求不一。

可见，班主任要指导家长充分认识到孩子的个性发展特点，根据孩子的个性特点来开展教育工作，及时指导家长引领孩子树立个性发展目标，让"花成为花，树成为树"。

在学期初组织家校共育家长会，教师引导家长积极发言交流。有的家长说："我们要负起责任，我们班的一些家长把孩子的家庭学习安排得井然有序，在周末还有画画、游泳等，在各个方面培养孩子，不断提高孩子综合素质。"有的家长说："孩子毕竟小，不想给孩子太多压力。但稍微管理松懈一点，他就在家玩手机，只要一让孩子学习，孩子就有情绪。"有的家长说："我太忙了，确实没怎么关注孩子，想着孩子还小，长大了再交流，可能效果更好。"通过家长们的交流，我们发现重视家庭教育和不重视家庭教育的家长对孩子产生了不一样的影响。因此，教师可以在家长会上与家长们分享科学的教育理念，让家长积极主动参与到家校共育中来。

这样，教师通过家长会讲座的方式，引导家长学习科学的教育理念，让家长意识到家庭教育的重要性，理解家校社协同教育的重要性，树立家长家校共育的担当认识。

教师可开展"家长义工进课堂"的活动。家长们来自各行各业，所从事的职业涉及面广，专业性强。因此，他们本身也是学生身边的另一种教育资源。请家长到校体验讲课，会给学生带来新鲜感，也会给被邀请的家长及其孩子带来自豪感。

小 Z 的爸爸是医院的牙科医生，他给孩子们讲解了牙齿的构造，教大家怎样保护好牙齿；小 H 的爸爸是一名物流快递员，他为孩子们讲解了接单、分拣、配货、运输方式、在途追踪、送货等流程，让孩子们了解了一名普通快递员的工作,也懂得了网络购物的全部流程;小 L 家长讲《校园欺凌》时,拿案例让学生模拟扮演,让大家明白什么是校园欺凌,教会同学们如何自我保护……

通过以上方式,班主任引导家长们明白家庭教育是学校教育的一部分,需要家长参与其中,从而充分发挥家长对学生个性成长以及学校发展的积极影响。

二、构建活动支架,指导家长引领孩子融入活动

在组织班级活动过程中,班主任可以通过构建活动支架的方式,让家长和孩子共同参与到班级活动中来。班主任总体指导活动,家长领取任务并引导孩子融入活动,让孩子充分发挥自主能动性。

案例一:在开展"我为家乡代言"主题班会活动时,班主任可以先让家长和孩子领取任务,指导家长引领孩子分解任务,介绍家乡的风土人情、自然风光和物产资源等。在介绍家乡风土人情时,可以引导学生说出自己对家乡的印象和感受;在介绍自然风光时,可以让孩子尝试使用视频资源平台了解概况;在介绍特产资源时,可以引导学生说出自己喜欢吃的食品种类并共同制作成视频;指导家长有意识地引领孩子客观评价前期准备。

案例二:为了培养孩子遵守规则的好习惯,我们制作了家庭教育指南表(如表 2 所示),以便更好地帮助家长引导孩子。

表 2　二年级上期家庭教育指南表(以遵守规则为例)

习惯	周次	操作要求	情况反馈	双周梳理
遵守规则	第1~2周	1. 游乐场门口如果人很多,家长会和孩子耐心排队等候。 2. 告诉孩子,不要把各科的书籍资料混在一起,课堂上各种学习用品要轻拿轻放。	1. 游乐场人很多,孩子会耐心排队等候。 2. 孩子在课堂上拿东西时注意不发出声响。 3. 孩子在别人说话时,认真倾听,不随便打断别人的讲话。	1. 对照目标,看看本周孩子的进步和不足。 2. 对照目标,总结本周培养孩子习惯能力方面的收获。

续表

习惯	周次	操作要求	情况反馈	双周梳理
	第1~2周	3. 告诉孩子别人说话时，要认真倾听，不随便打断别人的讲话，这是交往的需要，也是提升倾听能力、理解能力的需要。 4. 告诉孩子课间活动时，在保证安全的前提下玩耍。	4. 孩子在课间活动时不喧哗，不追逐打闹。	
遵守规则	第3~4周	1. 告诉孩子要爱护花草树木，不攀折，不踩踏。对孩子说："一花一草，都是有生命的，要敬畏它们。" 2. 告诉孩子不要乱扔垃圾。让孩子学会分类处理，懂得分类处理对节约资源、保护环境的意义。 3. 给孩子讲故事或事例，和孩子一起看视频，引导孩子认识遵守公共秩序很重要，如守时观念、遵守交通法规等。 4. 告诉孩子在集会过程中不要交头接耳，要服从指挥者的统一指令，注意维护集体形象。	1. 孩子爱护花草树木，不攀折，不踩踏。 2. 孩子不乱扔垃圾。 3. 通过听故事、看视频，孩子认识到遵守公共秩序很重要。 4. 孩子在集会过程中不交头接耳。	1. 对照目标，看看本周孩子的进步和不足。 2. 对照目标，总结本周在培养孩子习惯能力方面的收获。

续表

习惯	周次	操作要求	情况反馈	双周梳理
遵守规则	第5~6周	1. 告诉孩子接受他人物品时要双手接，面带微笑。 2. 告诉孩子观看比赛做文明观众，不喝倒彩，不乱打口哨。 3. 告诉孩子见到老师、同学要礼貌问好。 4. 告诉孩子不要在路上追逐打闹；不能从小巷或小路突然蹿上公路；不让球类突然飞向公路等。	1. 孩子接受他人物品时双手接过来。 2. 孩子观看比赛，做文明拉拉队队员，不喝倒彩。 3. 孩子见到同学、老师，主动问好。 4. 孩子不在路上追逐打闹。	1. 对照目标，看看本周孩子的进步和不足。 2. 对照目标，总结本周在培养孩子习惯能力方面的收获。
	第7~8周	……	……	……

从孩子入学的第一周开始，每两周设计一张《家庭教育指南表》，每张表分5个栏目：习惯、周次、操作要求、情况反馈、双周梳理。每个习惯通过21天的训练、巩固和强化，成为相对稳定的习惯；"情况反馈"对照习惯养成的操作要求，设置相应的评价内容，对习惯养成进行评价；"双周梳理"总结进步与不足，引导家长借助此表，共同引导教育孩子。

三、家校共设个性发展评价表，共评活动育人效果

教师之教，不在全盘授予，而在"授人以渔"。根据小学阶段孩子的个性发展特点，家校共同设计孩子个性发展评价表，共同评价在活动育人过程中孩子的成长，借活动育人之机，引导孩子个性化全面成长。班主任指导家长从以上五个维度设计孩子个人成长记录表，为孩子建立个人成长档案，提供及时的帮助和监督。班主任要指导家长设计孩子在班级活动中的表现记录表，对孩子的进步进行评价，并在活动结束后将表格提供给家长，让家长对孩子在活动中的表现进行评价。班主任要引导家长填写表格，注

意引导家长填写过程中的语言表达要具体、准确、形象，要对孩子的进步和成功进行评价，鼓励孩子不断进步。此外，班主任还要将孩子在班级活动中的表现进行纵向和横向比较，掌握孩子的发展特点，做到与家长充分沟通，表达对孩子个性发展的准确期望，为今后的家庭教育提供有效参考。

一年级下册，我们在家长开放课上发放了"××学科课堂观察量表"，主要是引导家长一边听课、一边观察孩子的课堂表现。该表格设置了十个观察项目（如表3所示），目的是引导家长了解孩子的听课情况，从而为今后的家庭教育提供有效参考。

表3 数学课堂家长听课观察表

班级：　　　　学生姓名：　　　　家长姓名：

序号	观察项目	分值	情况记录	得分
1	课前准备：预备铃声响后，按时到教室坐好，并做好课前准备，安静等待上课	10分		
2	专注倾听、不做小动作、不走神	10分		
3	认真思考、积极举手回答问题，即使没有被请到，也不气馁，仍会举手	10分		
4	回答问题语言表达清楚，声音洪亮	10分		
5	不随意讲话或接嘴	10分		
6	积极参与课堂活动，与同桌友好合作	10分		
7	读要求时声音洪亮、吐字清晰	10分		
8	听讲时坐姿端正、精神饱满	10分		
9	书写规范，卷面整洁	10分		
10	书写时坐姿端正、握笔姿势正确	10分		
	合计	100分		

四、分析家庭的差异化，让家长教育指导更具针对性

在开展班级活动的过程中，由于学生家庭背景和环境存在差异，学生在参与班级活动的过程中会表现出不同的特点。因此，教师要在开展班级

活动的过程中，分析学生在参与活动过程中所表现出来的特点，再根据实际情况进行有针对性的指导。教师要充分了解学生家长的家庭教育理念和方式，并在此基础上，根据家长不同的家庭教育方式对班级活动进行调整，使班级活动能够真正达到促进学生发展的目的。

在开展"走进大自然"主题教育活动时，教师要充分了解不同的家庭背景，然后根据这些情况进行有针对性的指导。如小 Z 的爸爸是初中老师，妈妈做行政工作，双方都是研究生，他们的家庭氛围和谐民主，父母都很注重亲子之间的沟通，注重孩子身心愉悦和全面发展，每学期都会找一些周末去户外活动。所以，当班级开展"走进大自然"主题教育活动时，他们踊跃参加。班主任引导他们提前做好一次户外徒步的 PPT，让孩子担当小导游为班级分享。这样做既锻炼了孩子的表达能力和策划能力，又给其他家长和同学提供了活动参考。

班主任还可以邀请家长到学校参与班级活动，让他们了解学校教育教学内容以及班级管理工作。这样不仅可以激发学生家长对班级活动的参与热情，也可以让家长更多、更全面地了解学校相关工作。

在孩子成长的过程中，家庭与学校形成教育合力，更能促进孩子个性化发展。班主任指导家长在引领孩子参加活动的过程中要转变一些陈旧的教育观念，让家长意识到学生的成长不仅离不开学校和教师，更离不开家长的积极参与。

五、阶段总结，指导家长引领孩子个性发展

小学班主任在开展班级活动的过程中，要帮助家长树立为孩子个性化全面发展进行总结的意识。班主任还要根据家长的实际情况，为其提供有针对性的指导。在指导家长引领孩子参与班级活动的过程中，班主任要善于总结活动经验，帮助家长分析孩子个性化发展的优势和有待进步的地方，针对孩子需要提升的能力给予家长指导性建议。还可以利用家校共育的讲座对家长进行培训指导，提高家长对家庭教育的认识。另外，班主任指导家长使用《成长记录表》进行统计分析、量化结果评价时，要培养孩子"知人者智，自知者明"的意识，帮助孩子们扬长避短。

通过发放问卷星调查表，调查到二年级孩子最容易出现的问题是自我评价能力弱、情绪不稳定、自控力不强、依赖性强等。通过每个月的家长会，教师给了家长一些应对策略：给予关爱，呵护学习信心；以身作则，锻炼自我控制能力；家校合作，培养良好习惯。家长应把立德树人作为家庭教育的核心来引领孩子成长、帮助他们逐渐养成良好习惯。教师可从以下方面对家长进行引导：

1. 家庭和谐。一个家庭应该创造和谐的家庭氛围，父母和孩子应该经常一起游戏、一起学习，发展共同爱好，父母和孩子共享经验和成果。家长还要尊重孩子的爱好，给予孩子一定的自主权和选择权。有些事情可以和孩子商量，征求孩子的意见，创设平等、和谐、温暖的家庭氛围。

2. 及时沟通。教师要引导家长主动和各科老师交流，不要等到出现问题再沟通，及早与老师建立联系。建议家长每半个月与班主任或科任老师沟通一次，及时了解班级活动、孩子在校表现、作业上交时间及作业完成情况。

3. 协调活动。家长指导孩子阅读、休闲、劳动、理财等，与学校教育共同努力。比如，在家中给孩子确定一个劳动岗位，强化孩子劳动意识，提高生存能力。家长还可以让孩子参与家庭消费，培养孩子的财商。鼓励孩子适当参与社团和公益活动，培养奉献精神，让孩子从丰富的生活和社会实践中去汲取营养，提高自己的社会交往能力。

通过阶段总结和反思，班主任可以帮助家长分析在引领孩子参加班级活动时存在的问题和不足之处，促进孩子后续个性化发展。教师应充分发挥活动育人功能，积极开展家校共育以促进孩子个性化发展，提升家长对学校和教师的满意度。在小学教育中，班主任应重视低学段孩子参与班级活动的家长引领培训和方法指导，加强家长对中段学龄孩子参与班级活动的个性成长表的分析指导；确定高学段孩子参与班级活动的个性化能力发展需求的家长引领目标。

小学班主任在开展班级活动的过程中，要充分发挥自己的优势，积极指导家长引领孩子参加班级活动，使家校合作的理念深入人心，共同促进孩子健康个性化发展。班主任和家长一起开展活动，班主任在活动中要帮助家长树立正确的家庭教育理念，让家长掌握科学的育儿方法，发挥家校共育最大的功能。

引导有方　指导有法
——教师指导家长鼓励孩子担任班级干部

【导语】

　　班干部选拔是班级自主管理中的一种常见形式，在班级内设立岗位，给予学生锻炼自身能力的机会，让学生逐渐具备团队管理的能力，并团结、带动全班同学共同进步。但有些孩子却不愿意担任班干部，这让家长不解也无计可施。也有的家长未认识到孩子担任班干部的重要意义，认为孩子担任班干部会占用学习时间进而影响学习成绩，甚至会影响同学之间的关系，因此不赞同孩子担任班干部，错失了锻炼孩子各项能力的机会。教师作为学校教育的管理者和引领者，应当引导家长了解孩子参与班级管理对其未来发展的重要作用，并指导家长引导孩子了解担任班干部的益处，鼓励孩子在评选中去争取担任班干部，引导孩子合理解决在担任班干部期间遇到的问题，从而共同帮助学生提升自己的综合素养，增强班级的凝聚力。

　　每个学生都是班级的成员，也是班级可持续发展的重要力量。班级的自主化管理与发展，需要班级学生主动融入其中，共建和谐温暖、友爱互助的班集体。班主任需要发现班级中学生不同的闪光点，结合不同学生的个人意愿和个人能力，为学生搭建自主管理的平台。担任班干部不仅可以为学生个人的成长与发展提供锻炼的机会，还有利于学生实现自我管理与自我教育。

一、担当有益：锻炼学生的能力

　　2020年，某机构曾对10 028名青少年开展了以"当班干部是否会影响孩子的成绩"为主题的网络问卷调查，结果发现：担任班干部使学生的学业成绩提高了 25.5%。另据调查发现，在大学、中学与小学期间担任班干部分别使学生的学业成绩提高了 7.4%、30.3% 与 26.9%。可见，中学期间担任班干部对学生学业成绩的促进作用很大。

（一）培养学生的能力与责任担当

当班干部可以锻炼学生的组织、策划、应变等能力。例如：文艺委员在组织班级汇演时，需从活动流程、现场布置、人员安排等多方面来思考和计划，并在实施过程中不断改进，从实践中积累经验，有助于提升学生的组织、协调、管理等能力；劳动委员除了每天督促和检查同学的卫生打扫，还要定期结合学校公告栏的卫生公示，在全班进行卫生情况汇报，并结合当前情况提出改进建议……长期坚持认真做事有利于增强担当和责任感。此外，学生们在履行担当的过程中，难免会碰到问题，需要自主解决，这也有助于学生养成独立思考的习惯，提升应变能力。又如宣传委员在跟同学们一起做板报时，从做设计图纸到具体实施的整个过程需要分工明确、互相合作，有助于培养学生的统筹和处理问题的能力。在班级具体情境中，亲身锻炼比说教性的语言更有力量。同时，担任班干部也培养了服务他人的能力和意愿。一个小组长能团结组员，一同完成一个项目的讨论，在做卫生的时候，会主动帮忙给生病或请假的同学做卫生，愿意服务他人，帮助他人。这些包含服务他人意识的行为，会收获同学们的认可，从而提升学生责任意识。

（二）提高学生处理问题的能力和自信心

当班干部可以提升学生的自信心，增强学生的耐挫力。在担任班干部的过程中，学生一方面有很强的荣誉感，另一方面也对自身有一定的要求。班干部在为班级服务的过程中，会经常与同学接触和交流。班干部班级处理问题和矛盾，除了是对其处理问题能力的考验外，也是提升沟通能力和组织能力的机会。这样，在老师和家长的共同指导下，学生在一次又一次的经历中不断理性和成熟，还能学会如何有方法、有艺术地处理问题，这不仅可以提高学生的综合能力，还可以在无形中获得同学、老师的认可。

（三）提升学生目标要求和自我约束力

当班干部不仅可以提升学生的自我要求，还可以提高自我约束力。孔子在《论语·子路》中说："其身正，不令而行；其身不正，虽令不从。"这是说当管理者自身端正、作出表率时，不用下命令，被管理者也会跟着行动起来；反之，管理者自己不端正，即使下了命令，被管理者也是不会服从的。对于班干部来说，道理是一样的，当学生始终站在班级的层面看待问题，将自身言行与班级紧扣，将班级的团结一致看作自己的努力目标，愿意为班级做事，并不断改进自己的处事方式，这样的思想对于学生的成长影响是深远的。

综上所述，学生担任班干部在很多方面都对自身、对集体有利，是自我教育与自我管理的有效方式。

二、引导有方：鼓励孩子勇于担当

不少家长认识到担任班干部对孩子有许多益处，也期待孩子能在班级中担任一职，但是有的孩子自己不愿意担任班干部，有的孩子则因为胆小不敢当，有的是想担任却不知道如何赢得同学们和老师们的认可。此时，教师可以指导家长采用一些科学的方法鼓励和帮助孩子。

（一）正确鼓励孩子

在班干部竞选中，有些孩子是自信和大胆的，但是也有一些孩子是不自信和胆怯的。当家长遇到自己的孩子想当班干部但是又腼腆、胆小之时，既担心又无奈。因此，教师要指导家长善用鼓励的语言去帮助孩子打消顾虑。鼓励的语言不是简单地告知孩子"不怕不怕，这有什么好怕的！敢去竞选就很厉害了""没事没事，试一下才知道自己的能力"。这些本是鼓励的语言，在这里实则并没有解除孩子的担忧，反而可能让孩子更不自信。当孩子说害怕做不好时，教师可以指导家长按以下步骤来操作：一是理解接纳孩子当前的情绪；二是可以陪伴孩子做一些准备工作，指导孩子明确具体的做法和步骤，以实际行动来减轻孩子的顾虑；三是给予孩子心灵上的慰藉，调整孩子的心态。

小 A 想竞选班级干部，但是心里又有点害怕，于是他告诉了妈妈自己心里的想法。小 A 妈妈这样回复道："面对竞选你紧张，妈妈特别理解，这也是你重视这个活动的表现，适度的紧张可以促使你做得更好。不过，你也不用太担心，妈妈一直在身后支持你，我可以陪你一起想想竞选词。咱们可以在家里反复练习，只要练习的次数足够多了，到时你就可以更好地演讲。"妈妈为了引导孩子学会正确对待输赢，继续说道："孩子，竞选活动总有结果，选上或落榜。但是不管选上与否，你能勇于去争取、积极为集体服务，妈妈就觉得很勇敢了，值得肯定。而且，所有的经历都是一段宝贵的财富，如果这次没选上，你也可以积极为班级服务。"就这样，小 A 带着妈妈的鼓励去参加了班级的竞选。

（二）科学给予建议

一些家长认为孩子要当班干部，就得当班长，却极少考虑到每个孩子的不同点，并不是所有的孩子都适合当班长。班级里班干部的职位其实是很多的，班长并不一定是孩子的最优选择。孩子们可以有许多选择，教师可以指导家长根据孩子的性格特点、能力特点，给孩子一些科学的建议。

小 Z 爸爸最早向孩子提议竞选班长，但是小 Z 觉得自己不够优秀，没有这个实力胜任。于是，爸爸就和小 Z 一起分析自身的优势和不足之处，以帮助她选择自己能胜任的职位。讨论发现小 Z 有一个特别显著的优点——热爱劳动，且任劳任怨、乐于帮助同学。于是，在父女的商量下，小 Z 决定竞选班上劳动委员一职。小 Z 爸爸也很支持孩子做劳动委员，他说："孩子，我觉得劳动是中华民族的优良传统和美德，劳动委员是最锻炼人的一个岗位，如果这个岗位你做好了，既能保证教室环境的整洁干净，又能把全班同学团结起来，那么你以后能承担更大的责任。"后来，小 Z 在工作中任劳任怨、认真负责，赢得了老师和同学的高度认可，她自己也觉得为集体做事很开心。

在班干部竞选的消息发出后，教师要指导家长抽出时间和孩子一起分析自身的优缺点，找准定位和方向，积极为班集体服务。

三、指导有法：遇到问题提供处理的办法

当孩子带着家长的鼓励成功当选班干部后，家长也不能掉以轻心，这仅仅是开始。在孩子担任班干部的时期内，孩子可能会告诉父母："某某同学就是不服我的管理，我太不容易了。""我今天因为管了某个讲话的同学，他就生我气不理我了。"……孩子因为担任班干部而与班级同学发生摩擦是常见的事情，但孩子幼小的心灵不一定能承受这样的委屈。所以，当孩子因履行班干部职责而与同学发生矛盾回家哭诉时，教师应该指导家长要备有指导之策，防止没有办法帮助到孩子而导致孩子自信心受挫，萌生退却的想法。

（一）辨类别

教师要指导家长帮助孩子分析问题的产生是属于哪种类型，从而针对不同类型进行指导：有的班干部管理无章法，过于强硬，对同学直接进行批评甚至处罚，引起了被处罚者的不满；有的班干部确实冤枉了人，由于班干部管理全班同学，往往难以看清所有学生在干什么，而被批评者认为自己并没做错，心里就很委屈；有的是被班干部批评的同学认为违纪的同学很多，但班干部就只批评他一个，认为班干部是针对自己，存在不公平；有的被批评的同学总是违反纪律，总被班干部提醒或批评，感觉没面子，故意和班干部顶撞，找借口企图为自己推脱。如果是孩子在管理上缺乏方法，过于强硬，面对孩子的诉说，家长可以在接纳了孩子情绪后再来引导孩子。孩子担任班干部是一种责任担当的表现，家长要引导孩子关心其他同学，不能以势压人，更不能公私不分，帮助孩子意识到担任班干部的目的是服务他人和服务班级，而不是以权压人。

（二）多包容

教师要引导家长对孩子进行方法指导。例如，可在平时管理班级时弹性处理一些班级事务。班干部在管理过程中，难免有冤枉别人的可能，有时候要再给他人一次机会，选择信任。比如班干部说某某同学讲话了，某某同学非常委屈地说道："我没有。"班干部固执己见，同学委屈不已。此类情况让班干部也非常苦恼，家长可以询问："你是否看到听到就是他？"

孩子说："我站在讲台上背着他们写作业，转过来时确实没看清，但是感觉就是他们这一块在说话。""那有没有可能听错了？""有可能。"家长就可以给孩子支一招：如果有同学表示委屈，同时班干部也完全不能确定的情况，可以采用给对方一次机会，信任对方作为班干部应记住，不管是担任何种职务，都应是以帮助同学为目的的，而不是以惩罚为目的。孩子在任职班干部管理同学时，可以多包容，选择信任的处理方式。还有些爱违纪且个性较强的同学，在监督上确实无法执行的话，那么班干部可以与老师共同商量解决的方法。

（三）严律己

教师还要指导家长提醒孩子要有榜样意识，要做到严于律己。班干部是整个班级的领头羊，是班级的主心骨，需要自己在学习上和纪律上起到榜样引领作用，优秀的表现也会给班干部增加威信，增加说服力，其余同学们也更容易服从管理，这样才能真正实现促进孩子能力的进步和提升。

总之，教师应鼓励家长积极支持孩子担任班干部，科学地认识担任班干部的责任和担当；尽量在孩子担任班干部之前进行有效引导，积极鼓励；在出现问题后对孩子进行科学引导，适时帮助，真正让孩子在担任班干部这个过程中得到锻炼，实现全方位发展。

遇事不急　化危为机
——教师指导家长智慧处理学生打架事件

【导语】

随着时代进步，家庭的育人价值逐渐被认可和接受，家庭教育成为新时代教育体系建构中的重要议题。教师是家校联系的重要桥梁，也是开展家庭教育的关键。在学生出现问题时，教师需要指导家长根据学生存在的问题进行正确、科学的判断和引导。青春期的学生常因各种原因发生口角乃至打架，甚至由于单方或双方家长的介入或处理方式不当，引发家长与家长、家长与学生、家长与老师之间的矛盾。因此，在教育过程中，教师要有效协同家长共同开展对学生打架事件的教育工作，指导双方家长理性、智慧、合法地处理学生打架事件，抓住打架事件的教育契机帮助学生知问题、明道理、思行为和懂法律。

学校在家庭教育中承担着重要作用，而教师是开展家庭教育的主要责任人，需要全体教师具有全员育人、全程育人、全方位育人的德育工作格局。《中小学德育工作指南》明确指出："坚持协同配合。发挥学校主导作用，引导家庭、社会增强育人责任意识，提高对学生道德发展、成长成人重视程度和参与度，形成学校、家庭、社会协调一致的育人合力。"可见，当代教师应当掌握基本的家庭教育指导能力，才能更好地指导家长对孩子进行教育和引导，形成家校教育合力。

一、稳定情绪：平心静气，理性对待

教育家苏霍姆林斯基曾说："教育的效果取决于学校和家庭的教育影响的一致性，如果没有这种一致性，那么学校的教学和教育过程就会像纸做

的房子一样塌下来。"由此可见，教师需要努力使家校教育步调一致，才能铸就好家风、好家庭。而一致性的基础是二者的观念、方法逐步趋于一致。那么，教师需要围绕儿童身心发展的规律和教育发展的需求，对家长进行个性化的家庭教育指导。教师应在开展家庭教育指导的过程中帮助家长树立正确的教育观念，掌握科学的教育方法，逐步引导家长成为智慧型家长。

在学校中，孩子间常因言语不当、情绪失控等发生打架事件。当教师与家长、家长与家长就孩子打架问题进行沟通时，如若教师处理不当，可能会出现家长在参与事件处理时情绪激动，从而引发不理智、失当的行为，又或者因事件处理得不够细致导致矛盾升级，引发孩子与家长、家长与家长、家长与老师之间的多层矛盾。家长在处理自己孩子打架问题时，主要有以下几种情况：

（1）家长无条件信任自己的孩子，或对于孩子完全不信任，较为主观。

（2）家长将孩子打架行为扩大化，无法控制自己的情绪，并以过激的行为方式来解决问题。

（3）家长不愿承担某些责任或不愿接受对自己不利的做法，处理事件时消极应对。

以上这些行为容易导致家长情绪失控、行为失当，将"未成年人矛盾事件"上升为"家庭矛盾事件"，将问题复杂化。为避免此类情况的出现，教师在第一时间的处理态度和方式至关重要。

某日，班级中小 Y、小 Z 同学因为言语冲突而发生了矛盾，在教室内发生推搡，小 Y 同学腿部受伤，并出现渗血情况。我急忙赶到班上，两名同学已经被其他同学劝阻开，但是双方情绪依然激动。我及时对双方进行安抚，并将小 Y 同学带至校医室处理擦伤，请校医判断孩子的伤情，询问是否需要进一步处理治疗。在询问的过程中，我请小 Z 同学陪同听取校医的意见，待小 Y 同学伤口处理完毕后，将两名孩子带回办公室。然后我开始询问事件经过，两人一同将事件始末逐一梳理。双方确认无误后，我开始与家长联系。在联系过程中，我只阐述客观事实，不对任何一方的孩子进行评判，并请双方家长到校进行沟通，并表明此次面谈是期望家长可以共同参与其中，与老师一同对孩子进行引导和教育。

教师时常会面临这样的打架突发事件，事件至少会涉及两个孩子。事件的妥善处理则涉及学校及家庭两个层面，只针对事件的处理是基础，在过程中引导家长正确认识事件，并且合理、合法地处理事件更为重要。

首先，教师应联系受伤孩子家长，告知家长目前孩子的状况，并告知校医的诊断。为了避免家长担心，教师还应告知家长孩子正在持续观察中，暂没有出现其他的不适之处。等家长到达后，再对孩子的当前情况进行评估，判断孩子是否需要再次就医。

然后，教师还要联系未受伤孩子家长，讲述孩子目前的状况，并确认孩子目前无任何不适，情绪比较稳定，也处于老师监管之下。通过语言引导减轻家长未知事件全貌时的焦虑，为下一步的沟通做准备。

接着，教师应采取共情式沟通。教师邀请家长到校面对面沟通，通过言语让家长感受教师对孩子的重视，并让家长明白到校协助处理孩子矛盾事件的重要性和目的性。同时，教师要让家长感受到此次会面是抱着对双方孩子负责的态度，希望家长们积极处理此事。

最后，教师向家长明确教育目的。大部分家长意识中对学生打架是存在一定误区的，一旦听说孩子"打架"，他们便会不自觉地将其上升到孩子品行问题，不容易做到心平气和。但每一个正在向独立、自我完善方向发展的孩子，都可能与他人存在差异，有差异就会有分歧。老师要让家长明白，打架只是孩子在发现差异、产生分歧时的一种不理性、不正确的表达方式，而此次教育的目的是引导家长为孩子们提供一个正向的引导，重视孩子的安全教育。让孩子明白人与人之间会存在差异，要学会通过恰当、合理的方式去解决生活中存在的分歧。教师需要指导家长告知孩子在生活中冷静处理事情的重要性，以及在面对突发事件时应当合理地表达，不能被不理智的情绪控制，以至于冲动之下做出过激行为。对于家长同样如此，在情绪激动时处理事情对于孩子的教育是无效甚至是反作用的。因此，家长也需要平心静气，理性对待。

二、了解始末：智慧沟通，应对突发

邀请家长到校协同处理打架事件，常见的方式是教师直接处理，而家长以旁观者的身份被动接受教师的处理意见，这样的方式容易引起家长的不良情绪和反感。为了更好地解决事件，教师可以采用和家长面对面交谈的方式，创设轻松、商量、探讨的谈话氛围，既能倾听家长的想法，又可以在交流过程中引导家长全面清晰地了解事情经过，了解孩子在这次事件中的行为与想法。在此过程中，教师可帮助家长分析孩子的行为动机，并以此作为教育契机来更好地教育孩子。

事件的经过需要家长和孩子进行面对面交流。在沟通过程中，孩子也许会有情绪化的表达。因此，在交流前，教师要引导家长和孩子进行有效沟通，清楚全面地了解事情的经过，指导家长做智慧的倾听者，勿被孩子哭泣以及其他情绪干扰判断。同时，面对家长，教师的沟通语言也很关键，不仅要平复家长的情绪，还要适时予以引导。

家长们好，今天请两位来主要是想和你们聊聊今天孩子们之间发生的事。孩子们现在都在班上，情绪已经稳定下来了，家长们不用担心。事情的经过我已经找孩子们了解，两个孩子发生矛盾的主要原因是沟通不畅，由此产生分歧。具体的经过家长们肯定也想听听孩子们的说法，才能对自己孩子的想法和行为有全面的了解。

要了解孩子的想法，就需要有效地沟通，而平稳的情绪于沟通至关重要。首先，家长们应先安抚好孩子情绪后再来询问这件事情的经过，了解孩子的想法，如果有不恰当的地方，我们及时予以引导。

其次，在交流的过程中，家长们要理智地听取孩子的陈述，不因孩子的情绪变化而影响自己的判断。在你们交流的过程中，如果我进行补充提问，那就说明孩子目前所说与刚才我所了解的情况有出入，那么请家长配合我，引导孩子进行进一步讲述。

最后，请家长们明确孩子们今天的行为反应确实有些激烈，究其原因是孩子不擅长用语言来表达自己的想法。我们需要正确地看待孩子成长过程中与同学间发生的矛盾，这些矛盾的处理需要家长和老师双方引导，让孩子学会用正确的语言表达自己、学会沟通。我们力求通过沟通和不断引导来告诉孩子们，以后遇到类似的问题，应该学会管理自己的情绪，并选择合适的方式来解决。

当孩子发现家长到来之后，可能会基于内心的不安或者担心父母的责备而选择隐瞒一部分事实。当事情无法被完整呈现在家长面前时，就会使这场沟通出现潜在的危机，最终造成家校沟通不畅，或引发更深层次的矛盾。因此，教师需要引导家长去了解孩子此时的心理，在孩子与家长面对面沟通之前需要引导家长明确四个要点：

（一）降低危机感

教师引导家长先冷静下来之后再与孩子心平气和地沟通，并引导孩子懂得成长中因各种原因而引发同学矛盾是正常现象，从而降低孩子内心的危机感。家长不应凭一次错误给孩子下定义，需要引导孩子真实、完整地讲述事件的经过，并引导孩子全面地表达自己的看法和感受。家长尽量不要打断孩子对事件的陈述，可以通过点头等微动作表示对孩子的回应，表明在认真倾听。

（二）立榜样作用

家长即使对于这件事内心有疑惑和不明，也应当冷静、客观对待，以合理、合法的方式来解决问题，为孩子树立良好的榜样。家长要理智地对待孩子所说出的话，不妄下论断。家长智慧、大度、豁达、宽容的态度是引导孩子成长的宝贵资源，甚至可以化危机为契机，给孩子生动地上好人生的重要一课。孩子在成长路上会犯错，如果家长以宽容之心待之，便教会了孩子以后在与人相处时正确的态度和做法。

（三）守底线原则

教师要指导家长在与孩子沟通时先明确一项基本原则，即"不找更多理由，多从自身寻找原因，特别是不能撒谎"。家长可以引导孩子明白每个人都可能会犯错，包括老师和家长，关键是犯错后我们用怎样的态度去对待。不可以因为害怕承担责任而说谎，说谎可能导致事件由简单变得复杂，甚至扩大化，造成严重后果。家长如果发现孩子能站在相对客观的立场上来看待问题，就要及时地肯定和鼓励孩子。当发现孩子的陈述出现一定偏差时，家长要正面引导孩子换位思考、基于事实、敬畏规则，并及时纠正。

（四）重情绪引导

教师还要提醒家长用理性、豁达、乐观的情绪感染孩子。家长应根据孩子的反馈正确看待、客观分析问题，不轻易上纲上线，把事件定性为校园欺凌甚至校园霸凌。

当家长明确这四个要点之后，再请孩子来还原事件的经过，就能更加清晰地明白孩子的心理过程以及内心想法。这样有助于家长在后期进行家庭教育的过程中与孩子建立信任感。在还原事件的过程中，教师需要全程参与，在家长与孩子沟通的过程中，若发现与初次沟通内容有出入时，教师应及时补充提问，去伪存真。教师在沟通中应让家长清楚地了解孩子语言变化的过程，同时也不能因孩子前后表达不一致而与家长发生冲突。

在沟通过程中，教师要指导家长不对孩子的行为做任何主观性评价，而应该不断引导孩子去客观讲述事情的经过。家长在交流过程中出现的评价性言语可暂时"搁置"，但教师必须要心中有数，通过家长与孩子的沟通过程去感知孩子的言语变化，同时判断家长对孩子的教育方式，以便教师在处理事件时给孩子以及家长提出具有建设性的意见。

三、三问而行：省其自身，担其所能

家长在了解清楚此次事件的经过后，如果处理方式只是一味地批评教育，就会使孩子情绪崩塌，家长也会受其影响而使交流无法继续。为了更好地达成此次沟通的目的，教师可引导家长将说教式的单方面输出改为"探究互动式"的引导，通过问题来引导孩子思考，教孩子学会自己解决问题。

一般来说，学生打架事件双方都可能有一定的责任，所以，教师在交流中需要引导家长鼓励孩子去勇敢面对问题，与孩子一起解决问题。家长可以尝试用以下"三问"展开与孩子的谈话。

（一）第一问：在这件事情中你是否有一定责任？

针对此次事件，不从教师或家长的角度来对孩子进行评判，而是让孩子思考自己的行为是否适当。家长可以给予孩子思考的空间和时间，引导孩子在反思时必须从自身出发，不批判和评价他人，从中发现问题。

（二）第二问：你觉得这件事怎样处理更好？

教师可以引导家长告知孩子，事件发生后应主动承担自己的责任。家长也应当给予孩子弥补的机会，帮助孩子选择温情而真诚的方式，让孩子

明白自己的错误需要以真诚的态度和负责任的行为承担，而家长会给予肯定和支持，例如当面道歉、书面道歉、询问是否要再次入院就医、在同学需要时陪伴同学……这样，孩子在具体的行为中既认识了错误，又与同学增进了感情，或许还会建立一段新的友谊。

（三）第三问：如果之后再发生类似的事件，你会怎么做？

教师可指导家长教育孩子在与同学有矛盾时采取何种方式更为合理，包括与同学产生分歧时、自身或他人情绪激动时、当他人的言语与行为令自己心生不悦时等，可以用具体的方法调整自己，避免发生口角之争乃至打架事件。比如，当情绪不稳定或者气愤时，可以选择多种方式宣泄，例如深呼吸、跑步、向父母或老师寻求帮助等。

一个班级由几十个来自不同家庭的孩子构成，不同家庭的教育方式及家庭环境使得每个孩子在人际交流过程中都带有各自鲜明的特点，对同一件事的看法与处理方式、表达情感的方式也各不相同，家长的处理方式也会有所差异。在突发事件中，及时与家长沟通，协调处理事件，引导家长协助教育孩子，是教师需具备的能力。

由此可见，在教师引导家长解决整个打架事件的过程中，教师需让家长明确身份的转变，家长不是到校接受批评，而是作为教育者与老师一起引导、教育孩子。在沟通过程中，家长不仅可以了解到与孩子沟通方式的多样性，还可以了解到教育方式的多样性。在交流中，教师要抓住学生打架引发的危机，将其转变为促进学生成长的契机，让家长充分感受到平等和友善，理解老师的良苦用心，学会用正确的家庭教育方法对待和处理。教师在引导家长"知其然"的基础上"知其所以然"，不只可以寻找到适合的教育和沟通方式，抓住教育的契机，还能提高家长自身处理应急事件的能力，从而提高家庭教育的质量。

以劳育人　家校同行
——教师指导家长培养孩子家务劳动的习惯

【导语】

在素质教育全面发展的今天，劳动教育的重要性日渐显现。家务劳动虽然是劳动教育的重要组成部分，却被很多家长所忽略。教师指导家长鼓励孩子参加家务劳动是一项长期而系统的任务，教师要逐步引导家长在家庭生活中培养孩子积极参与家务劳动的意识，使孩子在参与家务劳动的过程中有所收获和感悟，身心得到健康发展。同时，教师还要对家长的劳动观、教育观进行正向引导，开展专门面向家长的劳动教育动员。教师和家长需要关注孩子情感和智力的双重成长，充分利用家务劳动的机会，引导孩子全面发展，成为有品质、有素养、有责任感的合格公民。

继中共中央、国务院《关于全面加强新时代大中小学劳动教育的意见（2020年3月20日）》之后，教育部印发《义务教育劳动课程标准（2022年版）》，劳动课正式成为中小学生的一门独立课程。党的二十大报告中也提出要培养德智体美劳全面发展的社会主义建设者和接班人。劳动教育第一次被写入党代会报告，再次彰显其在"全面培养人、培养全面的人"中的重要地位。在小学这个学生成长的起始阶段，家长和老师需要共同培养孩子的劳动观念，采用适合小学生成长发展的劳动方式，提高其劳动技能。

一、小学开展劳育家庭教育指导的价值意蕴

（一）传承中华民族优秀品质，指导家长树立劳动最光荣的价值观

劳动是人类社会生存和发展的基础，是一切幸福的源泉。通过劳动，人们能认识到事物发展成长的规律，唯有付出才有收获；人们能发现事物

的结构变化以及之间的联系，学以致用，劳动实践中求真知；知道人世间的一切成就与幸福都源于劳动创造。在劳动中，人们还能知道父母的养育并不轻松简单，各行各业皆要奋斗创新。

家务劳动作为一种日常生活中的活动，不仅仅是满足生活必需的一系列工作，它也在很大程度上关系到家庭成员之间的感情和协调性。然而，随着现代生活节奏加速，家务劳动关系的不和谐已经成为许多家庭面临的一个现实问题，使家庭成员日益感到焦虑和疲劳。除此之外，我们还可能面对某些孩子"高分低能"的情况，这就需要培养孩子成为对社会有责任、有担当的人。教师指导家长开展家务劳动研究成为一个非常有意义的研究课题。

（二）指导家长均衡家务劳动分配方式，构建和谐互助的亲子关系

在家庭生活中，家务劳动分配方式对于家庭成员之间的相处具有重要的影响。教师要指导家长合理分配家务劳动，让所有家庭成员的劳动任务得到均衡分配，从而形成和谐的家庭关系，减少因家务劳动分配不均引起的家庭矛盾，让家庭氛围更加和谐。

针对家庭的不同需求和状态，合理制定家务分工方案。通过合理分工，让每个家庭成员都参与到家务劳动中来，从而提高家庭的劳动配合度，这样或可避免家庭成员因繁重的家务劳动而出现身心疲惫、亲子关系不和谐等情况。教师要鼓励家长与家庭成员共同探讨，给孩子做好示范，对于不同任务的分配和时间安排进行科学、合理的规划，制作家务分工表（见表4）以保证任务及时、高效完成；定期召开家庭会议，讨论前期工作的不足与改进措施，此过程不仅能增进家庭成员完成各项任务的配合度，还能一起商量遇到问题的对策。

表4 家庭成员家务分工安排表（以周末为例）

项目	具体内容	负责人	评分（1~3颗星）
早上	准备早餐	妈妈	
	准备碗筷	孩子	
	餐桌收拾、刷碗	爸爸、孩子	

续表

项目	具体内容	负责人	评分（1～3颗星）
早上	打扫卫生	一家人	
	整理各自房间	爸爸妈妈、孩子	
	洗衣机洗衣服	爸爸、孩子	
	贴身衣物	自己清洗	
	晾衣服	孩子、妈妈	
中午	买菜	一家人	
	洗菜	爸爸、孩子	
	做菜	爸爸、妈妈	
	收拾餐桌、刷碗	妈妈、孩子	
下午	家庭大扫除	一家人	
	整理收纳个人物品	一家人	
晚上	……	……	

此类分工表能使家庭所有成员参与到家务活动中，不但能减轻各自的劳动负担，还能增进彼此间的亲密关系。

（三）引领学生自主参与家务劳动，培养孩子社会责任意识

家庭是第一教育阵地，教师要指导家长合理安排孩子的家务劳动，并且引导孩子了解家务劳动的意义，培养孩子的勤劳、自立、责任感和协作精神，让孩子在日后的成长过程中能够更好地适应社会。在家务劳动中，孩子能学会如何承担责任，并按时按量完成任务。家长可以利用家务劳动的机会，逐步培养孩子对家庭的责任感和义务感，培养他们的自我约束和自我管理能力。

小 L 很喜欢吃甜点，每次都喜欢叫妈妈给她买蛋糕，但小 L 的妈妈考虑到外面的蛋糕太甜，也有添加剂，对孩子身体健康不太好，于是打算自己做。为了让孩子吃得更健康，同时培养孩子一起做家务劳动的习惯，小 L 妈妈购买了做蛋糕的工具和模具，并在网上搜集做蛋糕的视频，准备和小 L 一起做蛋糕。小 L 了解做蛋糕的步骤后，对做蛋糕非常感兴趣，一边观看

视频，一边在妈妈的帮助下做成了自己喜欢吃的美味蛋糕，并将蛋糕分享给爸爸和朋友们，别提有多高兴了。

经过这样的过程，小 L 爱上了做蛋糕，也渐渐喜欢上做家务劳动。在劳动中，孩子要慢慢承担自己的责任，参与到家庭劳动中来。这样的方式可以让孩子感受到自己被需要、被认可，从而产生自信心和荣誉感。

（四）帮助家长重塑劳动教育理念，掌握科学教导劳动的方法

教师要传递给家长"活到老学到老"的思想帮助家长及时更新教育观念，营造爱学习的家庭氛围。教师还要引导家长转变"劳动低能"的传统理念，全面认识劳动教育的教育性、实践性和社会性。习近平总书记也多次围绕弘扬劳模精神、劳动精神、工匠精神，崇尚劳动，关心劳动者等进行深刻阐述。在认知层面，教师要引导家长帮助孩子认识劳动的意义所在：劳动教育不是奖励或惩罚孩子的手段，而是让孩子在家庭劳动中充分感受到劳动的意义，认识到劳动最光荣。在个人发展层面，教师更要指导家长树立全面育人的发展观，将教育与生活相结合，改变传统固有观念，充分认识到教育的最终目的是促进孩子的全面发展，家庭劳动教育的最终目的不是为了孩子上一个好大学，而是让孩子学会幸福地生活。

二、小学开展劳育家庭教育指导的有效策略

（一）以课标为依托，分学段明晰劳动目标，按清单落实劳动活动

勤劳是中华民族的传统美德。中国人的劳动精神一代代传承，离不开正确的劳动价值观。新时代背景下成长起来的孩子接触家务劳动的机会与时间非常少，再加上有其他家庭成员的协助，更是缺少做家务劳动的机会。

根据《新课标小学生劳动活动指导清单》的相关内容，我们可以将家务劳动分为日常生活劳动、生产劳动和服务型劳动三类（如表 5 所示）。《新课标小学生劳动活动指导清单》将小学一、二年级作为第一学段，三、四年级作为第二学段，五、六年级作为第三学段。根据不同学段，详细给出了劳动素养要求和任务群活动建议，从劳动观念、劳动能力、劳动习惯和品质、劳动精神四个方面提出素养目标要求；生产劳动分为农业生产劳动、

传统工艺制作、工业生产劳动、新技术体验与应用四类；服务型劳动分为现代服务业劳动、公益劳动与志愿服务。

表 5　劳动课程内容分类表

日常生活劳动	清洁与卫生
	整理与收纳
	烹饪与营养
	家用器具使用与维护
生产劳动	农业生产劳动
	传统工艺制作
	工业生产劳动
	新技术体验与应用
服务型劳动	现代服务业劳动
	公益劳动与志愿服务

以二年级的自理活动为例，学校根据孩子的年龄特征，制订了针对二年级的家务活动方案——剥花生比赛。通过剥花生，培养孩子细心和协调能力，同时利用花生壳作一幅画或者一件艺术品，孩子们非常乐意参与到劳动中来，并发挥他们的想象将废物进行利用，制作出精美的图画和手工作品。

在"剥花生"的活动中，孩子们将花生一粒粒放到合适的位置，这不仅培养了孩子的耐心、细心，同时也锻炼了孩子的手眼协调性，增强了孩子的动手能力；通过创意画，实现了学科融合，让孩子进一步感受到劳动的快乐。

（二）以教师为引领，联动家长，协同设计组织家务活动

1. 划分年级阶段，分级劳动目标

教师在指导家长给孩子制定劳动目标时，一定要根据孩子的不同年龄段进行调整，不同年龄段的孩子在家庭劳动中达到的劳动目标也应有所不同。

（1）小学低段劳动教育的目标（一、二年级）

一、二年级的学生主要培养其自理能力，在简单的日常生活、生产劳动中，认识到人们的衣、食、住、行、用都离不开劳动，懂得人人都要劳动的道理。学生积极主动参与家务劳动，初步体会劳动对日常生活的重要

性，能在力所能及的劳动实践中体会劳动的艰辛和快乐，初步形成喜欢劳动、积极参加劳动的态度。

（2）小学中段劳动教育的目标（三、四年级）

三、四年级的孩子除了掌握基本的生活自理能力外，还能在日常生活劳动中发现存在的问题，选择和运用恰当的劳动技能加以解决；能在简单的生产劳动过程中了解常用的材料，认识并使用常用的劳动工具，能设计与制作简单的工艺作品，具备初步的植物种植、动物饲养的能力；在家庭、社区的服务性劳动中，初步形成关爱他人，积极参与家庭、社区建设的劳动意识和能力。

（3）小学高段劳动教育的目标（五、六年级）

五、六年级的孩子需进一步增强生活自理能力，能发现日常生活劳动中存在的问题，综合运用生活基本技能解决问题；能发现生产劳动中的需求与问题，运用基本生产知识与技能，选择合适的工具、材料，合作完成简易工业产品的设计与制作，初步具备从事简单生产劳动的能力；在服务性劳动中，运用已有劳动技能服务他人、服务学校、服务社区。

2. 寻找有效方法，细化劳动步骤

（1）认识并正确使用常用工具

教师需要指导家长教会孩子正确地认识和使用工具。首先，孩子需要了解每个工具的特点和用途。例如，洗碗机用于清洗碗碟和餐具，吸尘器可用于清洁地板和地毯。其次，孩子需要明白正确使用工具可以提高工作效率和工作质量，减轻家务负担。例如：在使用洗衣机时，可根据衣物种类和数量选择适当的清洗程序，以便衣物洗得更快更干净。

（2）准备劳动所需素材，明晰劳动流程

据了解，很多家庭都养有绿植、宠物，教会孩子照顾好家里的植物、动物也可成为家务劳动的组成部分。以盆栽为例，在家中养一些盆栽，可以让室内的环境更加美丽和舒适。对于想要在家中养盆栽的人来说，需要选择合适的盆器，要选择一个适合该植物生长的大小和深度合适的器皿，同时确保器皿底部有足够的孔，以便水能够流出；选择适合的土壤，盆栽的土壤应该是富含营养且排水良好的；种植盆栽，将植物种在盆中的土壤中，将土壤压实并拍平，确保植物的根系牢固；给予适当的水分，确保盆土湿润但不过于湿润，并避免过度灌溉；要提供足够的阳光，大部分植物需要充足的阳光才能生长，在家中尽可能地让盆栽接受到阳光；定期给予适当的养分，在适当的时间内给盆栽施肥，并根据所种植物的需要，选择合适的肥料。通过这些步骤，孩子就可以在家中成功养育盆栽植物，并享受到家庭绿色植物带来的美丽和舒适。除了绿植的栽培，教师还可以指导家长鼓励孩子进行厨房、客厅、花园、房间等相关事情的劳作。

以炒土豆丝为例，炒土豆丝是一道常见的家常菜，其制作流程基本上分为四个步骤。首先，准备土豆后，将其切成细丝；接着，将切好的土豆丝放入冷水中浸泡10～15分钟，再用纱布吸干水分；然后，热锅下油，等到油温六七成热后，放入土豆丝，小火翻炒2～3分钟至微黄，捞出沥油；最后，加入适量的盐和其他调味料即可完成一道美味又简单的炒土豆丝。总的来说，炒土豆丝的制作流程简单易学，只需要遵循以上步骤，就能轻松完成一道美味的家常菜。

（3）做好劳动细节，避免危险事故

家中很多地方都放满了生活用品，许多工具具有潜在的危险，教师要提醒家长关注孩子在劳动过程中的安全，避免意外发生。比如：天然气灶在使用时旁边不要放面粉；炒完菜后要关闭天然气灶，以免天然气泄漏；使用家电时，更要提醒孩子正确使用电源，在拆卸家电时要切断电源，并保证家电处于干燥的状态，以免发生危险。因此，正确认识和使用家庭工具是家务劳动的重要组成部分，也是保障劳动安全的关键。

（4）赞美学生劳动行为，做好正面劳动反馈

教师要鼓励家长和孩子一起劳动，感受劳动的巨大育人功能，懂得劳动对孩子身心发展的价值。教师指导家长要结合孩子年龄及家庭实际情况，积极学习、定好计划、做好设计，利用"整理房间、打扫卫生、器具维护、美化家庭、养护绿植、烹饪帮厨、家庭主题活动"等机会，把劳动教育融入日常生活中，让孩子坚持完成。家长教育孩子"自己的事自己做"的同时，也要践行"大家的事大家做"，家长要带头做好榜样示范，在"亲子劳动"和"家庭主题活动"中言传身教。

三、提升劳育品质的家庭教育指导建议

（一）制定家庭贡献奖励制度，调动孩子参与家务劳动的积极性

教师可以建议家长制定对应的家庭贡献奖，可以根据自身家庭情况设置一些家庭奖励制度，对于孩子积极参与家务劳动和家庭事务的行为进行鼓励和奖励，可以是一些小礼物、表扬信或者许愿卡等。

（二）保障参与家务劳动的时间，给予学生参与家务劳动的可能性

教师还应指导家长合理规划家庭时间，为孩子留出足够的时间参与家务劳动和其他活动，避免孩子一味地学习，也避免让孩子过度沉迷于娱乐休闲活动，尽量让孩子做到劳逸结合。

（三）营造良好的家庭劳动氛围，培养学生参与家务劳动的自豪感

教师还可指导家长营造良好的家庭劳动氛围，包括增加家庭互动、分享家务劳动心得和经验，让孩子在家庭中感受到温暖和幸福，从而逐渐形成对家务劳动的认同感和自豪感。

开展家务劳动研究对于家庭成员的身心发展和家庭关系的健康稳定具有重要的意义。教师应指导家长从小开始培养孩子的家务劳动意识和责任感，合理规划家庭时间和安排家务劳动任务，让孩子在家庭中学会劳动，成为德智体美劳全面发展的人。

新生适应　学法助力
——教师指导家长帮助孩子掌握学习方法

【导语】

刚进入初中的学生，在面对新的环境和人际关系的同时，还面临着突然增加的学业压力。当其不具备独立学习的能力和强烈的学习意愿时，就很难对时间和精力进行恰当的分配。当学习遇到困难时，不容易管理好自己的情绪。因此，七年级学生容易产生焦虑情绪。但一些家长对孩子所面临的这些问题无能为力，让孩子陷入无助的境地。教师可凭借自身的专业知识和技能，科学、有效地引导家长帮助孩子成功度过此阶段，使孩子尽快适应初中生活，成为健康自信、积极向上的初中生。

面对新的学习环境、新的同学以及突然增大的学业压力，一部分同学在初期较难适应，导致心理落差较大，无法快速适应当前的学习生活。在七年级这个需要奠基的重要阶段，教师需要引导家长帮助孩子正视当前所面临的问题，克服困难，提升学业成绩。

一、七年级学生面临的问题

（一）新学科课程的挑战性

中学的学业难度和学习总量通常比小学更大。学生在小学阶段主要学习语文和数学两门学科，英语则根据地区、学校的不同要求进行学习，其余课程大多是不涉及笔试的科目。但进入初一后，学习的科目变为语文、数学、英语、政治、历史、生物、地理等。所以进入初一后学生面临的不只是学习量的突然增大，还要适应新的学科、学习方法和作业要求等，他们可能会感到困惑或压力。

（二）新的学习阶段独立性

进入中学后，学生在校时间增加，家长监督的时间较少，而中学阶段对学生独立性和自律性要求比较高，但他们往往缺乏合理管理自己学习时间和休息时间的能力，没有很强的自我约束能力。骤然增加的科目让学生在制定学习计划时显得无所适从。他们无法根据自己的能力和习惯制定对应的目标，并承担起自我管理的责任。

（三）新的人际关系陌生性

学生进入初中后，会进入新的班级，接触到很多新同学。同学们大多来自不同的学校、不同的班级，彼此之间还比较陌生。所以，学生除了需要适应新的学校环境，还需要认识新同学、新老师并与他们建立联系。同时，学生需要对新加入的科目建立认知并掌握其学习方法，对于一些学生来说，这可能是很大的挑战。

（四）时间管理的不平衡性

七年级的学生面临多课程的学习，作业量明显多于小学阶段。并且随着孩子年龄的增长，他们还需要独立进行社交活动，同时保障各项兴趣爱好的学习。很多七年级学生尚无法合理规划时间去平衡各个方面的需求，初入学的适应期会相应延长。

（五）情绪管理的不确定性

进入中学，学生大脑快速发育，大脑结构发生变化，思维由感性向理性过渡。学生可能会经历情绪上的起伏和适应新环境的挑战。他们还可能面临来自学业、同学关系、学业规划等方面的压力，情绪也会受到以上因素的影响。

二、家长指导七年级孩子掌握学习方法的重要性

七年级学生的心理还不成熟，大脑的发育尚未完善，孩子在面对这些

复杂变化时需要家长的支持。教师作为家长和孩子感情的媒介，有必要让家长意识到该时期的孩子需要父母的陪伴和鼓励。教师可指导家长规范学生的常规，根据七年级孩子的常见问题做出反馈并提供情感支持，建立信任和沟通的关系。教师还需要指导家长与孩子一起制定目标和计划，提供学习上的支持和指导。同时，教师要引导家长多鼓励孩子参与社交活动，培养孩子的合作和领导能力，指导家长帮助孩子做好时间管理，了解秩序的重要性，提高孩子适应环境和解决问题的能力。

（一）提供情感支持

七年级的孩子抗挫折能力比较弱，心理尚未成熟，在遇到困难时很容易退缩。因此，教师要指导家长给予孩子情感上的支持，鼓励孩子勇敢面对挑战，帮助孩子建立自信心，形成积极的心态，让孩子知道他们并不孤单，他们的背后有父母支持、关心和帮助。

（二）建立信任和沟通

父母是孩子最可靠的港湾，教师要引导家长了解良好的亲子沟通和信任关系对于孩子非常重要。要学会接纳孩子的情绪，理解孩子面对的挑战，并且与孩子保持真诚、开放和双向的沟通。教师可通过与家长交流，了解孩子在学校中的感受，帮助他们克服困难和解决问题。

（三）制定目标和计划

中学阶段科目陡然增加，学生的时间和精力有限。为了更好地适应新环境的变化，教师可引导家长与孩子一起制定明确的目标和计划。例如：语文、英语晨读，各科目预习，错题复习与巩固等，以帮助学生在学业和个人发展方面不断进步，通过这一方式让孩子感知到前行需要有明确的方向，提高学生的学习动力。

（四）提供学习支持

七年级的孩子面临的挑战除了科目数量的增加，更多的是学业难度的增大，且学习方法也发生了很大的变化。此时，教师可以指导家长为孩子提供学习上的支持和指导，帮助孩子适应新的学习环境，包括教给孩子一些学习技巧，如记忆方法、听课方法、提高专注力以及快速记笔记的方法等，不断鼓励孩子；及时和老师沟通，共同帮助孩子在学业上取得进步。

（五）合理规划时间，养成好习惯

教师还可以指导家长帮助孩子合理规划时间，帮助他们合理安排学习、休息和娱乐时间。家长可以指导孩子处理好作业时间与玩耍时间，做到劳逸结合，这有助于减轻孩子的学业压力，避免因时间紧张产生焦虑，在合理科学的时间管理下提高孩子学习的效果和质量。

（六）培养适应能力和解决问题的能力

教师应该指导家长培养孩子应对挑战和困难的能力，并帮助他们尽快适应新环境。在面对困难时，家长可鼓励孩子积极应对；当出现问题时，与孩子一起分析困难发生的原因，让孩子自行寻找解决问题的方法，家长可在旁提供支持和指导。

通过教师的不断引导以及家长的配合，更好地帮助孩子尽快适应七年级的新环境，并从容地应对挑战，养成良好的学习和生活习惯。家长的关注和参与对孩子的学习和发展有着重要的影响，是促进孩子成长和自信心建立的保证。

三、教师指导家长的方法和策略

（一）教师指导家长管理孩子的作息时间

部分孩子因在小学时没有养成良好的作息规律，不会合理地规划自己的学习和休息时间。进入初中后，这种不规律的作息严重影响孩子的学习状态，导致这部分学生进入七年级后跟不上学习节奏。

七年级期中测试结束后，小 C 的妈妈迫不及待地向各科老师询问小 C 的成绩。在得知语数外总分各 150 分，而小 C 语文 86 分，数学 98 分，英语 75 分时，小 C 妈妈很不解地问道："他小学时，语文、数学都是 90 多分，怎么刚进初中就下滑那么严重？"在小学成绩比较优秀的小 C 考得如此不理想，他的妈妈心里有落差是正常的。但我向小 C 妈妈了解到，小 C 做事拖延，每天晚上到家加餐，喜欢和年幼的妹妹玩耍，加上洗漱等时间，每天要到晚上十点左右才开始做功课，每一次英语、语文背诵默写都不能保质保量地完成，成绩也就受到了影响。

首先，教师应该让家长正确认识到小学和初中的区别，学会放平心态，给予孩子一段时间的缓冲期；其次，教师还应指导家长帮助孩子调整作息时间，与孩子一起商量制作回家后的时间安排表，可以稍微详细一些，如到家时间、加餐时间、洗漱时间、复习时间、休息时间等。经过一段时间的调整，当孩子的作息时间安排更为合理且逐渐规律时，作业质量有所保证，成绩自然也会得到一定提升。

（二）教师指导家长管理孩子的情绪

刚进入七年级的孩子不仅要适应新的作息时间和新的科目，还要适应新的环境和人际关系。对于青春期的孩子来说，面对的困难可能来自多方面，一时无法自如地应对时，情绪也会反复无常。教师要引导家长学会包容和接纳孩子的情绪，面对孩子的一些消极表现，需和孩子进行有效的沟通交流，帮助孩子疏导不良情绪，引导孩子分析遇到的问题，鼓励孩子主动找寻办法克服困难。

小 L 进七年级快一个月了，家庭作业的完成质量不高，回家的背诵和默写也不能按时完成。妈妈每次教育小 L，小 L 都会和妈妈发生争吵。妈妈很无助地打来电话和我沟通，抱怨着小 L 不懂事、学习懒惰不自律等。妈妈说："每天晚上哄睡年幼的弟弟，等弟弟睡着了还要陪小 L 做作业，实在是太累了。"

当我和小 L 认真沟通后，才了解到小 L 在升入初中后，发现班里很多同学的英语都很好，自己的英语与其他同学存在差距。课堂上老师讲的内容自己理解起来非常困难，无形中就掉队了，心情很烦躁。他很想通过努力来弥补不足，但妈妈没有认可他的努力，久而久之便出现了消极的情绪。

从以上案例发现，妈妈没有察觉到孩子进入七年级之后的异常状态，孩子在遇到困难需要家长鼓励和帮助的时候，家长反而责骂多于关心，导致孩子进入一种消极的恶性循环。教师针对以上情况和家长进行沟通时,要教会家长去察觉孩子区别于平时的一些异常表现,试着询问孩子发生了什么,是否需要爸爸妈妈的帮助等,和孩子站在一起。同时,和孩子进行交流时要尽量和孩子共情,去感知孩子的情绪,站在孩子的立场去思考和评价。教师还要教会家长帮助孩子面对自己学习上的困难,梳理自己的不良情绪,教会孩子合理发泄不良情绪,如带着孩子去户外跑跑步、打打球等。

(三)教师指导家长帮助孩子学习

刚进入中学的学生,除对新环境、新教师有一些陌生外,在面对不一样的老师、不一样的教学风格时,难免会有一些不适应。教师要指导家长学习一些学法指导,正确地引导孩子学会适应不同老师的教学风格,指导帮助孩子更快适应新的学习环境,提高孩子的自信心。

小 A 同学在数学测试满分为 100 分的情况下只能考四五十分。有一次我拿到她的试卷,发现一道简单的角平分线的题是错的。经过和她聊天才发现,小 A 对角平分线的含义不太理解,更不能理解和角平分线相关的内容。于是,班主任联系了数学老师沟通小 A 的情况,数学老师思考后和家长取得了联系,并且给家长提供了一些非常容易操作的方法来帮助小 A 学习数学。在家长的监督和老师的指导下,小 A 的数学成绩有了较大的提升。

孩子进入七年级成绩不好,一方面可能是知识没有掌握好;另一方面可能是没有掌握好的学习方法,如预习、听课、复习等,在课堂上没有掌握某些关键知识的概念,不能灵活运用知识,导致学业成绩不理想。这时,教师一定要引导家长多和班主任、科任老师沟通,了解可以帮助孩子学习的基本方法,包括语文、英语的背诵任务,整理复习错题,预习时养成勾画的习惯,做题时进行时间的把控与预估等。

教师通过指导家长掌握亲子沟通技巧,帮助孩子做好情绪管理,协助并督促孩子平衡时间和娱乐,为孩子的学习提供方法指导,为孩子提供情感支持和鼓励。这样,在老师和家长的帮助和指导下,孩子才能更顺利地度过七年级这个特殊时期,成为一名不迷茫、有自信的初中生。

避免分化　平稳前行
——教师指导家长帮助孩子避免学业分化

【导语】

初中学生在步入八年级后，随着学科内容、知识难度的增加，部分学生会面临更多的学习困难，这让他们极易产生抵触情绪，影响学习的积极性，出现学习分化的问题。而一些家长缺乏客观分析孩子学业退步的能力，无法智慧地处理并解决此类问题，习惯将其归因于孩子愚笨、不努力，并将自身的焦虑情绪传递给孩子，这样不仅不利于提升孩子的学业成绩，还有可能让亲子关系陷入僵局，影响孩子的身心健康。因此，教师需分析学生的实际情况，指导家长找出孩子学业退步的真正原因，有针对性地采取有效措施，避免学生出现学业分化，减轻学生的学业焦虑，也减轻家长的教育焦虑。

学生进入八年级后，不但新增了一门物理学科，其他科目的学习内容也在逐渐增多，思维难度也不断提升，学生容易出现学习困难并出现成绩分化。面对学习上的挑战，一部分学生迎难而上，勤奋学习，学习成绩比较稳定且不断提升；也有一部分学生面对学习内容难度加大、学习科目增加，对学习信心不足，缺少兴趣，导致成绩迅速下降。无论是学生还是家长，如果对这一阶段缺乏足够的重视，未能及时调整心态和方式方法，就容易出现成绩滑坡。

一、主要影响因素

（一）缺乏学习兴趣

兴趣是最好的老师。学生学习的自觉性来源于对学习的兴趣，以此生发出克服难题的意志力和坚持的毅力。有些学生在小学阶段对学习兴趣不高，时间精力投入不是很多，但是也能取得不错的成绩。但不难发现，这类学生的底子薄、基础不扎实，加之学习态度或学习习惯不好，一方面他们会出现知识断层，另一方面他们在学习难度增加时容易自我怀疑，情绪低落。客观上，由七年级升入八年级，学生已逐渐失去刚升入初中的新鲜感和好奇感，同时面对新增学科和其他学科难度加大、知识点和学习任务增多，学习要求也随之提高。一些学生学习节奏跟不上，甚至感觉学习比较困难，在学习上花了更多时间却没有成就感，逐渐失去学习兴趣，甚至放弃某一学科或某些学科。反之，对学习有足够兴趣的学生能够快速地适应学习内容和学习深度的变化，从而更加积极主动地投入克服学习难题和挑战的过程之中。

（二）陷入情绪问题

一般而言，正处于青春期的八年级学生身体发育速度会快于心理发育速度，生理上逐渐成熟，心理上仍处于半幼稚与半成熟的阶段，表现为自我意识增强、情绪波动起伏较大等特点。家长如果对孩子期望过高或过分保护，孩子容易产生冲动或逆反心理，表现出不够理智的一面。八年级学生正处于人生观、价值观养成的关键阶段，他们期望得到同龄人的认同，在意自身的人际关系。此阶段身心发展的矛盾使得他们自制力相对较弱，经常情绪化地面对和处理自己的人际关系，容易产生焦虑，无法将注意力完全集中在学习上，出现学习精力不足的情况。

我在一线中了解到，一些家长习惯性地运用较为严厉的方法教育子女，使孩子被动地学习。孩子因缺乏自信，经常担心做不好事情，以至于缺乏主动性。面对八年级出现的学习难关，孩子可能会发现经过努力后也难达到预期的目标，从而缺少了学习的信心，削弱了学习的动力，使得他们慢慢产生自卑感。

（三）学法不够科学

从脑科学研究来看，人学习低效拖沓的原因是人的大脑存有躲避压力、犒劳自我的趋向。大脑很敏感，当学生感受到压力时，大脑就会发出担心的信号。比如，孩子想到待会儿要学习三小时，第一感受是累，第二感受是抗拒。又累又抗拒，却又必须要做，就会感到压力。常见的就是学生制定好学习计划后开始学习，坚持不久就通过刷视频、打游戏、网络聊天等方式进行放松，最终使得学习计划被打乱或者搁置。除了不会做合理的计划，很多孩子在老师的要求下都有自己的错题本，但是使用率却很低，没有发挥错题本应有的价值。

某中学教师曾在班上做过调查，90%以上的学生都称自己有错题本，但只有不到10%的学生会定期复习错题。绝大多数的学生长期搁置错题集，只有在考前才把错题拿出来复习。比如，D同学通常花了大量时间做题，大量时间整理错题，就是不肯花时间去复习错题。其实，考试的时候，D同学丢分的题通常是老师反复强调又被收集在错题集里的相关题型。

在以上案例中，D同学不肯花时间复习错题的原因有二：第一，做新题会更有成就感和收获感。其实，做新题就好比地面盖房，盖一层就看到一层。复习错题就好比竹笋生长，前面好几年必须是往地里面钻，地面上或许看不到快速的成长，但后期的变化是完全不一样的，盖房的速度远远没有竹笋拔节的速度惊人。D同学没有意识到复习错题本对自己在复习中的重要性。第二，心理暗示的作用。学生误以为把错题整理到错题本上就算掌握了。然而，事实并非如此。随着时间的流逝，记忆的留存率就会逐渐降低，而不断获取新知识和复习以往重要内容才能更好理解和记忆。学无定法，但一定要学会客观评价自身在学习上的优势和不足，不可好高骛远或妄自菲薄，要信任老师，学习榜样，制定适合自己的学习方法，有计划地学习，有条理地复习，才能更好地提高自身学习效率。

（四）思维模式不一

部分学生在小学阶段没有养成良好的阅读习惯，出现阅读速度慢、阅读理解能力较弱的情况。到了初中，仅凭刷题、机械模仿解题的方式来应考，缺乏逻辑推理能力，八年级学习理科时就容易掉队。同时，这个阶段的学习对学生的抽象逻辑思维能力提出了更高的要求。当学生未具备此类思维模式时，学习难度就增加了。这个时期的学生逻辑思维水平较低，基本处于形象思维阶段，抽象思维还在萌芽阶段。另外，基于个体的差异性，有的学生抽象逻辑思维发展比较慢，而有的同学发展比较快。所以，他们对中高阶知识的接受能力也存在很大的差异。

二、指导家长共同解决八年级学生学业分化问题的策略

随着社会的不断发展，很多家长已经认识到对子女进行智慧科学的家庭教育的重要性。关爱子女是为人父母的天性，正确认识并帮助八年级孩子平稳度过学习分化期是家长的责任。班主任和科任教师可以在七年级下学期的期末家长会上向家长介绍八年级孩子的身心特点，分析八年级学生容易出现学习分化的原因，让家长了解孩子即将面临的各科学习挑战，做好心理上的准备。进入八年级后，教师可以通过日常观察、考试成绩分析，与家长交流，找到孩子在八年级成绩下滑或起伏较大的原因，有针对性地对家长进行指导。

（一）树立正确的学习观和目标，激发学习兴趣

针对学生知识基础薄弱问题，教师在进行家庭教育指导前，应该先加强对学生日常学习过程的观察，帮助学生理性复盘，分析学习过程中"偷懒"的表现。

H同学十分偏科，每次都最先学习和完成喜欢的科目，那些不喜欢的科目总是放到最后，或是"偷工减料"；W同学按部就班，如学习英语只按照自己固有的学习节奏和学习方法，明知道自己遇到了"瓶颈期"，但却不认真分析自己的问题，面对自己的薄弱学科，也不及时调整学习方法；C同学缺少练习，尤其是理科方面，仅仅是停留在了自认为"懂"，而没有达到"熟"的程度，所以在知识方面并不过关。

在复盘的基础上，教师应当引导家长正视孩子的"偷懒"现象，告诉家长这是在当前学生群体中普遍存在且容易反复出现的现象，告知家长不要过于焦虑，也不能操之过急，而要具体问题具体分析。教师应指导家长正确看待孩子的学业成绩，孩子的成长比成功更重要。教师在帮助家长辩证认识成长与成绩关系的基础上，统一教育思想，加强教育合力，与家长共同指导孩子改变学习观，从"唯分数论"走向"全面发展"，从"要我学"

到"我想学""我要学",从重视结果走向重视过程,帮助学生增强耐挫力和意志力。

除了树立正确的学习观,教师还要引导家长帮助孩子设立远期和近期目标。孩子有目标,才会严格要求自己,迎难而上,越挫越勇;有目标,学习兴趣才会愈发浓厚持久;有目标,内在的成就动机才会被激发。如果孩子总不能达到目标,家长也应先接纳孩子当前学习的现状,与老师多做沟通,调整孩子的目标,将其定为最近发展区内的目标,使其既能从容地进行现阶段的学习,又能更愉快、更有动力地准备迎接新的挑战,不断取得下一阶段的进步。这就需要家长采取必要的措施来激发孩子的学习动力。比如:

(1)与老师保持沟通。根据老师的评价,进一步了解孩子当前的学习状态,如了解到孩子上课时走神减少、做作业更认真、时间管理更加高效等进步,要相应地给出鼓励与奖励。

(2)多观察,多肯定。家长在家可以适当地观察孩子的学习表现,对于孩子表现优异的方面应给予及时的肯定。例如:孩子提前完成了当天学习任务或在家里能坚持长时间的学习,家长要认可孩子的进步。

(3)运用综合素质评价表,关注孩子成长过程。综合素质评价表内容包括生活习惯、学习习惯、行为规范等各方面。家长应关心综合素质评价的各个方面,不只是作业情况、测验分数等,还要关心孩子课堂表现、劳动表现等。家长的关注和教师的关心不仅能够激发孩子学习的动力,还可以帮助孩子养成良好的学习习惯。

(二)制定合理的学习计划,正确使用错题本

针对学生学习方法不科学、学习效率低的问题,教师可以指导家长帮助学生制定合理的学习计划,或掌握错题本的正确使用方法,做好易错题的收集、整理、复习,提升学习实效。

制定合理的学习计划是一种有效的学习方法。家长们应该在孩子产生"畏难心理"前,引导孩子把学习任务拆解,把任务细小化,这样孩子才能更加清晰地了解学习任务,才能有足够的动力去完成。

过去孩子会对自己说,周末我得复习两个小时。现在,家长通过与孩

子拆解学习任务，引导孩子先把计划写出来。

家长：今天具体要复习什么科目？

孩子：英语、语文和数学。

家长：能不能再把复习方式描述具体一点？背单词，做阅读还是做题？

在家长的耐心引导下，孩子开始有了具体的学习任务和学习时间安排。孩子的具体做法如下：

打开英语教材单词表，看一看，读一读，写一写，熟记两个单元单词、短语。

打开语文练习册，读一篇文章，再回答两个问题。

翻开数学练习册，把之前的错题重新再梳理一次。

根据完成情况，逐个打钩，并做好完成情况记录。

教师需要引导家长让孩子明确错题本的基本框架，包括三个部分：原题、解答和结论反思。第一部分"原题"。学生在收集错题时，为了提高效率，对于文字较少的题目可以手抄，对于文字较多的，先复印裁剪，再贴上去。这样既可以节约时间，又可以形式多样地呈现原题。第二部分"解答"。学生要注重过程整理，不抄答案，重新思考，重做一遍。在做题时可以采用写出关键步骤和易错点的方式，这样，学生整理错题的速度就会非常快，在复习错题的时候也可以很快把握重点，复习速度也会更快。第三部分"结论反思"。学生可以寻找错题原因，并加以反思，从中学会迁移学习。

（三）注重训练、提高速度，合理作息、劳逸结合

针对阅读力、思维力等深度学习力欠缺的学习滑坡成因，教师需要指导家长帮助孩子刻意训练，提供合适的学习资源、学习策略，找到正确的"勤奋"方式。关于提高阅读能力，家长可以通过与语文、英语老师交流，给孩子布置适合其水平的课外拓展阅读任务，着重训练孩子提取信息、分析问题和思考的能力。家长可以鼓励孩子多读书，选择适合自己的书籍，在家里言传身教，培养良好的阅读习惯，并在阅读后进行交流，鼓励孩子深度思考。关于思维力的提升，家长可以在闲谈时与孩子交流、探讨新闻事件，引导孩子从多个角度去思考问题，训练孩子分析、推理、归纳和总

结的能力，在孩子复习学科单元知识时鼓励其运用思维导图等工具，帮助理清思路和构建框架，从而提高思维水平和思考能力。

除此之外，教师应引导家长让学生专注地学习。比如很多家长认为，忙碌代表"生产力"。只有学生长时间端坐在书桌面前学习，家长才心安。教师需要让家长了解适当减少整体学习时间，能让孩子更加专注于重要的事情上。所以，当孩子始终觉得无法专注时，给孩子适当任务并规定适当的时间，并要求孩子在规定时间内完成，然后逐步缩短规定时间，孩子就会因为学习时间减少而更加珍惜时间，自觉减少无意义的玩耍时间。教师还需要引导家长帮助孩子进行训练，加快速度，提高学习效率。

总之，解决八年级学生的学习分化问题并不是一蹴而就的，也不是教师在教育教学过程中单方面努力能实现的，教师要结合学生的实际情况，引导家长针对学生的学业问题进行全面的指导，帮孩子掌握更适合自己的个性化的学习方法和技巧，鼓励孩子大胆创新、劳逸结合，共同品味学习的乐趣，积极勇敢地面对学习中的困难。

冲刺中考　赋能成长
——教师指导家长帮助孩子复习迎考

【导语】

中考对于九年级学生而言是一场非常重要的选拔性考试。对于家长来说，中考是孩子人生转折的一次大考验，但不少家长在孩子面临中考的巨大压力时，却不知该如何帮助孩子缓解压力，没有有效的办法去疏导孩子在中考冲刺阶段的心理焦虑，甚至表现得比孩子还要焦虑。这种焦虑不仅不能帮助孩子解决实际问题，反而会影响孩子的学习积极性和心态。因此，教师要帮助家长认识到自己在孩子备考过程中承担的角色和任务，并指导家长如何在孩子所处的不同复习阶段扮演不同的角色，并学会减压和舒缓焦虑情绪的方法，既可以是"数据分析员"，又可以是"梦想拟定员"，还可以是"学习鼓励员"和"后勤辅导员"。总之，不同的角色在孩子的每个学习阶段都能发挥不同的作用，用具体行动去帮助九年级学生做好复习，准备迎考。

九年级的学生大体可以分为三类：第一类是学习目标清晰，志向是考高中的学生；第二类是学习已无动力，家长和学生比较倾向于职高类；第三类介于二者之间，学习能力中等，目标不太清晰，容易受周边环境的影响而经常动摇的学生。无论是哪一类学生，在中考复习阶段都容易受到来自外界或自身的影响，陷入浮躁。教师可以从以下方面指导家长帮助九年级学生做好复习总部署，完成初中三年最后的冲刺。

一、指导家长学做"数据分析员"

学生进入九年级后，课堂容量增大，学习节奏加快，面对中考的压力，很多学生既紧张又无助。除了在学校紧跟学科老师的步伐外，家长们总是希望孩子回家也能够好好利用零散的时间进行冲刺。所以，教师指导家长从意识上转变和制定科学有序的复习策略就显得尤为重要。

"知己知彼，百战不殆。"中考对于九年级的孩子们来说是一场硬仗。此时，教师需要指导家长学做"数据分析员"，了解不同阶段孩子的学习情况。

（一）分析近三年中考形势

教师需要指导家长引导孩子研究近三年的中考试题，分析试题的考点范围、知识点的难度，也可以主动找老师一起分析。同时，教师还要指导家长主动去了解最近三年的录取分数等，再根据孩子进入九年级后最近阶段性的成绩进行分析，与近三年的录取分数进行比对，以此评估孩子当前的整体情况。

（二）分析进入初三后的每一次作业练习

之所以要分析和关注初三后的每一次作业练习，是因为学生进入初三后，已完成了初中阶段的大部分课程，下学期即将进入有序且紧张的总复习阶段，下学期的作业练习能够较为准确、客观地反映出孩子的学习状态和问题。

小 C 在近期的数学作业练习中效果均不理想，通过分析他的作业发现，小 C 的选填能力还比较薄弱，总是会丢一些几何方面的分数。同时，计算题中的有理数混合运算及分式方程题不能做到完全正确，解答题关于反比例函数的题目只会做第一小题等。通过对他的数学作业进行分析发现，小 C 的薄弱点在于几何和计算问题，当然也有其自身原因，如粗心、畏难情绪等。找出他的问题所在后，经过分析发现，小 C 不是所有涉及计算方面的知识点都有问题，而是负指数幂和去绝对值的知识点掌握得不够好。于是，数学老师便对小 C 进行针对性的训练，问题得到解决。

二、指导家长要学做"梦想拟定员"

"凡事预则立，不立则废。"如果家长们要坚定地完成好一件事情，那一定要有比较清晰可行的目标，才能帮助孩子找到奋斗的方向。教师需帮助家长与孩子一同制定一份有可操作性的复习计划。当然，该计划不能好高骛远，一定是结合孩子自身能力和实际情况制定。

（一）制定明确的奋斗目标

教师在指导家长帮助孩子完成成绩分析后，还可以指导家长帮助孩子锁定一所与之实力较为匹配的学校，这样孩子学习时就有了目标和希望，学习的动力也会持久，不易放弃。然后，家长再和孩子一起拟定一所心仪但微高于孩子能力的学校，这样孩子有了冲劲，便有了更强的毅力去约束自己的行为，或许孩子通过努力真的就可以实现。最后，家长和孩子商量，当中考考试失利后是否考虑职高类学校，若孩子愿意考虑，则家长可以和孩子共同商讨，便于孩子有更多的选择。

（二）规划具体的目标内容

方向是一切行动的导向和指引，计划一旦制定，教师就要开始引导家长为实现共同制定的奋斗目标拟定具体实施方案。这里说的是"具体"，也就是事要做到实处，不能模糊不清，这样容易让孩子迷茫。能落实到行动的目标才是真正可以实现的目标。教师在指导家长对后期行为进行规划时，一定要注意以下两点：

1. 目标要细化

如某学生比较擅长语文，其他科目稍逊一筹，这时复习起来要抓的知识就太多了。教师要指导家长先帮助孩子找出自己最薄弱的科目，或者最易提升的科目。若最薄弱科目为英语，那么，教师就应该指导家长去帮助孩子找到英语具体哪些知识点薄弱，细化到具体的某些或某个知识。若是句子不能读懂和理解，那可能是单词的储存量还不够，家长就可以督促孩子每天在固定时间进行某册单词的认读和听写；若是听力出问题，那家长就利用空余时间每天给孩子练练听力，多听、反复听，才能从量变到质变，让孩子有相应的提高。

2. 目标要合理

教师也可以指导家长根据孩子的薄弱科目对孩子进行期末目标分数的设定，如果孩子在之前的期末测试中，某科分数在 40 分左右，那么家长可以鼓励孩子将目标分数定在 60 分至 70 分。通过有针对性的训练，孩子达到这个分数后，就会有成就感，从而保持学习热情。教师一定要提醒家长不可好高骛远，不要一开始就给孩子定 80 分、90 分，这样的目标对于孩子来说简直是遥不可及，孩子使劲努力也不容易达到，这会让孩子越来越没有信心和动力，从而放弃努力。

（三）安排详细的校外时间

九年级的学生在校期间几乎是跟着老师的复习节奏在学习，能够自由安排的时间少之又少，课间孩子们需要适当休息，部分学生也会利用此时间主动向老师请教问题。家长需要引导孩子学会整理和安排时间，找出校内和校外的零碎时间，并学会利用这些零碎时间。

小 D 是一名走读生，平时早上 6 点半起床，由妈妈开车送去学校，大概花费 20 分钟。小 D 午休是在学校休息，下午 7 点放学回家，睡觉时间为晚上 10 点左右。她表示每天在学校里学习内容多、任务重，回家还需要对当天的学习内容进行复习。如何更好地安排学习时间和学习内容？小 D 陷入了困境……

1. 利用好碎片化时间

学生的碎片化时间是指在学习之外，由于各种原因（如等待、间隙、杂事等）所产生的时间片段。这些不完整的碎片化时间通常不适合用来学习和完成任务。这些碎片化时间虽然零碎，但是如果能合理利用，仍然可以用来进行一些有效的学习，或完成一定量的学习任务。例如：学生在吃早餐时，可以听早间新闻，了解时政新闻，养成关心国内外时政大事的良好习惯，并开阔视野。

2. 利用好晚上睡觉前时间

教师要引导家长规划孩子睡觉前的时间。孩子吃完晚饭需适当休息，家长也可以陪伴孩子散散步。另外，孩子也可以对自身薄弱的学科进行强化训练，做好查漏补缺。在睡觉前，可以总结和分析当天的学习情况，及时调整复习进度，也可以在睡觉前听听音乐、看看优秀的文章等，做到劳逸结合。

3. 利用好周末和寒暑假时间

教师还可以引导家长利用好周末和寒暑假，和孩子一起制订出合适的作息计划，计划一旦制定便要严格执行。为了让孩子养成良好习惯，计划可以对具体的学习任务、时间节点进行规定。同时，根据孩子的学业情况，可以安排适合的内容进行训练，弥补孩子在学习上的知识漏洞。另外，教师还要指导家长多鼓励孩子去参与体育锻炼或走进自然，让孩子在运动的过程中产生舒适感和愉悦感，因为放松也是一种好的学习准备。

三、指导家长要学做"学习鼓励员"

古人云："欲知平直，则必准绳；欲知方圆，则必规矩。"其实，孩子不是天生就会自律的。对于大多数孩子来讲，需要依靠他律。所以，教师在指导家长对孩子的学习进行监督和陪伴时，立规矩是关键的一环。

小 E 是个自觉性较差的孩子，每天因为各科作业完成得拖拖拉拉，一会儿去上个厕所，一会儿去喝杯水，一会儿抠抠手，一会儿发发呆……别人一个小时能完成的作业，他能磨蹭两个小时都完不成。他告诉我，其实他也想快一点完成任务，但是想到时间还比较充裕，就觉得拖一拖也没问题。就这样，小 E 总会找很多理由去拖延本该当下完成的事，导致和家长矛盾频发，自己也后悔不已。

（一）由他律到自律

面对不自律的孩子，教师可指导家长首先引导孩子认识时间、管理时间、利用时间。家长可以给孩子准备好一本任务便利贴和一个成果夹，对于每天需要完成的任务，让孩子抽出三两分钟将其罗列出来。然后，按照自己喜欢或习惯的方式完成。完成一个就在任务后面打钩，这样既有完成任务的成就感，又能做到不遗漏任务。最后，将完成的作业、任务按学科装到成果夹中，以便后期复习。当孩子看到任务越来越少、成果越来越多时，不仅可学会规划学习，也能获得一定的成就感。

（二）当日事当日毕

教师要引导家长督促孩子完成每天制定的学习任务，并根据完成情况进行自我评价。家长结合孩子的自我评价，从正面给予引导，让孩子逐渐学会当日事当日毕。同时，家长可以根据实际效果，给予孩子一定的精神鼓励和物质奖励。

（三）打造安静空间

教师要指导家长在陪伴和监督孩子学习的时候为他们排除各种干扰，营造一个相对安静、能让孩子静下心来学习的环境。孩子们需要的不是家长在旁看手机、刷视频的无效陪伴，而是来自父母真正的爱与关心。如果是有二宝或者多成员的家庭，家长更要给孩子一个相对独立的空间，避免孩子被噪声干扰，以保障孩子注意力集中。

四、指导家长要学做"后勤辅导员"

《战国策·触龙说赵太后》一文中说道："父母之爱子，则为之计深远。"天底下没有不疼爱孩子的父母，但更应为他们长远打算，不能只顾眼前得失。尤其是九年级孩子的家长，面对孩子一次次考试，若只关注孩子的成绩而忽视孩子的身心健康，就会显得得不偿失。

小F是个成绩平平但还比较上进的孩子，可是他的父亲却是个急性子。他发现孩子最近几次的考试成绩都没有达到理想的分数，情急之下就批评了小F，并认为小F不够刻苦和努力。接下来的一段时间里，小F的成绩下滑较大，整个人也比较消极。家长发消息给老师表达了自己内心的焦虑以及当下管理孩子的迷茫。有些事不知道是该管还是不该管，有些话是该说还是不该说……

（一）放平心态

教师要引导家长放平心态。随着复习备考的任务向前推进，孩子的压力也会逐渐增大，或许他们会因为某次考试不理想而陷入自我怀疑，也或许会因为家长的一句无心之言耍小脾气，又或许他们会因为进入中考冲刺期而感到焦虑不安，这些都是正常现象。作为家长，要学会理解并站在孩子的立场去考虑问题，多一些包容和理解，同时不要和孩子斤斤计较，此时的孩子更加需要家长的担待和耐心。

（二）自我放松

教师还应指导家长帮助孩子正确地释放压力，家长们需要了解和学习必要的心理知识。家长先学会自我放松，才能帮助孩子缓解紧张的备考压力。比如，教师可以鼓励家长们做如下事情：和孩子在家一起做做运动，也可以去户外跑跑步；和孩子一起散步、谈心交流；和孩子一起做美食，可以让孩子更好地体会父母的不易，感受生活的艰辛，培养孩子感知幸福生活的能力等。

（三）还话语权

教师在指导家长和孩子进行有效沟通时，应该让家长明白一个道理，家长说得越多，可能会让孩子越反感。如果孩子老是被动地接受家长的建议和说教，那孩子便会越来越没有主见和想法。相反，如果孩子在失败和有疑问的时候，家长将话语权还给孩子，让孩子自己提出问题和解决方案，对于孩子而言则是有益的。当孩子表达后，家长可以结合孩子的内容，共同与孩子讨论、分析，一步一步让孩子学会如何有效解决问题。

总之，家长在整个九年级冲刺复习阶段起着举足轻重的作用，教师要引导家长坦然面对，不能自乱阵脚，也不要焦虑过度，多与孩子沟通交流，了解问题症结，才能更好地帮助孩子解决实际问题，促进孩子身心健康，凝聚家校教育合力，为孩子中考冲刺助力，为孩子成长赋能。

自主分析　学会反思
——教师指导家长帮助孩子进行考后分析

【导语】

"双减"政策不仅是为了减轻学生的学业负担，还是为了构建良好的教育生态。培养学生学习自主性是家校共育的重要任务之一，是让初中生可持续发展的重要手段。中学生自我认知度不高，自主分析、反思能力偏弱，家长也因文化程度、教育方式等差异常常忽略孩子考后自主分析、反思的重要性。教师可引导家长从情绪稳定、试卷分析、状态分析三个方面入手，在考后积极与孩子交流互动，坚持开展考后分析，帮助孩子养成自主分析、反思的好习惯。

考后分析是指学生在参加考试后对自己的表现、成绩、试题等进行分析与反思的过程。这种分析有助于考生分析自己的学习状态和学习能力，挖掘学习潜能，改善学习策略，从而提高自信心，并及时调整学习方法。

一、指导家长帮助孩子进行考后分析

（一）疏导考后情绪

阶段性学习的结束往往伴随着考试，学生对于此阶段性的结果始终抱有一定的期望。期待着分数，也常常被分数左右。若分数超出预期，可能会得意忘形、骄傲自满；若分数低于期待，可能会心灰意冷，一蹶不振。此时，疏导孩子的情绪尤为重要。教师应指导家长不被孩子的情绪所左右，无论孩子分高分低，都应先找到孩子的闪光之处加以肯定，再寻找一个平衡情绪的入口，引导孩子冷静下来，逐步开始分析此次考试的成败。教师要特别提醒家长，当分数不尽如人意的时候，需要做到如下几点：首先，家长要管理好自己的情绪，不进行对比或过度责备，避免让孩子产生学习上的畏惧心理；其次，家长应明白孩子此时的心理需求是得到理解和帮助，自己应理解孩子内心的想法，帮助孩子一起面对、分析、反思，给予孩子足够的支持和包容。

性格内向的小 L 因考试分数不如从前，回家后闷闷不乐，面对家长的询问也不愿交流。老师经过不断沟通，了解到小 L 妈妈是一个严格且特别在意成绩的家长。原本小 L 妈妈在外地的一家工厂上班，但由于小 L 上初中后几次考试成绩连连下滑，妈妈便毅然决然地辞掉工作回家陪小 L 学习，希望通过自己的陪伴和监督，能够让小 L 考上理想的高中。家长对小 L 的这种关心和期待无形中给小 L 造成了很大的压力和负担，小 L 在得知自己考试没考好后，很自责，觉得对不起妈妈。

就以上情况而言，教师可以指导家长先安慰孩子，疏导孩子的情绪，肯定孩子平时的努力付出。同时，教师也要指导家长转变思想，不要"唯分数论"，减少对孩子成绩的过多关注。教师还可以指导家长讲述名人或身边人的学习故事，以此来激励孩子，帮助孩子形成面对挫折迎难而上的心态。在孩子情绪平复后，教师要指导家长正确面对此次考试，试着引导孩子勇敢面对此次分数，分析失分点和原因。一次失利并不可怕，从失败中汲取经验、不断前行才至关重要。

（二）进行试卷分析

初中阶段相比小学阶段，学科多、难度大。中学生不再像小学生一样花大量的时间主攻两个学科，而是多学科并驾齐驱。因此，阶段性测试比较能准确地反映出当前一段时间或者某时学生的学习情况，同时测试也是一次很好的学习机会，因为试卷囊括了本阶段大部分知识点，对于孩子的查漏补缺起着重要作用。但部分家长会陷入只关心孩子考试分数的误区，只有少数家长会和孩子讨论考试的难易程度、具体考查的知识点，分析孩子的薄弱点等，"唯分数论"的态度会让孩子错失向考试学习、对知识进行查漏补缺的机会。

小A同学在学习英语学科时很认真，每天都抽出时间背单词，但是成绩总是在及格边缘徘徊。平时，妈妈也守着小A学习英语，可英语成绩就是不见提升，妈妈也感到很着急。为此，老师和小A同学进行了沟通，了解到小A妈妈每天都会坐在小A旁边守着自己做作业，每次英语测试后妈妈一看试卷分数不高，总是一脸失望，并对自己言语教训，希望自己好好努力。

家长欠缺方法的指引、一概而论的教育方式会打消孩子的积极性，使得孩子缺少学习动力。为了改变其现状，教师可对家长进行以下指导：

第一，教师要鼓励家长与对应的学科教师取得联系，了解该科的学习特点和方法技巧，客观分析孩子在该学科上的优势与弱势。

第二，家长要和孩子一起分析每张试卷的得分点与失分点，找到孩子英语科学的问题所在。只有了解了孩子学习英语的不足之处，才能更有针对性地帮助孩子进行知识的学习。如孩子是单词积累量不足，建议家长可以每天给孩子进行单词的复习和听写。

第三，教师要引导家长关注孩子使用错题本的习惯，鼓励和陪伴孩子坚持订正错题，厘清所用到的知识点和解题方法，归纳常错题型，加强训练。

（三）分析孩子状态

分数虽然不能代表一切，但也能反映孩子在某个阶段的学习状态和学习效果。教师可从以下方面指导家长帮助其分析孩子近期的学习状态，找出原因，对症下药。

第一，分析孩子学习的主动性，和孩子一起总结反思孩子的课前预习、课中参与、课后作业等学习习惯的优缺点。

第二，分析孩子学习专注度，家长和孩子一起总结、反思孩子是否存在分散学习精力的情况，如交友困扰、沉迷小说游戏、迷恋明星等。

第三，分析孩子情绪状态，家长和孩子一起总结、反思是否存在杞人忧天、自怨自艾、患得患失等不良心理状态。

小R同学考前因作业做得很好，得到了老师的肯定，但考试分数却很不理想，让老师、家长都难以置信。教师建议家长从孩子的学习状态入手，进行分析反思，最终发现，成绩下滑的原因是小R同学沉迷于手机游戏，每天晚上都将自己关在房间里。为了更快地完成作业，小R用手机查询答案，完成作业后便在游戏里放纵自我，经常玩到半夜一两点才肯睡觉。找到孩子成绩下滑的原因后，小R家长在老师的指导下就手机问题与孩子约法三章：读书日不玩手机，周末每天玩手机的时间不超过两小时，坚持做到以上两点后，可以出去玩一次科技馆之类的地方；同时，家长在老师的帮助下，陪着孩子对本次考试进行了试卷分析和反思，也拟定出了相应的解决方案。

（四）制定目标追踪

目标是前进的动力，它能激活学生学习的主动性。在考后的分析反思中，教师还应指导家长与孩子一同制定有可行性的目标与计划，让孩子在反思的基础上有所突破。同时，家长给予孩子目标奖励，便于触发孩子的行动力。当然，考后分析也不是一期一次，教师可引导家长定期追踪孩子计划的实行进程、再次分析、反思，将分析、反思落到实处，促使学习进入良性循环。

小W妈妈在家校沟通中讲出了自己的困扰。小W数学积极性差，上期数学分数也低，自己与孩子很认真地做了试卷分析、状态分析，但感觉没有任何作用与效果，小W的数学依旧没有起色。她不知道问题出现在哪里，为了这事很是苦恼。

针对以上情况，教师可建议家长在考后分析时一定要制定一个短期易完成的计划或目标，目的是帮孩子掌握知识，刺激其学习兴趣。例如：每周把错题再做一次，连续三周完成良好，可奖励大餐一顿。在孩子实行计划期间，建议家长定时追踪，如每周一询问或检查一次，协助孩子一同实现目标。短期小目标完成后，家长便可制定时间稍长、难度稍大的目标，以此类推，用循序渐进的方法帮助孩子逐步实现更远大的学习目标。

二、创设多种形式，提供家长学习交流平台

（一）开展线下指导活动

班主任可邀请班级科任教师在家长会、家长开放日等活动中，在班级内进行相关学科的讲解，帮助家长科学系统、有针对性地了解帮助孩子进

行考后分析的方法。如初二英语难度跨度大，学生想得高分难，家长们对英语不但陌生，而且考后分析也没有具体的方法。这时，可请英语教师指导家长如何帮助孩子进行考后分析，集体指导结束前可留出充足时间给教师、家长交流讨论，让家长在交流讨论中找到方法。

（二）开展线上指导活动

教师要充分利用学校公众号、班级微信群等网络媒介平台，让"指导考后分析"活动线上、线下都可进行，如定期在公众号等推送优秀案例、教育理念等供家长学习，同时也要注意收集家长的困扰，以使教师的指导更有针对性。

（三）开展家长经验分享活动

定期开展线上线下经验交流会，邀请经验丰富、有成功经验的家长分享经验；嘉奖执行"指导考后分析"优秀的家长，为其他家庭的教育做出榜样和提供借鉴参考，或邀请家长分享指导中的困扰，大家集思广益，解决问题的同时也可唤醒家长在家庭教育中的主动性、积极性。

（四）开展个体指导活动

班主任与科任教师做好沟通，固定一个时间段为家长提供学科一对一的分析指导，并鼓励家长积极参与。在班级群中选择一个固定的时间段，班级全体教师团队为家长提供指导咨询服务。

（五）家访入户实地指导

教师可通过家访形式，深入学生家庭，真切了解家庭背景、氛围，提供有针对性的指导方案、解决策略。在家访交流中，教师需向家长反馈子女在校表现，同时肯定家长在家庭教育中的付出，用正向、积极的观点调动家庭教育良性发展。

考后分析在家庭教育指导中常常被忽略，教师在指导中不仅要以家长为本，不忘服务根本，俯身倾听家长诉求、耐心指导、持续性追踪，还应关注家长、孩子情绪感受，用肯定赏识的态度不断激发家长参与性和孩子的自主性，使家庭教育指导考后分析进入良性循环。

面对挫折　勇于应对
——教师指导家长帮助孩子正确面对挫折

【导语】

孩子在成长过程中，经常会遭遇学习、生活、人际交往等方面的挫折。这些挫折是不可避免的。当孩子无法将挫折转化为前进的动力时，挫折就可能会使孩子产生失望、焦虑、无助等情绪，导致孩子的自尊心受损。家长和教师作为孩子成长过程中最直接的教育者，需要协同一致地去帮助孩子走出困境。在孩子遇到挫折时，应以理解、鼓励、支持的态度去引导孩子，鼓励孩子多包容、多尝试，学会自我调节情绪等，让孩子在直面挫折的过程中不断增强勇气、韧性和自信，从而提高自我调节和自我控制的能力。

教师在家校共育中需要具备多方面的能力和素养，包括关注学生综合素质发展、促进家校合作、良好的沟通和管理能力等。教师不仅仅承担教学工作，更需要承担起促进学生全面成长和发展的责任。其中，教师与家长需要共同引导学生明白遭遇挫折是难免的事情，需要在学习与生活中勇敢面对问题、接近问题、解决问题，进而提高学生的耐挫能力。

一、指导家长认识挫折的概念和产生原因

在家庭教育指导中，教师需要引导家长了解挫折，认识挫折产生的原因是多种多样的。挫折是指人们在有目的的活动中，遇到无法克服或自以为无法克服的障碍或干扰，使其需要或动机不能得到满足而产生的障碍。学生在成长过程中难免会遇到各种各样的挫折，这些挫折可能会促进孩子的成长和发展，也可能会对孩子的心理造成不良影响。因此，教师要指导家长在孩子遇到挫折时，学会正确面对失败和逆境，以此来增强孩子的适

应能力和自我调节能力。常见的挫折包括以下类型：

（一）学习上的挫折

学生在学习过程中难免会遇到一些困难，这些困难可能会让孩子感到挫败和失落，尤其是在考试不理想、作业得分低等情况下。这些挫折会对孩子的自信心产生影响，使学生畏惧尝试。因此，教师需要引导家长及时发现孩子当前的学习问题，帮助他们找到问题所在，并提供相应的解决方案。同时，教师也要引导家长对孩子进行心理疏导，鼓励他们勇敢面对挑战和困难，以战胜困难获取的成就感来激发内在的学习兴趣和动力。

（二）社交上的挫折

学生在与同学相处中也可能会遇到一些挫折，特别在沟通不畅时发生矛盾。这些挫折会对孩子的自尊心和自信心产生影响，使他们感到挫败和无助。教师需要引导家长关注孩子情绪上的变化，重视孩子的交友问题，及时与孩子交流，了解孩子的想法和感受。同时，教师也要引导家长教会孩子正确处理与同学之间的关系，帮助他们建立健康的人际关系和交往方式，提高孩子与他人建立友谊和呵护友谊的能力。

（三）情感上的挫折

家庭中突发的变故，例如父母离异、亲人去世等，也会对孩子的心理造成很大的影响，如果处理不当，就会阻碍他们的情感发展和健康成长。教师需引导家长关注孩子的情感变化，给予他们必要的情感支持和关怀。同时，家长也要让孩子尝试合理表达自己的情感，并积极应对生活中的挫折和困难，以增强心理韧性和适应能力。

二、指导家长正确认识挫折对孩子成长的影响

著名心理学家马斯洛说："挫折未必总是坏的，关键在于对待挫折的态度。"可见，挫折会给孩子带来困惑和迷茫，但它却是孩子成长中重要的一环。因此，教师引导家长帮助孩子了解挫折仍有许多积极的影响。首先，

教师要引导家长正确看待挫折在孩子成长过程中的积极意义，理性的对待方式可以让孩子更好地了解自己。在面对困难和挫折时，应给予孩子足够的空间，引导孩子认真思考自己的行为，并制定应对之策，以此引导孩子发现自己的优势和劣势，找到适合自己的发展方向。其次，教师需引导家长明白挫折可以帮助激发孩子的潜力。在面对挫折时，家长需要鼓励孩子寻找不同的方法和思路来解决问题，以激发孩子的创造力和创新精神。孩子通过不断尝试和摸索，发现自己的潜力。最后，教师引导家长学会运用挫折来培养孩子的自信心和坚韧精神。在面对挫折时，孩子需要努力克服困难，这可以培养孩子的毅力和耐力。当孩子克服挫折时，他们会感到自信和满足，从而更加坚定自己的信念和目标。

三、教师引导家长教育孩子正确对待挫折的策略

（一）帮助家长了解挫折教育的重要性和必要性

教师在学生和家长之间扮演着重要的角色，除了引导家长关注学生的学习和生活，还需要告知家长关注学生的心理健康和成长。教师可以将挫折作为一种重要的教育素材，引导家长从多方面帮助孩子更好地应对挫折和困难，提高心理素质和抗挫能力，助于孩子的成长和发展。

小 M 同学因在校级体育比赛中失利，感到非常失落和沮丧，这些情绪影响了他的学习和生活。教师关注到这一现象后，及时与家长沟通孩子的情况，客观地分析了孩子出现问题的原因，并指导家长抓住此次教育契机，引导孩子学会正确对待挫折。其中，教师可以让家长明确挫折教育的重要性和必要性，了解挫折是孩子成长中必不可少的一部分，孩子需要学会面对挫折和困难。教师建议家长与孩子一起分析失败的原因，并寻找解决问题的方法，并通过交流让孩子明确失败不是终点，而是一个新的起点，从失败中吸取教训，更好地迎接未来的挑战。小 M 的家长尝试以此方式引导孩子，帮助孩子制定可行的方案，找到努力的方向，帮助孩子重新振作起来。

教师需要及时与家长沟通，帮助家长了解挫折教育的重要性和必要性，引导家长正确地面对孩子的挫折和困难，帮助孩子更好地成长和发展。

（二）引导家长正确对待孩子的挫折经历

教师需要引导家长正确对待孩子的受挫经历，避免过度保护和溺爱。过度保护和溺爱会让孩子失去自我独立性和自我管理能力，长大后可能会难以适应社会。

在班级中，小 Z 同学时常和其他同学发生矛盾。小 Z 爸爸总是将错误归咎于其他孩子，一味地纵容自己的孩子，不愿从孩子自身行为进行分析，使得孩子较为自我，不愿站在他人的立场上思考问题。久而久之，班级中的孩子就不愿与之交流，小 Z 同学感受到了同学们对他的不喜爱，情绪低沉时常默默垂泪。当父母与他沟通时，孩子情绪激动以至于无法沟通。无奈之下，小 Z 爸爸开始寻求老师的帮助，在了解到这一情况之后，老师引导家长带领孩子分析导致这一情况的原因，明确过度的保护和溺爱对孩子的成长不利，应该让孩子正视自己的问题所在，并且引导孩子去寻找解决问题的途径，在必要时为孩子提供方法的指导。经过一段时间的家校共同引导，孩子有了较大的改变。

家长要让孩子学会面对挫折，让他们成为有责任感、有自我管理能力的人。这样，当孩子以后遇到挫折时，才能更好地积极面对，适应各种变化。

（三）教师指导家长帮助孩子应对挫折的方法和技巧

教师需要引导家长教育孩子正确面对挫折，也要向家长提供引导孩子应对挫折的方法和技巧。

1. 学会接受挫折

当孩子遇到挫折时，教师要引导家长耐心倾听孩子的想法和感受，并鼓励他们继续尝试。教师可以告诉家长孩子面对挫折时的情绪和心理反应，并引导家长帮助孩子。例如，在孩子遇到困难时，给予他们一些鼓励和支持，让他们感到被理解和被关心。

2. 学会汲取经验

教师为家长提供一些切实可行的方法，让孩子通过分析问题，找出问题所在，并以实际的解决方法应对。这样，让孩子从应对的过程中汲取经验和教训，更好地提高耐挫力，从而以积极乐观的心态对待所遇到的挫折。

3. 学会战胜挫折

教师可以为家长提供一些让孩子积极面对挫折的方法，常见的方法如：换一种态度、主动求助、靠坚强的意志、转移注意力、参加体育运动等。比如当孩子在学业上遇到困难时，要肯定孩子用心学习时的努力，并鼓励他们主动发现自身问题。当自己无法解决时，可以主动向同学、老师求助，寻找解决问题的方法。此外，教师还可以引导家长鼓励孩子参加各种体育活动，在运动中释放压力，在运动中找到面对失败、面对挫折的勇气。

（四）建立家校共育机制，共同关注孩子的学习和成长

基于家校共育理念，建立家校共育机制，旨在加强家庭与学校之间的沟通和合作，共同关注孩子的学习和成长，帮助学生克服挫折，提高学生的心理素质。教师需要发挥自己的专业知识和教育经验，与家长紧密合作，共同关注孩子的学习和成长。

第一，教师应该加强与家长的沟通和联系，及时了解学生在家庭中的情况以及家长的期望，以便更好地制定教育计划和指导学生。教师可定期与家长面谈，沟通学生的学习情况和表现，双方共同制定帮助学生克服困难和挫折的方案。

第二，教师引导家长积极参与学校的相关活动，了解学校的教育理念和教育方式，并与家长共同寻找帮助学生成长和发展的途径。教师还可鼓励家长参与学校的家长会议和家长志愿者活动，加强家校之间的合作和互动。

第三，教师作为学生每天接触时间最长的人之一，要关注学生的情感和心理健康，及时发现学生的心理问题，并及时与家长交流，必要时可以联动学校心理教师，共同制定解决方案，帮助学生克服困难和挫折。

教师应引导家长正确对待孩子面对挫折的态度，帮助孩子树立正确的人生观和价值观，培养其积极面对挫折的能力，从而促进孩子全面发展和健康成长。家长是孩子成长道路上的重要陪伴者，言传身教对孩子的成长影响深远。因此，教师应该帮助家长了解挫折教育的重要性和必要性，引导家长正确对待孩子的挫折经历，避免过度保护和溺爱，给家长提供正确引导孩子应对挫折的方法和技巧，共同关注孩子的学习和成长。

书香家庭　伴我成长
——教师指导家长培养孩子自主阅读的习惯

【导语】

阅读是伴随人一生的活动，人们依靠阅读获取信息、吸纳知识、追求精神享受与思想启迪，在信息的海洋中学会科学辨析、正确选择、合理解读丰富的信息资源。儿童时期是培养阅读能力的关键期，阅读能力可分为整体感知能力、筛选信息能力、概括要点能力、形成解释能力、感悟鉴赏能力。阅读能力的培养对儿童开阔视野、增长智慧、陶冶情操、提高审美、完善人格具有重要的作用。当前家庭阅读情况参差不齐，家长们往往缺乏对孩子进行合理的家庭阅读指导，缺乏科学的方法引导孩子去爱上阅读。因此，教师应指导家长去营造良好的阅读氛围，为孩子寻找适合的书籍，让孩子养成爱阅读、会阅读的习惯。

阅读是国家文化软实力和国际竞争力的重要标志，受到世界各地各国政府及教育部门的关注。早在1972年，联合国教科文组织就敏锐地意识到阅读活动的开展对人类发展与进步的重要性与日俱增，将会是未来社会先进性的表现特征之一，遂在1995年做出将4月23日定为"世界阅读日"的决定。我国也十分重视学生阅读能力的培养，中共中央、国务院于2019年6月23日印发《关于深化教育教学改革全面提高义务教育质量的意见》，从宏观视角为小学阅读能力培养提供了基本方向指引。

基于以上情况，教师可根据学生语文核心素养发展需求、学生阅读能力现状、学校阅读教学课程和家庭阅读教育情况，制定切实可行的学生阅读能力培养的策略。

一、指导家长了解学生阅读能力的现状

（一）现阶段学生阅读能力的内涵和结构

随着新课程改革的不断深入，关于儿童阅读能力的相关研究已成为当前基础课程研究之一，儿童阅读能力已成为学生核心素养发展的组成部分。"阅读素养不仅是提升国民素质的重要基础，也是儿童完善自我和适应社会的基石。"

在教育实践中，我们发现家长普遍能认识到阅读的重要性，但在实际行动中更重视孩子的学业表现，重学业、轻阅读的现象较为突出。同时，由于受教育程度和家庭教育环境的差异，学生家庭阅读氛围和阅读资源差别较大，部分家长对培养学生阅读能力缺乏科学的方法。

（二）学生阅读能力欠缺的因素

1. 缺少家庭阅读氛围

家庭的阅读环境会对孩子的阅读兴趣和习惯产生重要影响。部分家长没有阅读的习惯和意识，无法在家里为孩子的阅读起到榜样的作用；部分家庭很难为孩子提供充足的阅读时间和空间，以及营造良好、积极的阅读氛围。

2. 缺乏适当阅读书籍

部分家庭没有办法提供相应的书籍给孩子阅读，还容易在选择书籍时出现难度高于或低于孩子阅读水平的情况。如果书籍高于孩子的阅读水平，他们无法从中获得阅读带来的成就感；难度低于孩子的阅读水平，他们可能会感到无聊，从而失去阅读的兴趣和信心。

3. 学生缺乏阅读方法

有些孩子可能会在阅读时过于依赖家长的讲解，而缺乏自主阅读和理解的能力。这种情况可能导致孩子在独立阅读时缺乏理解和分析能力。

因此，要提高学生的阅读能力，教师需指导家长创造良好的阅读环境，提供充足的阅读材料和时间，鼓励孩子表达自己的阅读感受和想法，加强引导和支持。

二、教师指导家长培养孩子阅读能力的路径

学生阅读能力的培养是一个长期的、有计划的过程，应构建以学校教育为主体，家庭教育为基础、社会教育为依托的阅读生态圈。目前，对学生阅读能力的培养多集中在课堂教学中，缺乏能够架起家校之间对培养阅读能力培养的桥梁，导致家校的配合度不高。因此，应以教师为主，以切实可行的阅读方法为指导，构建学校、家庭、社会三者协同的阅读能力培养路径，加强三者的内部联系，有计划地培养并提升学生的阅读能力至关重要。

（一）教师指导家长培养孩子的阅读爱好

阅读能力在孩子的成长中非常重要，它是培养孩子的好习惯、增强孩子的知识与理解力的重要途径。

小Z是一个小学五年级的学生，她平时喜欢玩手机游戏，几乎没有看书的习惯。因此，小Z的阅读能力较弱，在一定程度上也影响到做题的速度。她的父母十分担心，主动和老师沟通情况，共同探讨如何更好地提高孩子的阅读能力。

1. 为孩子创建家庭阅读氛围

（1）选择合适的地点。在房间里选择相对安静、光线适中的位置作为阅读区域，最好离窗户近些，可以更好地利用外部光线。

（2）选择符合孩子年龄及身高的舒适的椅子或沙发，最好有垫子和抱枕，让孩子阅读的外部条件更舒适。

（3）创造安静、放松的氛围，关闭电视和音响等设备，以消除干扰，为孩子提供舒适的阅读环境。

（4）家长可准备丰富、适合孩子年龄的书籍，放在孩子容易拿到的地方。家长可以安装书架，与孩子一同分类放置各种书籍，以便孩子快速寻找。

（5）利用展示空间，家里可以利用墙壁或柜子表面展示孩子的阅读成果，提高孩子的自信心和阅读兴趣。

教师还可以指导家长为孩子举办一些书籍为主题的创意启发和互动活动，例如根据故事情节合理分布角色，发挥想象力创作故事的不同结局等。

这类活动不但能激发孩子的创造力，也能使其深入理解书中的信息和故事情节，还可以根据情景和角色，创作一些故事不同结局的会话，或改编一些经典故事等，这些活动都有助于孩子想象能力的提升。

2. 陪伴孩子一起阅读

教师要鼓励家长为孩子的阅读起到榜样的作用，给孩子一些友善的启发，说明阅读的重要性。家长以身作则和孩子一起阅读、一起讨论书中的故事情节、人物的性格、生活的感悟，由浅入深，逐渐增强其阅读能力。

（二）教师指导家长为孩子寻找适合的书籍

很多学生不喜欢读书，主、客观原因有许多，比如因为过多关注字词句的积累而未真正进行品读，导致学生把阅读当作一种负担；又如学生不清楚哪些书籍适合自己阅读，找不到方向，缺乏阅读的兴趣。因此，教师可以向家长提供适合孩子阅读的书单，向家长提供借阅相应书籍的方式，比如下载电子书，或利用学校、图书馆等为家长、孩子提供开放的阅读场所，让孩子阅读更多的书籍，逐步将孩子的注意力转到书籍上面来。阅读的品类是很多的，如名人传记、文学书籍、经济财商、诗歌散文类、哲学类、历史地理类、童话故事类等。家长需要为孩子选择好书、把好关口，并与孩子一同选择阅读书籍，不断地培养孩子的阅读兴趣，提高孩子的阅读能力。

（三）教师指导家长培养孩子的阅读习惯

孩子的阅读习惯不是短时间能培养起来的，而是一个日积月累的过程。因此，教师要引导家长在培养孩子阅读习惯时不能急于求成，可以先从阅读十分钟开始培养，然后到二十分钟，再到半小时，逐步增加阅读时长，孩子在这个过程中会慢慢地养成良好的阅读习惯。当然，持之以恒也非常重要，每天坚持阅读，提升阅读能力，从积累到运用，将阅读的知识运用到写作中去，从而提升阅读和写作能力，也能增强自信心。阅读习惯的养成还需要制定阅读计划，从小目标到大目标，家长可根据孩子的兴趣进行安排，由易到难，逐步增加阅读难度，父母有耐心的陪伴是孩子坚持下去的动力。

（四）教师指导家长为孩子建立监督机制

为了让孩子认真地执行阅读计划，家长可以在教师的帮助下形成监督机制，将孩子每天的阅读情况记录下来，定时检查，对孩子认真完成任务的态度和行为进行肯定和表扬。反之，如果孩子未做好，家长要和孩子耐心沟通和交流，让孩子认识到自身的问题，共同探讨解决的方法。

教师还可以帮助家长定期评估阅读效果，制订阅读计划后，鼓励孩子一步步去实现阅读目标。家长在了解了孩子的阅读情况之后，可根据孩子的阅读情况，给予一定的评价。孩子爱阅读并不是天生的，而是需要教师和家长的帮助、指导、陪伴和鼓励。家校应合力共同帮助孩子养成阅读习惯，培养学习兴趣，提升阅读能力。

家校联动　辅导有方
——教师指导家长让孩子自主完成家庭作业

【导语】

　　家庭作业是孩子在校学习的延续和补充，是孩子巩固所学知识、培养自主学习能力的重要手段。由于家庭教育背景、观念和习惯等方面的差异，部分家长辅导孩子家庭作业时存在许多误区，如急于求成、没有耐心、对孩子期望过高等，这些误区不仅会影响孩子的学习成绩，还会影响家庭关系。在日常教学中，教师可指导家长从沟通目标、提高认识、创设氛围、选择内容、把握时机、培养习惯这六方面来对孩子进行家庭作业辅导，以提高孩子完成家庭作业的效率和积极性，同时增进亲子关系，促进家庭和谐。

　　在"减轻学生作业负担和压减学科类课外培训机构"的"双减"政策背景下，教师设计导向学习的作业，有阅读、口头、书面和实际活动类，注重情境性、过程性和引领性，注重对孩子能力的养成。由于家庭教育背景、观念和习惯等方面的差异，孩子的家庭作业成效也会有所不同。因家长辅导孩子作业"不得法"而产生的矛盾层出不穷。因此，教师指导家长采取有效策略辅导孩子完成家庭作业，能有效减少因家庭作业而引发的亲子矛盾。

一、沟通目标，认识辅导过程意义

　　苏霍姆林斯基曾说："儿童只有在这样的条件下才能实现和谐的全面发展：就是两个'教育者'——学校和家庭，不仅要一致行动，要向儿童提出同样的要求，而且要志同道合，抱着一致的信念，始终从同样的原则出发，无论在教育的目的、过程还是手段上，都不要发生分歧。"这告诉我们，家长和教师都是传授孩子知识、培养孩子能力和素质的教育者，孩子的成长需要家校共育。交互式家庭作业（TIPS）便是把教师、家长和学生紧密联系起来，让家庭作业变得有意义的模式。它把作业（任务）题目、达到的目标和技能要求告知家长，列出完成步骤和技能要求，让家长参与讨论、制定反馈机制。目前，部分学校已开展了此类家校共育模式，比如采用微信群构建沟通桥梁、完成作业布置，并针对作业内容设计问题反馈机制。

让家长清楚家庭作业辅导目标和过程、意义是必要的。教师可通过家校共育主题班会，向家长介绍交互式家庭作业辅导的意义，指导家长通过"家校通"的方式主动获取家庭作业的目标、方法和要求，了解辅导孩子的过程，避免出现家长对作业的理解偏离教学目标，违背家庭作业辅导的初衷。

二、提高认识，了解时代教育要求

于歆杰教授曾说："人生就像马拉松'一直在跑，一直在成长'，当下跑得很快，不代表就成功了，要一直忍受住疲惫，时刻保持速度，才能获得最后的冠军。"教师应该引导家长认识到新时代教育的特点和要求，传递时代教育理念和方法。家长可以通过学习不断提高自己的认知水平，当家长对家庭作业的重要性有了深刻的认识，对辅导孩子家庭作业就会产生积极性。例如，家长可以和孩子一起分析和解决学习中出现的问题，让孩子懂得作业是自己应该做的，帮助孩子提高学习自觉性和主动性。另外，家长还要让孩子明白，认真完成作业是学习的有效补充，能更好地巩固知识，应让孩子学会自主发现作业问题、自主寻找解决问题的办法。教师应指导家长逐步培养孩子独立完成作业的习惯，让孩子形成个性化发展能力，让孩子掌握好知识，形成好品质，具备解决问题的能力，树立个性化发展目标。

三、创设氛围，激发孩子学习兴趣

爱因斯坦曾说："兴趣是最好的老师。"因此，教师应引导家长在不同场景中，以孩子的兴趣为基础，创造合适的氛围，以激发孩子的学习兴趣。例如：孩子在家做作业时，家长要营造良好的氛围，使孩子始终持有"我也能做好这件事"的信心，从而激发他们的学习兴趣，促使他们积极主动地去完成家庭作业。在辅导孩子做数学作业时，家长可先让孩子回顾一下课堂上老师教的内容，然后再给他们出几道类似的题练习。这样做既可以加深孩子对新知识的理解和掌握，又可以培养孩子的思维能力。此外，家长还可以创设游戏环节，和孩子一起完成作业，如"比一比""说一说"。可以和孩子交流思考过程，激发孩子上进心，培养学习兴趣，让孩子捋清思路，锻炼孩子的表达能力。总之，家长可以创造出一种有利于孩子学习的氛围，让孩子在这样的氛围中快乐地学习、轻松地完成作业。

四、选择内容，引领好个性化发展

每个孩子都是独立的个体，都具有自身个性化的呈现。辅导孩子做家庭作业时，除了完成必须完成的部分外，教师还需要引导家长根据自己孩子的实际情况，选择一些适当、适量的内容，引领孩子个性化发展。具体来说，可以选择以下几种内容：一是课内知识的巩固。如数学、语文、英语等科目的家庭作业，重点在课堂学习上，而不是在课后进行。二是巩固练习。如数学学科，在课堂上完成相应的练习，如计算练习、应用题训练等；语文学科，在课堂上完成相应的阅读训练；英语学科，在课堂上完成相应的听力和口语训练。三是课外阅读。在孩子学习压力较大的情况下，阅读一方面可以减轻孩子的压力，另一方面还可以拓宽学生的视野。四是适当的竞赛。如数学学科的竞赛、英语学科的演讲比赛、语文学科的手抄报比赛等。五是劳动实践。如劳动技能培训、家务劳动实践等。六是信息技术知识的巩固和应用。如利用电脑软件进行打字练习、网上学习、电子阅读等。因此，班主任指导家长在辅导孩子作业的时候，应多角度选择合适的内容，才能更好地引领孩子个性化发展。

五、把握时机，给予针对性的引导

孩子的成长规律决定了其在每个阶段都有独特的特点，教师需要引导家长根据孩子不同年龄阶段的心理发展特点来进行辅导，应把握好辅导家庭作业的时机，及时给予态度和方法引导，表现出重视孩子作业质量的态度。孩子在小学低段时，教师要指导家长以培养孩子的学习兴趣为主，尽量让孩子多读、多写、多记、多算。在一线实践中，我们不难发现，学习较好的学生往往在学校里学得比较扎实，能够积极完成老师布置的作业。而学习较弱的学生，则常常不能按时、按要求完成老师布置的作业。这个时候，如果家长能抓住孩子刚刚进入小学阶段的心理特点，对孩子进行有针对性的辅导，往往能够收到良好的效果。进入小学高段以后，随着年龄的增长，孩子渐渐形成了自己的学习习惯，此时家长要注意培养孩子认真独立完成作业的习惯。因此，教师指导家长在辅导孩子作业的时候，应把握孩子成长特点的时机，给予准确、及时、针对性的引导。

六、培养习惯，做好榜样引领示范

巴金先生曾说："孩子的成功教育从好习惯培养开始。"因此，教师可以引导家长根据孩子的实际情况，制定相应的学习计划和目标，并帮助孩子遵循科学规律，逐步养成良好的学习习惯。家长应知道，孩子养成良好的习惯分三个阶段：第一阶段特征是刻意不自然的，持续时间1~7天，需要刻意提醒自己改变；第二阶段特征是刻意自然的，持续时间7~21天，重复第一阶段的努力；第三阶段特征是不经意自然的，持续时间21~90天，其实这就是习惯，被称为"习惯的稳定期"。在习惯养成方面，家长要做好孩子的榜样示范。在家庭作业方面，可以让孩子先独立完成自己的作业，遇到不会做的题，可以先空着，等做完所有的题后再去请教老师或同学。在孩子学习时，自己也尽量看书或做其他事情；在孩子写作业时，家长也尽量不要玩手机或看电视。家长需做好榜样引领示范，在检查作业时，要做到不催促、不批评、不指责。家长应该相信孩子有自我纠正错误的能力，只要家长耐心地陪伴孩子改正错误就行了。这样既可以培养孩子自我管理的能力，又可以培养他们的学习习惯。

家庭作业是孩子在校学习的延伸和补充，对孩子巩固所学知识、培养学习能力、形成个性化健康发展具有重要意义。班主任要充分发挥自身的引导作用，通过多种方式指导家长正确辅导孩子家庭作业，提高家长辅导孩子作业的能力。经调查发现，只有帮助家长消除思想上的误区，并引导家长主动做出改变，才能让孩子在完成家庭作业这件事情上做得更好，提高完成家庭作业的主动性和积极性，从而有效地提高孩子的综合素质。

君子爱财　取之有道
——教师指导家长培养孩子的财经素养

【导语】

　　基于当前培养时代新人的国之大计、促进儿童全面发展的基本要求，以及当前社会财富观出现偏差、经济生活日益复杂等现实背景，对儿童的财经素养教育势在必行。儿童能否做到真正理性地劳动、创业、消费、理财，直接影响到自己和家庭的美好未来，也关系到国家和社会的稳定发展。教师可以指导家长培养孩子的财经素养，帮助家长让孩子树立正确的金钱观，培养孩子合理的消费观，提升孩子财经认知能力，使其形成科学的财经意识。

　　随着经济全球化的深入发展，财经素养是新时代背景下人们必不可少的素养之一，人们也逐渐意识到财经素养与个人生活之间息息相关。教师一方面要在教育教学中落实学科素养教育，一方面还要与家长共同提高学生的财经素养。教师指导家长培养孩子的财经素养，可以很好地培养孩子正确的金钱观和合理的消费观，引导孩子在生活中学会科学理财，形成正确的价值观和人生观，从而提升财经素养能力，更好地适应社会的发展。

一、教师指导家长培育儿童财经素养的现实背景

（一）培养时代新人的国之大计

　　财经素养教育是教育孩子掌握正确的理财方法和形成良好的理财习惯，发展立足社会、幸福生活的本领，这当中自始至终包含着信念教育、品德教育的内容。比如，通过了解财富与劳动的关系，孩子更容易懂得家长挣钱的艰辛，进而珍惜别人的劳动，产生孝敬家长、回报家长、回报社

会的情感和行为动力；让孩子懂得财富需要付出、奋斗的道理；让孩子懂得诚实、守信是经济生活中取得成功不可或缺的品格等。

随着中国日益成为全球经济的重要参与者、引领者和推动者，需要更加积极地融入世界经济，但也面临着挑战和困难。新时代呼唤新人才，将财经教育融入学校教育教学以及家庭教育的全过程，教师和家长共同提升学生的财经素养，有助于促进学生全面发展，为未来社会培养合格的公民。

（二）促进儿童全面发展的基本要求

《关于全面深化课程改革 落实立德树人根本任务的意见》中明确提出儿童应具备适应终身发展和社会发展需要的必备品德和关键能力。中国学生发展核心素养的目标是培养全面发展的人，综合表现为人文底蕴、科学精神、学会学习、健康生活、责任担当、实践创新六大素养。学生在幼儿阶段就有了独立意识的萌芽，并逐渐产生自我意识与自我表现欲望。让孩子理财，无疑为孩子提供了自我实现的实践机会，使他们从支配自己的零花钱开始锻炼独立做事的能力，训练缜密的科学思维，熏陶丰厚的人文素养。在现代社会，无论个人怎样生活，从事什么职业，每个人都会不同程度地与金钱发生联系。理财是家庭生活的组成部分，有助于生活得更加幸福美满。教师指导家长充分挖掘和开发儿童的财经潜能，针对性培育和激发儿童的财经兴趣爱好，有利于促进儿童个性化和社会化的发展，增长未来就业、创业等职业发展的能力和理性消费享受幸福生活的本领。

二、教师指导家长培育儿童财经素养的现实途径

（一）帮助家长厘清家庭财经素养教育常见误区

1. 谨慎对孩子进行金钱奖励或惩罚

通过劳动换取奖励的做法本无可厚非，让孩子通过体验劳动得到奖励的过程确实可以让孩子产生积极的情感体验，产生成就感，激发继续做事的兴趣和欲望，但是，家务劳动本来是家庭成员应尽的义务，很多家长采用金钱奖励的方式对孩子自我服务和做家务劳动进行奖励，这样会使孩子混淆哪些是自己应尽的义务，哪些是应得的劳动报酬。教师要引导家长意

识到奖励或惩罚是对孩子行为进行外部强化的手段，它能通过孩子的自身评价对孩子的心理产生重大影响，一味地实施金钱奖励或惩罚，容易促使孩子形成金钱至上的意识。

有一位孩子的母亲在运用奖励手段时，采用的方式是与孩子签订奖励合同："叠一次被子奖0.5元，擦一次餐桌奖1元，扫一次地奖2元……"试行了3个月，家长发现孩子变化很大，哪怕是自我服务的劳动都要讲价钱，对合同上没有讲明的事情，他要先讲好价钱才去做。对此，家长后悔莫及。

教师一定要告知家长慎重采用金钱奖励或惩罚孩子的做法，不是孩子做的所有家庭劳动都要得到报酬，如果是力所能及的事情，比如收拾自己的床铺、玩具和图书，洗自己的贴身衣物、摆放碗碟、擦桌子等，这些都是作为家庭成员应尽的义务。家长一定要对孩子的金钱意识进行适度的引导，让孩子体会获得报酬时的快乐和付出的艰辛，懂得珍惜他人的付出。同时，家长也要告诉孩子，世界上有些事物是可以用金钱衡量的，但也有许多事物是不能用金钱来衡量的，金钱并不能购买到一切，例如精神、责任、义务、爱、友情、健康和快乐等。

2. 谨慎一味满足孩子的金钱需求

家长在家庭财经素养教育中的另一个常见误区是家长"过分付出"，为了让孩子享受生活，家长过度节俭。这种行为，可能会让孩子不懂感恩和付出。此时，教师应指导家长让孩子懂得节俭是一种优秀的品德，让孩子懂得要想成功、有所收获，就得付出和奋斗。

当孩子提出"别人有，我也要有"的需求时，教师要指导家长不能一味地支持，要帮助孩子分析这笔开销是否是必需的，家里的经济状况是否能承担；同时，教师还要指导家长用自己的言语或行动来让孩子明白一个道理，那就是：不是所有愿望都立刻会实现，让孩子学会在自己的愿望无法实现时做适当的调整和等待。教师还可以教给家长一种"延迟满足"的训练方法，包括推迟满足时间，降低满足的层次、数量，增加有积极意义的满足条件等，这样的训练能让孩子在得到自己希望的东西后更加珍惜。

3. 定期给孩子零用钱，不扣留压岁钱

许多家长都认为钱的事情跟孩子没有关系，孩子需要什么家长可以帮忙买，孩子不需要拥有自己独立支配的金钱，也没有能力管理金钱，这其实是一种错误的观念。教师可以指导家长定期适当地给孩子适量的零用钱，让孩子独立支配。同时，家长要指导孩子对数额较大的压岁钱进行管理，帮助孩子学会保管和支配金钱。另外，教师要提醒家长帮助孩子复盘消费情况，让孩子学会分析哪些消费是必要的，哪些消费是可以节省的。

（二）指导家长帮助孩子树立正确的金钱观

金钱观是一个人对金钱的看法和态度。教师指导家长为孩子树立正确的金钱观，能够让孩子对金钱有正确的认识，学会取之有道、用之有度。教师可以提供一些具体的理财知识和技巧，指导家长帮助孩子学会合理地积累、储蓄、消费和制定预算。

1. 让孩子认识金钱

当孩子可以认识和分辨事物的时候，家长就可以开始教孩子分辨不同面额的纸币和硬币，并告诉孩子钱的价值和作用，或者给孩子准备一个存钱罐，让孩子把零花钱放到存钱罐里，感受财富积累的过程。

2. 帮助孩子养成存钱的习惯

为了鼓励孩子从小养成会储蓄的好习惯，家长可以帮孩子设定一个小目标。比如，孩子想要一辆玩具车，家长就可以告诉孩子一辆玩具车大概要多少钱，现在的存钱罐里有多少钱，再存多少钱就够买玩具车了。这样的练习不仅可以帮助孩子养成存钱的习惯，还能教会孩子怎样使用金钱。家长还可以利用去银行办事的机会带孩子参观银行，让孩子观察银行的工作人员在干什么，来银行的人在做什么，利用这些时机向孩子简单讲解："爸爸妈妈为什么要存钱，钱既可以越花越少，也可以越存越多。"家长也可以在银行为孩子开一个账户，将孩子的零花钱和压岁钱存到自己的账户中，这样的方式既可以满足孩子的好奇心，又对孩子的财商有启蒙的作用。

3. 带孩子体验购物过程

家长去超市购物时，不妨带上孩子一起去，让孩子体验一下花钱买东

西的过程，让孩子知道想要的东西的价格，如何比对才能选到物美价廉的商品。购物之后可以和孩子一起记账，帮助孩子认识哪些消费是必要的，哪些消费是不必要的。通过和孩子一起复盘，帮助孩子树立正确的消费观，学会合理安排自己的零花钱，为以后理财打下基础。

4. 教孩子合理分配金钱

当孩子的零用钱不足以买到所有想要的东西时，家长可以让孩子把想买的东西列出先后顺序，在自己能承受的经济范围内进行取舍。当孩子拿到压岁钱的时候，家长也可以和孩子一起商量，一部分放进存钱罐，一部分当作零花钱，一部分用来献爱心……用这样的方式让孩子学会如何合理地分配金钱。

（三）建议家长和孩子一起参加财经素养活动或讲座

1. 校本财经素养实践活动

以下是家长参加某校财经素养实践活动"爱心 Market"的案例。

活动前，家长和孩子一起参与活动策划，协助孩子完成产品设计和制作。活动中，家长既是投资者、志愿者，也是消费者。活动结束后，家长带领孩子进行集思广益、个性化的经验总结，这使活动变得更有意义，同时也让孩子的财经素养更上一层楼。

活动开展前，学生以班级为单位成立"公司"，老师在校本财商课上带领学生学习成本、利润等概念，了解公司结构，进而引导学生根据自身特点报名财务部、产品策划部、营销部、宣传部、后勤保障部等相关部门，从报名者中遴选部门负责人，部门负责人带领其他成员商议部门工作事项，并在老师指导下共同完成前期各项准备工作。活动当天，各"公司"由学校安排统一时间、地点集中进行售卖，全校师生、家长均可参与产品购买，所得盈利均用于爱心捐助。

本次活动让学生深刻意识到了劳动创造财富的重要性，更加认同热爱劳动、善于劳动的倡议。对批量售卖的商品进行利润分析后，学生发现利润高的产品不一定是最贵的，薄利多销也是良方。学生对营销方式进行总结时，深深感叹广告和销售方式的强大作用，初步感知到消费者心理对消费行为的影响。另外，学生在购物时也体验到了现代支付方式的多样化和便捷性，同时也开始重视收付款的安全性。该活动深化了学生感恩家长、服务社会、主动担当的意识。

2. 亲子共读财经书籍活动

教师可以鼓励家长与学生一起阅读财经类相关书籍，营造良好的财经素养家庭教育氛围。学期中或期末，教师可以收集学生的读后感，并在校本课程上开展读书分享会，或在亲子共读完成后组织家庭开展读书分享会。

3. 财经素养专题讲座

为方便儿童及其家长多渠道、全方位地了解到更为专业的财经知识或理财方面的新信息，教师还可以向家长推荐高校、商业银行、证券公司、投资公司、保险公司等单位的一些免费专题讲座。

保险公司的保险专题讲座一般会讲述保险的意义与作用，指导儿童及家长认识保险配置的顺序、种类及比重；大学教师一般会分享企业成功案例或个人励志故事，深入浅出地讲解财经知识，鼓励学生塑造正确的财富观。

总之，教师需要与家长密切配合，指导家长共同帮助孩子领悟理财知识和技巧，掌握合理的理财方式，培养明智的消费观念，逐步发展孩子的财经素养。

第四章
PART FOUR
教师开展个性化家庭教育指导案例

家访是一种优良的教育传统，不仅可以构建良好的家校互动平台、搭建家校联系桥梁，还有助于教师开展家庭教育，作为学校教育的有效补充。随着手机、互联网等现代通信手段的普及，教师可通过微信、QQ等网络社交途径以及家长会等方式与家长随时进行交流，使得传统的入户家访形式逐渐淡出视野。然而，教师上门家访不仅有助于班主任及科任教师全面了解学生的家庭环境和家庭教育方式，还可以更好地开展个性化家庭教育指导。

新时代的班主任及教师在开展家访时，一定要积极落实立德树人根本任务，不漏掉一名学生，做到"一户一访、一生一案"，形成全员、全过程、全方位育人格局，共同守护学生成长。一是坚持需求导向，根据班级学生和家长的需求为家长提供公益性、层次性的家庭教育指导服务；二是坚持问题导向，结合家长普遍关心的问题或普遍存在的困惑、难点，协助家长共同解决问题；三是坚持个性化指导，结合班级学生的个性特点对家长开展个性化、针对性的家庭教育指导服务。通过班主任、科任教师及家长的协同努力，形成教育合力，让家庭教育指导落到实处，不断为孩子的成长赋能。

拉近距离 共筑教育
——班主任开展入户家访应做到"三要三忌"

【导语】

党的二十大报告提出,健全学校家庭社会育人机制,加强家庭、家教、家风建设,学校教育帮助孩子"成才",家庭教育帮助孩子"成人",学校教育和家庭教育双管齐下,孩子才能成为"人才"。教师有效开展家访,才能真实了解学生家庭的具体情况,进而有针对性地对学生在校表现的一些问题"寻根溯源"。班主任在家访中需要"做哪些准备?""谈什么内容?""如何有效交流?",这些问题都必须在家访前充分思考,设计好对策,才能真正实现高质量家访。

家访对促进家校共育、促使家校构建统一的教育战线有重要意义。班主任作为家访的实施者、亲历者,常常会面对"如何家访、家访访什么、怎么交流"等困惑和问题。不少班主任处于被动家访状态,"访"常常流于形式。笔者针对当前入户家访的实际情况,为班主任入户家访提出"三要三忌"策略,助力班主任提升家访实效,助推家校形成教育合力。

一、要有备而去,忌随意无心

家访是一场家校对话,是一场友好的信息交流,是对学生在校精准教育的基础,也是班主任向家长展示学校、教师自身能力的一次好机会。班主任应该把握这次机会,在家访前做好充足准备,有效把握家访重点,忌随意无心,言之无物。

（一）对学生资料的准备

班主任对学生的了解程度反映出班主任对学生的关心、关注、用心。如果班主任在家访中无法准确反映学生的在校表现，那么家长势必会质疑班主任对自己孩子的关心程度。

小A是一个安静、内敛的女生，成绩中等，在学校里的表现既不突出，也不怎么犯错，是一个"小透明"。因此，教师在平时的教学中，对她学业之外的其他信息了解甚少。教师对小A进行家访时，面对小A家长关于小A在校表现的提问，除了凭一些浅表印象回答小A"是一个内敛文静的女生"外，再难以提供更多的有效信息。这对于极想获知孩子在校全方位信息的家长而言，这个答案是让人失望的，甚至让家长怀疑该教师并不关心孩子。如此一来，这次家访肯定难以达到其应有的目标。

班主任既然要家访，就要有意搜集和了解学生的相关信息。比如，学生的上课表现、作业过关情况、课间和中午休息情况，各科教师和同伴对其的评价，学生的兴趣爱好、学校活动的参与情况，等等。这些信息，班主任若能在家访中如数家珍地说出来，甚至能说出代表性事件或细节，并恰当地归纳学生的性格和行事方式，就有利于让家长信服，让家长相信教师对孩子的用心，并认可教师的专业水平，从而赢得家长的信任，为其后的沟通奠定基础。

（二）对访问家庭的了解

学生来自不同的家庭，不同的家庭有着不同的教育背景和教育理念。存在同样问题的学生，可能来自截然不同的家庭，而家访是探究学生问题根源的一种有效方式，也是解决问题的一个重要依据。班主任可以基于家访需要，在开学初期就做好调查（如采用问卷调查方式），了解清楚学生家庭的基本情况。

某班，小B和小C迷上了手机游戏，常常背着家长在被窝里玩到深夜，白天上课便打瞌睡。教师通过前期的调查了解到，小B和小C同样是因痴迷手机游戏而影响学习，但产生原因各有不同。小B的父母是农民工，外出打工。小B一个人跟着奶奶生活，奶奶年龄大了，没有太多文化，没有精力和能力管理小 B。小 C 受喜欢玩游戏的爸爸所影响，小 C 爸爸认为孩子玩一下游戏没什么不好，他有些放纵小 C 玩游戏。

面对同样的学生玩游戏的问题，教师家访时的切入口却不同。针对小 C，教师家访中可以从小 C 爸爸入手，跟小 C 爸爸交流如何指导小 C 正确使用手机，强化时间控制。针对小 B，教师家访中应先从小 B 入手，从手机的利弊以及自律对自己未来的影响等角度切入，再与其家长沟通，争取配合，形成合力。

要充分了解学生的家庭情况，如是否为单亲家庭、亲子关系是否和谐。如果学生家庭本身就有相关矛盾冲突，就要提前思考如何避免引发其家庭矛盾。这样教师才能精准了解家访对象，有效制订家访流程，取得应有的家访成效。

（三）对访问主题的筛选

家访，是一场有温度的行走教育，也是一场有目的的教育实践。家访要基于对学生家庭的教育环境了解的基础上，建立家校合作，最终要商讨出适合学生本人的提升策略。教师对家访主题的筛选、对学生问题解决方案的准备，均有利于明确家访目的，提升家访效果。

根据搜集到的学生的全方位信息，教师应对相关问题进行研究，梳理出学生的关键问题。若学生同时存在几种问题，如学习主动性不够、沉溺于手机、学习偏科、性格执拗等，教师要基于对学生及其家庭情况的了解，分清问题的轻重缓急，梳理出需优先解决的关键问题，着重准备好解决方案，然后根据家访后的实际情况，进行针对性调整。

二、要有章可循，忌言之无物

（一）有一套访问流程

教师要把家访的访问流程逐渐固定下来，形成一个成熟的工作方法。成功的家访一般有这样的流程：

第一步：预热准备，选定目标。针对学生情况，选定家访对象，确定访问顺序,做到有的放矢。例如:走访贫困学生,为寒门学子扶志;走访后进学生,引导学生步入正轨;走访优秀学生,深入挖掘他们的典型示范作用;走访存在心理问题的学生,邀请心理咨询师参与疏导。

第二步:聚焦探讨主题,认真交流,艺术互动,了解家长性格特点、教育思想和学生学习条件,向家长通报学生在校情况,共同制订学生的成长发展计划和帮扶方案,有针对性地解决问题。

第三步:整理家访记录,实施成长发展计划和帮扶方案,后期及时与家长沟通,了解和反馈计划实施情况,巩固家访效果,并做相关总结反思。

(二)有个性化交流方案

教师在家访时要针对不同的家访对象,选择不同的家访内容,切忌漫无目的地闲聊。对待后进生,教师切勿一进门就一通指责,这类学生常有学习上的挫败感,简单的指责只会加剧学生对学习的厌恶。不能把家访变成一场让学生讨厌的批斗会,而要变成一场寻找闪光点的寻美之旅。教师要以发展的眼光看待后进生,挖掘每一个学生身上不同的闪光点,以鼓励的方式促进后进生转化。中等生往往较少被教师关注,教师家访时要首先对其优点给予充分肯定,适时传授学习方法,鼓励学生向榜样看齐。对待纪律散漫的学生,要先表扬学生的进步之处,再提醒学生改变行为习惯,教师不要只是指出错误的行为,最重要的是告诉学生正确的做法是什么,运用优秀的案例和榜样带动学生进步。对待优秀学生,教师要鼓励他们互帮互助,与其他学生结成帮扶对子,带动更多学生,共同向上、向善生长,同时鼓励学生锻炼身体,热爱劳动,全面发展。

(三)有个性化提升方案

家访,不仅仅是了解情况,更重要的是转化学生问题,要制订个性化问题解决方案。教师在搜集学生全方位信息、梳理学生关键问题后,应对学生的相关问题进行研究,并借助专业书刊学习、教师集体探讨等途径了解解决此类问题的经典案例,事先研究解决策略和解决方向,为解决关键问题做好充分的理论和方法储备。比如,解决手机成瘾问题的有效方法是什么、处理寝室同学矛盾的有效策略有哪些、学生厌学怎么办、学生持续投入努力却没有取得应有的进步怎么办、学生学习专注度差如何提高等。

在家访过程中为学生提出个性化提升方案，辅助家长切实有效地帮助孩子，将彰显班主任的专业性，提高家访实效。

三、要有家访礼仪，忌告状收礼

（一）有礼貌礼节

家访是对学生近距离关怀的访问，是搭建家校共育的桥梁，是展示教育文明的窗口。所以，家访离不开体谅和礼貌。我们要讲究中国传统的礼仪，要注意避免做客访问的禁忌。例如，家访时间遵从三不（家长吃饭时间不去、家长休息时间不去、家长不在家时不去）；和学生交流自有一套（提前约定、亲切关怀、奖励夸赞等）、和家长交流显示专业（一份调查问卷、一份贴心的时间相约、一份学生提升方案）等。

（二）有说话艺术

据调查，部分学生十分反感家访，觉得教师来家访就是来告状的，甚至有的家长也不太欢迎家访，因为教师不太艺术的表达，以及未控制好情绪，甚至引发不良后果。

一次家访，小E家长热情地接待了A老师，但是，A老师进门后不停地抱怨小E在校的表现极差。小E妈妈不知如何是好，连声表示是自己没教育好。A老师还是停不下来，又开始抱怨家长。在一旁一直没有出声的小E爸爸突然冷不丁地冒出一句："你教育不了他，证明你没水平！"A老师听后，马上气炸，说道："我本来是想和你们一起教育你们的孩子，原来你们如此不懂道理。"A老师一气之下拂袖而去。

其实每个学生都有优缺点，但是对于父母而言，孩子都是自己的宝贝。教师在家访中如果只是撒气式抱怨学生的种种不是，就会让家长产生抵触情绪，觉得教师缺乏爱心和耐心，看不到孩子的优点，甚至觉得教师缺乏教育方法和能力。在与家长沟通时，教师需要注意说话艺术——先表扬，再提出需要改进的方面。教师在提问题时，要态度诚恳，从帮助学生的角度和立场来说，而不是指责和泄愤。家访是一场家校相约对学生的关怀，是肯定鼓励，是同商方法。

（三）有廉洁清风

家访是教师关怀学生、了解学生生活环境的机会，是构建良性的家校沟通的机会，不是索取钱财的机会。教师如果在家访时收受了家长的钱、购物卡等财物，会让家长觉得教师是打着关心孩子的幌子，另有所图，这让本来纯洁的关系变得低俗，也将损毁教师在学生家长心中高大神圣的形象，不利于后期的教育工作。

某天下班后，李老师接上小学刚放学的女儿，赶着去小F家家访。到了学生小F家后，家长和李老师一起热情交谈。家访结束后，李老师准备离开时，小F妈妈塞给李老师女儿一盒水彩笔，李老师坚决拒绝。但是小F妈妈说："李老师，您来我们家还带了家庭教育的书籍作为礼物，我就是给孩子一盒水彩笔，您一定收下。"李老师推脱不了，最后收下了这盒水彩笔。但是，等李老师和女儿回到家，女儿打开水彩笔后才发现，里面竟然有一张购物卡。李老师赶紧带上水彩笔，骑着电动自行车将水彩笔和卡送回。李老师表示："我们家访是来关心孩子的，不是来收礼的，您这是曲解了我对小F的关心呀。"家长顿感歉意，眼神中满是感动。李老师走后，家长心里回荡着的是李老师的清正廉洁，打心眼里更加佩服李老师了。

在当今信息技术非常发达的时代，家校交流途径多种多样，面对面的家访显得更加真诚和珍贵。班主任作为学生的重要他人，是家访的重要主体之一，应努力做好家访工作。总的来说，班主任要有备而去、有的放矢，有预热，有了解，有规划，有主题，有针对性地开展家访；设计合理的家访流程，做到流程有序、设计精细，有条理、专业地开展家访；有温度，不抱怨责怪，而是用贴切的肯定话语，运用科学的方法，有礼、有节、艺术性地开展家访。

践行家访 合力育人
——家校共育背景下以家访促教师专业成长

【导语】

《中华人民共和国家庭教育促进法》正式提出了家校共育的明确要求,由此可见,家校共育是当前我国基础教育的总趋势。而家访作为链接家庭教育与学校教育的重要举措,可以使家校关系更加紧密。在家访的过程中,教师进行有效的、有针对性的家庭教育指导,能让家庭教育和学校教育的步调更趋于一致。这一举措考验着教师的专业水平,也促使教师不断提升自身能力。

在党的二十大报告中提到"实施科教兴国战略",并提出"健全学校家庭社会育人机制"的教育方向以及加强家庭家风建设等。由此可见,培养全面发展的社会主义接班人是家庭教育、学校教育、社会教育协同合力促成的目标,需要多方的教育方向趋于一致才能成功。家校之间的教育步调统一才能使双方的交流顺畅,使教师对家庭教育的指导有的放矢,这些都建立在对孩子及其家庭充分了解的基础上。为此,适时家访是十分必要的,教师通过入户家访的方式,了解学生的家庭成长环境、家庭教育方式,并将孩子在校的情况反馈给家长,以便根据学生的情况随时调整教育方式。这不仅有利于学生的成长,还对教师的专业化成长具有积极的促进作用。

一、家校共育背景下家访的必要性

作为教师,在日常工作中除了要完成教学工作及任务外,还要处理许多班级事务,在繁杂的事务之下再开展家访,需要花费大量的课余时间,这对于教师的精力是极大的挑战,而且对每个学生逐一开展入户家访的形式,对教师的个人安全来说也无法完全保障,这些因素导致家访的开展面临着一系列困难。但在家校共育的教育形势下,要做到因材施教,对学生进行个性化指导，则家访的开展势在必行。那么，如何开展家访，如何将家访的作用最大化？如何让家访成为家庭教育指导的有力助推，让家庭教育和学校教育形成合力？这对于教师的专业素养和能力是极大的挑战，也促使教师不断进行专业化学习，不断成长提升自己的家庭教育指导能力。

在教育实践中我们发现，有时候当孩子出现问题时，与家长进行多次电话沟通和交流均达不到预期效果，这时教师极易将背后的原因简单归结为家长不尽心或是孩子不努力，这会进一步导致家校之间的沟通不畅，不利于孩子的成长。当教师走进家庭，与家长进行面对面交流、与孩子进行单独沟通后，就能真实了解孩子的成长环境，设身处地地感知这个家庭的教育氛围和教育理念，这有助于教师更深入、全面地了解孩子，为个性化指导提供了依据。

要达到良好的家访效果，在家访前，教师必须对孩子的在校情况准确、全面地把握，并明确此次家访的目的。在家访过程中，教师应运用适当的沟通技巧和方式，营造良好的沟通氛围，恰当有礼地把学生当前存在的问题如实告知家长，并为家长提供有针对性、有可行性的方法。在家访结束后，还需要持续跟进实施，观察效果并及时反馈给家长，再根据情况动态调整教育方式。总之，家访应以"家访前，了解、分析""家访中，交流、建议""家访后，跟进、调整"的形式开展，这不仅能助力学生的成长，还促进了教师自身专业能力的提升。

二、家访对教师专业成长的重要作用

作为教师，应当将"科教兴国"的使命时刻牢记于心，将为社会培养全面发展的新时代接班人作为教师生涯追求的目标。教师的专业成长，可以让教师在从事教育的活动中不断获取前行的力量，教师将立德树人的根本任务融入自己的教育实践中，通过不断进取获得了成就，就会更加热爱自己所从事的职业。教师的专业成长不仅意味着自身教育能力的不断增强，还意味着对家庭教育带来正向的积极性影响。

（一）提升教师的师德素养

1. 提升潜心育人的教育信念

教育之根本在于立德树人，作为教育者，师德当为先。《新时代教师师德规范》中对教师提出了"潜心教书育人""关心爱护学生"等十项要求，进一步细化了教师职业的基本规范。作为教师，应当以此为基本行为准则，从思想和行为上与上述规范保持一致。

"潜心"需要教师对每一位学生都要全面、深入地了解，比如，了解孩子的学习习惯、生活习惯、成长环境、成长经历等，才能对孩子有客观而全面的认识。"关心"则需要教师在了解学生真正需求的前提下再实施教育，采取切实可行的办法，运用语言的技巧，用学生可接受的方式帮助学生改正错误，这样才能真正触及学生的心灵，达到教育的目的。

家校合力共育，需要教师提升自身的师德素养，不断规范自身行为，潜心育人、爱护学生，将学生的成长和需求放在第一位，将关心爱护学生作为教师的第一原则，明确教育的对象是未成年的、可塑性极强的学生，而家访则是促进家校共育的重要手段。

小A妈妈在开学之初便告诉我他们家庭有困难，因其在外地工作，无法开具相关证明，希望我可以到他们家里和小A爷爷聊一聊具体情况，帮一帮孩子。于是，我和辅导员一同到小A家中了解具体的情况。在小A的带领下我们来到他的家中，看到了轮椅上表情呆滞、已瘫痪数年的父亲，年迈多病的奶奶、高龄却仍在奔波劳碌的爷爷和年少懂事的姐姐。我与小A爷爷进行了简短的交流，谈到了家长的期望。小A爷爷说："我们只希望他可以管好自己，可以好好读书。"这一次家访，让我清楚地了解到了小A家的窘境，于是我与学校相关行政部门进行沟通，申请在校服和生活费用等方面为小A做适当减免，并为小A申请了一些困难补助，之后再与小A沟通学习上的具体要求，确定学习目标，为小A找到可以时常督促他的小组长，定期反馈他的作业状况，并根据他的学习情况及时调整帮助方式。小A明确了自己可以通过努力达到的目标后，学习越来越认真了。

通过家访，教师才能真正明确孩子需要帮助的地方。如上述案例中的小A，当他出现问题时，如果教师只是要求他自己努力，或者让家长监督他，这样简单的处理方式对于小A和他的家庭都无实际意义。只有通过家访深入了解小A和他的家庭，用切实可行的办法去帮助他，才能让小A感受到教师之"爱"，进而才愿意发奋努力，家访的意义就在于此！只有充分地了解学生，从细节处为学生的成长和未来考虑，不断鼓励与肯定，让学生感受到不断进步带来的成就感，这才是将潜心育人、关心爱护真正地落于实处、落于细处。

2. 深化"以生为本"的教育理念

教师职业的基本规范强调了学生的主体地位，教师要尊重学生、关爱学生、了解学生的内心需求，从学生的全面发展需要出发，树立"以生为本"的教育理念，引导学生"德、智、体、美、劳"全面发展。但在实际工作中，时常会因教师对学生家庭情况了解不够全面和精准，而导致对其家庭教育指导方向不够明确，影响了家校共育的有效性。

某天，我接到了小B妈妈的电话，她与小B发生了矛盾，两人在家中争执不断，最后小B将自己关在了房间里，拒绝和妈妈进行交流。第二天，在与小B交流之后我了解到，小B妈妈平时忙于工作，极少有时间陪伴小B，有了弟弟之后陪伴小B的时间就更少了，小B觉得妈妈一点都不爱他。随后我与小B妈妈进行了电话沟通，并约定好家访时间。来到小B家，我与小B妈妈进行了沟通，原来是小B妈妈因一直忙于工作，极少有时间陪伴孩子，愧疚之下小B妈妈就选择用金钱的方式来弥补孩子，对于小B在金钱上的要求从不拒绝。而弟弟出生之后，家庭开支大了，对于小B提出的金钱上的要求，小B妈妈便没有像以前那样有求必应。最近的一段时间，小B找妈妈要钱的频率越来越高，而且金额也越来越大，小B妈妈便责备小B不懂得体谅妈妈，而小B则觉得妈妈越来越不爱自己了。

通过家访，我们将整个事件重新梳理之后发现，小B妈妈对于孩子的教育存在一定问题，当工作与生活无法兼顾之时，选择用金钱的方式来弥补对小B的愧疚，导致小B也用金钱来衡量妈妈对自己的爱。当相互之间缺乏沟通，对彼此的想法不了解也不理解时，矛盾便产生了。一旦双方习惯的表达模式被打破，矛盾便爆发了。

了解以上情况后，我与小B妈妈进行了沟通，希望她可以在工作之余尽量安排时间来陪伴小B，并从小B的学习习惯、生活习惯等多方面给出了建议和指导。我告诉小B妈妈，不要只关注孩子是否做得好，重要的是陪伴孩子一起去养成这些习惯，发现孩子的优点要及时予以表扬。

过了一段时间后，我单独和小B进行了沟通，谈到了妈妈对他的爱以及藏在妈妈心里的话，期待小 B 可以和妈妈好好沟通交流，达成他们之间的"家庭协议"，小 B 欣然同意了。

自从小 B 与妈妈的"家庭协议"建立后，我继续与小 B 妈妈保持联系，时常沟通小 B 在家和在学校里的情况，了解小 B 的进步所在，解决出现的困惑，一旦发现小 B 的优势，就及时鼓励他。之后，小 B 除了在学习上大有进步之外，还成了班级的"菜园"管理员，把班级的菜地管理得井井有条。对于孩子而言，进步不只局限于学习，还有生活自理能力、行为习惯等诸方面。教师应引导家长转变对孩子的教育观念，让家长触及孩子的内心去了解孩子的需求，化被动为主动，将成长的自主权交到孩子的手中，让孩子成为更好的自己。

（二）促使教师提升自身专业技能

1. 更新观念，提升家庭教育指导能力

教师在家访的过程中，需要与家长和孩子进行面对面交流，并提出切实可行的建议，引导家长对孩子进行有效的家庭教育。这一过程不仅考验教师的说话技巧、应变和沟通能力，还考验教师的家庭教育指导能力和专业水平。因此，通过家访，教师能积累经验，并不断学习更新知识和观念，使自身的家庭教育指导能力得到进一步提升。

对学生的全面了解，是综合多方面的信息，包括学习习惯、生活自理能力、阅读能力、作业完成情况、动手能力等诸方面，这些信息均来源于教师在日常教学过程中对学生的观察和客观评价。教师对学生的优势和不足之处都一一明晰后，可以为学生建立档案册，将学生的基本情况进行罗列，为每位学生的家访做好准备。在一线教学实践中我们发现，当教师将学生的缺点直接告诉家长，期待家长对之进行改变时，其效果大多是不理想的。所以，全面而细致地记录学生情况，不只是家访时与家长进行沟通的依据，也能让家长感受到教师对学生的关心细致入微，情感的带入会使彼此间的沟通有一个良好的开始。

在与家长沟通孩子的情况时，要注意听取家长的想法，这样才能更好地判断家长对孩子的期许。应选择合适的交谈方式，让家长更愿意接受教师的建议，并配合实施。所有沟通都要建立在平等、互助的基础上，这考

验着教师的应变能力和说话技巧。因此，为了家访的顺利进行，教师应多阅读相关书籍，学习言语表达技巧，提升自己的应变能力，在家访过程中，不仅要让家长感受到老师的真诚与良苦用心，还要在面对家长的提问时，能迅速做出反应，随机应变，将家访继续进行下去。

每次家访，都应针对学生目前所处情况，提出可以改变现状的切实可行的办法。每次提出的改变宜小且易于切入，这样才能让家长有信心去实施改变，也让学生更愿意配合。切点小、易操作、连贯性三者缺一不可。在家访结束后，教师还要与家长保持持续性的沟通与交流，力争与家庭协同一致，达到更好的教育效果。

在不断的学习和更新教育理念的同时，教师的家庭指导能力也在不断提升，对于家庭的影响力不断扩大，这样才能不断提升家长的家庭教育能力，为孩子的成长添砖加瓦。

2. 积累素材，激发教师自主研究行为

在家访之前，可根据每位孩子的具体情况设计家访记录表。在家访过程中，将与家长的交流方式和交流过程记录下来，之后整理成册，记录存档。这样的家访记录表不仅积累了大量的家访素材，还可以对家访过程进行复盘，从中总结出有效的、值得推广的教育经验，并在一线教师的教育实践中进行分享，这不仅可以为更多的教师提供教育思路，还可以激发教师对案例中的个性与共性进行研究与分析，通过思想的碰撞，不断提炼出更有效的、操作性更强的、可广泛推广的家校共育经验和策略。

"实践是检验真理的唯一标准"。通过家访的"实践—复盘—分析—研究—提炼—改进—尝试"这一过程，可以促使教师进行自主研究，用文字记录自身理念、行动不断融合的过程，最终形成自己的研究成果，撰写成论文，这是对教师自身能力的认可，也是教师专业技能成长的有力佐证。

总而言之，家访作为当前教育工作中的重要内容，不仅是对教师工作的挑战，也是教师提升自身能力的契机。通过教师家访将学校与家庭的距离拉近，通过教师的指导，让家庭教育及时跟进学校教育，使家校形成教育合力，帮助学生不断成长进步。同时，教师通过家访，达到行动、理念的统一，这对自身专业化成长具有积极促进作用，也不断提升了自身的家庭教育指导能力。

善于鼓励　助力成长
——一个学习习惯欠佳学生的家访案例

家访对象： 小 W（男生，小学六年级）
家访形式： 入户家访

一、家访缘起

小 W 是一个磨蹭的男孩，在学校学习时总是一边玩儿一边学习，因为原本就拖拉的坏习惯，再加上动作慢，作业经常不能及时完成。老师越催促他，他越不想做，时间一长，作业也堆积起来，老师、家长和他自己都非常苦恼。在一次阶段性检测前，班上同学都在认真复习，而唯独他在课堂上玩起了魔方。为此，我与家长进行了沟通交流，家长也觉得十分无奈，不知该如何去引导他。我在与其他两位科任老师沟通后得知小 W 在课堂上出现的问题相同，于是我们三科老师便决定到小 W 家进行家访。

二、家访过程

我们都知道家访六原则：有礼、有信、有据、有数、有趣、有度。于是，我事先和小 W 的妈妈打电话说了家访一事，并预约好时间，也告知了小 W 周末即将家访的事。原本以为小 W 会非常不情愿，但没想到他十分开心，而且每天都会到办公室来询问是否确有其事。从小 W 的表现中，我能感受到他是渴望我们去他家的。

确定此次家访后，我们便开始了一系列的准备。谈什么？怎么谈？达到什么目的？这是我作为班主任要思考的问题。

我们三个老师来到小W家，他们一家三口非常热情地接待了我们。此时，小W却变得拘谨起来，站在一旁不吭声，低着头，双手不断地揪着身上的T恤。不管父母如何提醒，他总放不开，略显紧张。见状，我握着他的手，摸摸他的头，对他说："今天老师们是来和爸爸妈妈沟通，共同帮助你的，你不用紧张哟。"

在前期的准备中，我找到小W同学最近写的一篇作文，除了字写得有点歪歪扭扭外，遣词造句非常精彩。此时，我将作文拿出来给大家欣赏，得到大家的一致好评后，小W露出了会心的微笑，慢慢地，他开始放松起来，加入了我们的交流。

接下来，小W爸爸向我们谈到了小W的成长经历。小W小的时候，父母对小W包办比较多。但是，当小W上幼儿园后，他们发现孩子做事比较拖拉，幼儿园老师也经常向他们反映小W在园的情况：没有时间观念，做事拖拖拉拉。于是，小W的爸爸妈妈开始着急，但由于他俩性子都很急，每次遇到小W不能及时完成任务时，他们就会大声呵斥，不停地催促。在这几年的小学生活中，通过平时的沟通，他们也认识到自己教育方式的问题，一味地用言语催促，孩子反而越催越慢，用拖延的方式来表达对于此种教育的反感与抵触。这样简单粗暴的方式，不只影响了孩子对于学习的态度，还影响了亲子之间的关系。家长表示会好好跟孩子说话，多站在孩子的角度去看待问题，一起努力，不断向前。

在良好的氛围中，此次谈话大家都十分真诚，沟通很有效果，同时，亲子关系也更密切了。

在家访过程中，我们特别关注小W的想法。小W在大家的鼓励下谈到自己学习生活中的一些困惑以及面临的问题：首先，自己对学习有畏难情绪。由于自己的动作慢，再加上高年级学业任务的增加，想学好，可总觉得时间不够。时间长了，任务堆积如山。自己拖欠太多，对学习也没有了信心和动力，只有选择逃避。其次，自己对朋友的渴望。由于自己的性格比较内向，属于慢性子，总认为自己不如别人，但又特别渴望朋友，于是就想通过做一些奇怪的动作或说一些开玩笑的话语来引起他人的注意，从而寻找朋友。最后，自己对自主管理的需求。小W谈到，希望父母每周能给自己少许零花钱，这样既可以让自己学会理财，又可以让自己独立支配合理的零花钱，更重要的是培养自己的自主意识。

在家访过程中，我们认真听取了小 W 的想法，并将可行的解决问题方法一并告知孩子。比如小 W 谈到自己拖欠作业，对学习失去信心的情况。我们告诉小 W，学习是没有捷径的，是需要奋斗和拼搏的，以任何消极的态度去面对学习，最终都不能取得理想的结果。于是，我们达成共识，小 W 每天制定一个小目标，每周一个大目标，从基础入手，从易到难，尽自己最大的努力去完成当天的任务，争取不拖沓，在闲暇之余，用碎片时间把前面的任务慢慢补上。

家校共育能更好地实现教育的最好效果，让家校之间形成合力，使教育效果最优化。我们三科老师，分别就孩子的现状及努力的方向与家长达成共识，指导家长做好孩子的家庭教育，营造适合孩子成长的家庭氛围；多给予鼓励和肯定，遇事更加冷静，跟孩子好好说话，老师们在校也根据孩子的具体情况，因材施教，给予帮助和指导，减轻孩子的学业负担，以此调动孩子的学习主动性。

教师、家长和孩子在一起面对面交流，在这样温馨的氛围下，这场家访变得更加有意义。

三、家访效果

家访是一种重要的教育方式。家访的过程，有利于老师们深入学生家庭，了解学生、理解学生，从而为每个孩子寻找更适合的教育路径。通过家访，教师也能够丰富教育实践，进一步认识和理解教师职业的责任与内涵。

我继续追踪小 W，深深感受到小 W 的变化。在与小 W 的交流中，他谈到那次家访后，自己的目标更加明确了。原来，老师和家长都在关心和爱护他，对他充满信心。于是，他不断地告诉自己可以做好，并把更多的时间和精力用在了学习上。两周后，小 W 同学比之前完成的作业多了，而且慢慢地改变了拖拉的习惯，遇到不会做的题还会主动请教同学或老师。老师和家长对他的每一点进步都给予及时的肯定和鼓励。更值得高兴的是，在阶段性检测中，他语文达到了 A 级，其他学科达到了 B+级，原本慢性子的他也变得自信和开朗。家长对于孩子的这些变化也感到很欣慰，亲子关系也变得更加温馨和谐了。

四、家访启示

育之道，人为先。亲子之间、家长与教师之间、教师与学生之间都需要相互沟通，在沟通中相互增进了解。家访时，教师需要做好充分的准备，并在与家长和孩子沟通时务必注意说话的技巧，以鼓励为主，让教育多一些温度。教师走进学生的家庭，了解学生不同的生活表现，才能真正成为家长与孩子沟通的纽带，让家访有益于孩子的成长，为孩子的未来助力。

用爱温暖　撬开心防
——一个生活有重大变化学生的家访案例

家访对象： 小 Z（女生，初中一年级）
家访形式： 入户家访

一、家访缘起

初一开学已有两周了，我一改往常的作息时间，比平时早到了 20 分钟，想对班级的早自习搞个"突然袭击"，看看孩子们是在自觉地进行英语早读，还是无所事事。我快步上楼，在二楼转角处遇到了小 Z 同学，她非常吃惊地看着我，向我问好后，立马就消失得无影无踪了。我继续往教室的方向走去，一阵很急促的声音传入我的耳朵："×××（老师的名字）来了，你们快点读书。"这是小 Z 的声音，我顿时气不打一处来，不是生气她向班级传递我到来的消息，而是她当着全班的面直呼我的大名。

这是我第一次亲耳听到，多少还是很失落的，更何况这是我们班的英语课代表。课后，我让小 Z 到办公室，告知她今天早上我在教室外面听到的内容。她立马低下头，脸涨得通红，小手紧紧地捏着衣角。此时，氛围异常凝固了起来，我们僵持了十多秒，谁都没有说话。突然，她抬起头说："我是叫了你的全名，你打算怎么惩罚我？我都接受。"当时我都懵了，这小女生不但不知错，还理直气壮。接着，她继续说："道理就不用说了，要骂要罚随便你。"对于这样一位桀骜不驯的女生，我难住了，深知讲道理于她无用，便简单地结束了这场谈话。

二、家访过程

两周后，我等来了一次去小 Z 家家访的机会，但这个机会却是因为小

第四章
教师开展个性化家庭教育指导案例

Z 爸爸在上班途中出车祸，卧病在床。小 Z 家因为家庭贫困，没有办法让父亲一直住医院，小 Z 妈妈便将小 Z 父亲接回家自己照顾。她一边在外面打小时工，一边照顾病人。某天下班后，我按照和小 Z 妈妈约定的时间往指定地点赶去。那是一个比较偏僻的地方，妈妈到村口接到我，我们转过好几个路口才到达他们租住的"家"。这是一个破旧的院落，泥巴地面。小 Z 在家门口等着我，见我后用很微弱的声音和我打了招呼，把我带进了屋，然后就出去了。在昏黄的灯光下，我看清了屋子的内部，并不平整的泥巴墙面，家里除了简单的能做饭和休息的必备家具以外，可谓家徒四壁。

我直奔主题问道："爸爸在哪里？现在身体状态如何？"妈妈带我走进了一个房间，拉开一块用床单缝的帘子。我看见了躺在床上的小 Z 爸爸。妈妈告诉我，小 Z 爸爸现在的状态很不好，只能吃流食，一会儿清醒一会儿糊涂。果不其然，我刚刚和他打招呼准备自我介绍时，就听到他胡言乱语，不知道在说些什么。小 Z 妈妈告诉我，孩子爸爸的情况一天不如一天。整个过程中，我没看到小 Z，便询问妈妈小 Z 和爸爸的关系如何。妈妈有点难为情地说起了他们家庭的故事。"小 Z 爸爸不怎么有责任心，经常在外面赌博，房子也被他输掉了，我们现在的房子都是租的。他还经常骂小 Z，在他出车祸的前一段时间我们都打算离婚了，结果没想到出这样的事情……"

我为眼前这一对母女的遭遇感到难过，此时，我看到厨房门口徘徊的小 Z，就主动走过去拉过小 Z 的手，让她坐在我旁边，也给她讲起了我成长的故事。我一边讲述着，一边观察她的反应，我发现当她听到我的奋斗过程时，她的眼里突然亮起了光。我立即鼓励她："命运是上天安排给我们的无法抉择的东西，但我们可以选择用什么样的姿态去面对。有的人选择接受、妥协，但有的人则不屈服，而是勇敢直面困难，努力拼搏改变困境。"慢慢地，小 Z 也开始主动向我哭诉她的委屈和难过……临别之际，我对着妈妈说："放心，我们会想办法帮助孩子的，不会让她没有书读，我们一起共渡难关。"此时，我将自己的一些"爱心款"交给了小 Z 妈妈，希望以自己的微薄之力为这个家庭带去一丝温暖。

又过去了两个月，我接到小 Z 妈妈的电话，她急匆匆地给小 Z 请假让她回家，原来小 Z 的爸爸因为伤口感染永远地离开了她们。小 Z 请了两天的假，同学们担心她的同时，还主动在班级中为小 Z 捐款。几个同学向我提出申请，希望能够放学后一起去看望小 Z。在取得小 Z 妈妈的同意后，我带着班级的几个同学去了她们的出租屋。小 Z 看起来很坚强，她主动让我们坐下并给我们端水，并宽慰大家不要担心她，她回到学校会好好学习的。大家聊了一会儿后，我们就回家了。当天夜里，我收到她发来的消息："老师，谢谢您，我能感受到您对我的关心和爱护，我一定不辜负您的希望，好好学习，成为自己想成为的人。"

三、家访效果

经过半个多学期的观察和了解，我发现小 Z 是一个有个性且要强的孩子，她很有自己的想法，做事情也雷厉风行。我认为小 Z 是管理班级的高手，于是对她委以重任——班级值周班干部。她值周的第一周我就收到了很多学生的私信，他们夸赞小 Z 将班级管理得井井有条，早自习和午自习只要有她在，同学们都安安静静地学习，很少有不听话的。某周的心灵本上，小 Z 这样写道："老师，谢谢您对我的栽培和重视，我为我之前的不礼貌和粗鲁向您道歉。我的家庭很特殊，我从小没有得到过爸爸的关爱，他除了打我就是骂我。所以，我逼着自己要坚强，把自己活得像只刺猬。但自从上次您去了我家，和我聊到您的经历，将自己的过往和奋斗和我分享，我慢慢地开始接受您了。再次感谢您的包容，谢谢您。"小 Z 在心灵本写下了很长的一段文字，我从中读到了真诚、道歉、感恩……在此后的很长一段时间里，我都能在班上看见她努力学习的身影，她不仅从阴霾中逐渐走出来了，成绩也有了质的飞跃。

四、家访启示

作为班主任，我们会遇到许许多多家庭，这些孩子都有着不一样的经历和成长环境。对于那些外表看似坚强而内心缺少关爱的孩子来说，他们渴望得到爱，渴望被理解，渴望被关注。作为班主任，我们需要多一些包容、多一些理解、多一些关爱，用我们的真诚和关心感化学生，让他们感受到老师的温暖和呵护。我相信，家访是敲开孩子心灵的敲门砖，持续的关爱是抚平孩子创伤的消炎药。可见，换位思考才能与孩子共情，真正走进孩子的内心，帮助学生走出心理困境，迎接更灿烂的人生。

拨开尘雾　繁星可见
——一个留守学生的家访案例

家访对象：小 W（男生，小学三年级）
家访形式：入户家访

一、家访缘起

学校迎来了一年一次的艺术节展示，全班同学都要上台表演。同学们都非常积极，希望能上台展示自我和班级风采。为了他们上台时整体呈现出好的效果，我在班级微信群中建议大家可以化一点淡妆。晚上我收到了小 W 姥姥的语音，询问孩子的化妆应该怎么处理，我及时和小 W 姥姥交流，在确定小 W 姥姥明白后，我们结束了通话。

第二天早上，我一来到教室，便看到坐在座位上默默哭泣的小 W。询问后得知，原来是班上的同学都带着美美的妆来到教室，小 W 的脸上只有两块涂抹得很不均匀的红色。我和小 W 交流后得知，小 W 觉得自己的装扮和其他同学完全不同，便伤心地哭了起来。我在安排好其他同学后，把小 W 带到了办公室。小 W 主动说道，他的爸爸妈妈常年在外地工作，而小 W 则和姥姥生活在一起。姥姥不懂如何化妆，与班级中其他家长也不熟悉，只能亲自动手，于是就出现了我刚进教室看到的那一幕。当班级中前来帮助同学们补妆的家长到达后，我便请家长先给小 W 重新化了妆。可在整个过程中，我都能感受到小 W 久久难以平复的心情。

后来，我时常能在课堂上关注到小 W 想要举起的手，以及那双渴望被发现的眼睛。他期待着老师能够发现他，当我请他起来回答问题时，他会非常紧张，但坐下后的那种窃喜在脸上怎么也藏不住。我发现小 W 其实并不内向和胆怯，他想要被看到、被认可。

如何才能减少小W内心的顾虑呢？我想更全面地了解小W，了解家长在教育孩子问题上的疑惑，于是我和辅导员准备去家访，与小W的家人进行面对面的交流，将小W的具体情况与家长进行沟通，争取可以从更多的方面去帮助小W。

二、家访过程

来到小W的家中，孩子和姥姥都很拘谨。我们向他们表明这次的家访是为了了解小W的具体情况，并寻找方法鼓励和帮助小W，期待他能在班级中更多地展现自己。他们的紧张感少了一些后，我主动和姥姥说起了孩子在学校上课的状态、作业、上课发言、下课与他人相处交流、午餐、在校劳动等情况，并请姥姥分享了外孙在家的情况，是否有主动完成作业、主动帮助姥姥分担家务事等。

通过交流，我们对于小W的情况有了大致的了解，在交流过程中我们也当着姥姥的面夸赞了小W。例如：积极主动地完成作业、上课认真听讲等。此时，小W的姥姥提到孩子的父母常年在外，每年寒暑假会将孩子接到身边，其余时间小W基本要一到两个月才会和父母见一次，对于小W的教育，姥姥表示自己是力不从心的。同时，姥姥也提到随着学习内容的增多和学习难度的加大，她对外孙的学习知之甚少，无法为他答疑解惑……

如何才能帮助小W，增强他的自信心呢？针对孩子姥姥提出的问题，我和辅导员一同"出谋划策"，提供一些可供实施的方法，期盼家长可以与老师一起为教育孩子而努力。

（1）家长要与孩子沟通在家完成作业的要求。小W需在规定时间完成自己的作业任务，语文及英语学科需要大声朗读，数学学科坚持每天进行计算练习。父母中能有一人每天主动联系姥姥，交流孩子在家情况，对孩子做得好的方面予以表扬。

（2）在家中，小W要主动为家人分担家务，锻炼自己的动手能力，也真实地感受到自己是家庭的一分子。

（3）在学校，老师们会肯定小W的努力，并鼓励他在课堂上积极举手，对他的进步及时表扬，并告知家长孩子的进步之处。

（4）结合自己的特长，积极为集体贡献自己的一分力量。

家访临近结束时，我们还将准备好的课外书籍送给了小 W，引导孩子以书为伴，多阅读，增长知识，拓宽自己的视野，提高语言表达能力和思维能力。

三、家访效果

学生的成长不能只靠一方的力量，还需要有多方力量的协同，当学生感受到老师对自己的关心和关注，他内心的孤独感便会减少一些。当家长和老师一同为孩子的进步而携手努力时，孩子内心的怯懦感也会随之减少。

此次家访之后，我发现小 W 有了变化。在班级中，他主动要求担任班级的餐盘管理员，努力履行着自己的职责，在同学们浪费粮食时，他主动上前提醒；在卫生打扫时，他也乐意帮助其他的小朋友。在课堂上，他开始自信地举手，每次回答正确后，脸上洋溢着的笑容越发灿烂，还会在老师需要帮助的时候，立马过来询问自己能帮忙做什么……我仿佛看到这颗藏在草丛的小星星正悄悄地探出头来，将自己自信地展现出来，他的身上这些小小的光芒，正在照耀和温暖着周围的人。

四、家访启示

许多留守儿童内心对于父母的期盼是任何人都无法填补的，但注意力是可以转移的。当孩子发现自己可以通过努力去散发光芒，找到自己的存在感，那么脆弱的内心就会逐渐变得强大起来。他会用自己的行动去温暖每一个人，从而发现自己的价值，他们就像藏于草丛里的小星星，小心翼翼躲藏，却又期盼着被发现。作为教师，我们需要给予他们走出来的勇气，让他们可以坚定出发，向阳而行。当他吸收了足够的光芒，自己也会学着散发光芒，在时光清浅处，勇敢前行，不畏山海，不畏黑暗，自放光芒。

以爱为引 为心觅路
——一个情绪冲动学生的家访案例

家访对象：小 X（男生，小学一年级）
家访形式：入户家访

一、家访缘起

我们班的小 X 是一个可爱帅气的小男孩，但有点内向害羞。他上课总是很认真，专注地听讲，作业也完成得很不错，但是他上课几乎不会主动回答问题。下课时，别的男生都在操场玩耍，而他总是喜欢自己坐在教室里安静地看书或者做其他事情。与教室外洋溢着灿烂笑容的孩子相比，他显得那么形单影只、格格不入。作为班主任，我也曾多次跟他聊天，让他下课到教室外面去走一走，但似乎没什么用。我也逐渐意识到每个孩子都有不同的性格，都有自己独特的特点，性格内向不是问题，并不是每个人都必须外向开朗。

但最近一段时间连续发生在他身上的两件事情，让我开始为他担忧起来。

刚开学没多久，在一次全班排队集会的时候，我和数学老师突然听到队伍中发出哭喊声。我们循声跑去，在队伍的中间发现了小 X，他正在不停地尖叫哭喊，场面极其失控。我们试图询问他怎么了，但他怎么也不愿回答，我们只好先安抚他的情绪，等他平静下来。周围的同学告诉我，在排队的过程中，站在小 Y 前面的同学往后退了一下，不小心撞到了小 X 的头。虽然这位同学已第一时间给小 X 道了歉，但小 X 不愿听他的解释，接着就发生了刚才的一幕。我们立即查看了小 X 被撞的地方，没有发现伤痕，又带他去医务室做了检查，医生也说没有大碍，此事最后在小 X 情绪平复后才得以解决。

这学期运动会开幕式，班上小朋友们都围坐在小圆凳上观看节目表演，我坐在队伍的后面。前面队伍中突然躁动了起来，我小跑过去，看见小 X 正在一边哭喊一边打他前面的同学小 C，我赶紧上前制止。经了解后得知，小 C 扔纸团不小心打到了小 X 身上，小 X 气不过便和小 C 发生了争吵，最后升级为肢体冲突。

我认真对以上事情进行了分析，发现小 X 经常会因为一些小矛盾就和同学发生争吵，有时大哭大喊，有时大打出手。小 X 的种种表现表明，他不太会控制自己的情绪，即使事情再小，也不知道怎样和同学友好相处，也不懂得如何用正确的方式去表达自己的情绪。于是，我和科任老师决定找个合适的时间对他进行家访，了解小 X 在家的一些情况，共同帮助小 X。

二、家访过程

约定好时间后，我们来到了小 X 的家，接待我们的是小 X 和妈妈，小 X 显得格外害羞和拘谨。但小 X 妈妈却是一个很开朗的人，她热情地接待了我们，并告知我们爸爸不在家，所以只能由她来与我们进行交流。

妈妈告诉我们，小 X 不喜欢出去进行户外运动，平时比较喜欢宅在家中，喜欢安静，总体来说比较乖巧，不愿意与其他小朋友玩耍。在家里和父母发生矛盾或遇到不顺心的事情时，他总是喜欢大声地哭喊。当我们问起小 X 的爸爸时，妈妈很无奈，她说小 X 爸爸的工作很忙，每天早出晚归，和孩子沟通交流的时间少之又少，也没有时间陪伴孩子的学习，两父子的关系也一般……通过与小 X 妈妈的交流，我们认为小 X 在建立情感态度、树立价值观的关键时期，需要父母共同关心和引导。

随即，我和科任老师也将孩子在学校发生的几件事情同妈妈进行了沟通交流，小 X 妈妈听了我的讲述之后，这才意识到需要关注孩子的情绪表达。

通过沟通与交流，我们希望家长能够做到以下几点：

（1）走出去。爸爸需要明晰作为父亲的职责和义务，需要兼顾工作和孩子的教育。爸爸可以利用一些休闲时间，带小 X 出门进行户外活动，让孩子感受到父爱，增进父子之间的情感。

（2）蹲下来。父母需要在日常生活中多关注小 X 的情感需求，当孩子与家长沟通发生矛盾时，家长要学会先安抚孩子的情绪，拍拍他的肩膀，蹲下来与他沟通，告诉小 X 爸爸妈妈愿意听他说自己内心的感受。

（3）融进去。父母要多鼓励孩子和其他同龄小朋友一起玩耍，小 X 可以主动去外面和大家玩耍，也可以请同学、同伴到家里来。这有助于孩子学会与他人交往。

三、家访效果

经过与家长的多次交流，小 X 的爸爸也终于意识到了自己在教育孩子方面的问题，主动联系到我，并对我提出的建议表示感谢，也表示自己一定会尽一个父亲应尽的义务和责任。终于，在爸爸妈妈共同的努力下，在整个家庭的通力配合下，小 X 的状态开始有了一些改变。

学校里，老师们也关心着他，肯定他的进步，他也主动积极地为班级做事。一段时间后，小 X 逐渐变得开朗起来，开始愿意和老师、同学交流，正常表达自己的一些想法。与同学发生矛盾的次数有所减少，小 X 也逐渐开始调整自己的情绪表达。最让我们开心的是小 X 终于有了自己的好朋友，他们两个人经常在一起玩，还会在周末相约去图书馆看书。

四、家访启示

正确表达自己的情绪也是需要学习的，当孩子无法控制情绪时，他还不知道自己的做法可能会伤害到别人，也会伤害到自己。对于性格比较内向和害羞的孩子，我们不能一味地去批评、指责他，那样只会把他越推越远，让他越来越迷茫无助。无论是家长还是老师，都应深入、细致地了解，多一分耐心和细心，做到对症下药、有的放矢，给孩子的情绪找一个宣泄口，用温情去感染他，给他烦躁的心找到一个安全的出口。

爱在家访　花开无声
——一个生活自理能力欠佳学生的家访案例

家访对象：小 M（男生，小学三年级）
家访形式：入户家访

一、家访缘起

肉嘟嘟的小 M，很黏人，是老师身后的小尾巴，老师们特别喜欢他。
"老师，您上课辛苦了，多喝水哦！"
"老师，我好喜欢您啊！"
"老师，我今天表现好吗？"
……

这样一位乖巧可爱的小男生，在课堂上却时时发呆，作业拖拉，一说到学习就让人头疼。对于这个尊重老师却又问题频出的小 M，我得帮助他找到问题的原因，及时想出解决办法。此后，我随时关注小 M，并把小 M 的情况记录下来，一段时间后，我发现小 M 有着以下明显问题：

（1）专注度不够。小 M 很容易分心，一会儿做这样，一会儿做那样，最后什么也没有做成。例如：上课期间，全班同学正在认真做作业，突然有一个孩子说话，他立马就可以应和上去；上课时容易走神，老师讲了什么也不知道；老师前一秒讲了做作业的要求，他当即就问："老师，题目写在作业本上还是数学书上啊？"

（2）自律性较差。每天老师在清查家庭作业的时候，小 M 的作业本总是空白。通过观察，我发现小 M 总是在下课铃声打响的第一时间冲出教室，既没有收拾课本，也没有认真听作业的具体内容。等到老师检查作业时，他才发现自己根本没有完成课堂作业，顿时不知所措。

（3）依赖思想重。每天教室的一日三扫，当轮到他们小组打扫卫生时，很少能看见小 M 的身影。每周一换的座位，小朋友们都是自己动手挪桌子，可是他却迟迟不动，热心的同学们会在搬完自己的桌椅后帮助他。轮到他值日时，他总是不能第一时间去擦黑板，同学们实在是看不下去了，也主动上前去帮忙解决问题。

（4）学习力不足。小学进入三年级后，各科的学习难度呈现出加大的状态，而小 M 的学业成绩也有所下滑。我试着和小 M 聊过学习的事情，他表明自己很想学习，但很多时候听不太明白，学习动力也不足，有时甚至有了不想学习的想法，不知道学习到底是为了什么。

二、家访过程

为了更好地了解小 M 在家的情况，我和语文老师一起去小 M 家进行家访。他们一家人非常热情地在楼下等待我们的到来。这是一个七口之家，小 M 还有两个妹妹，爷爷奶奶帮忙照顾一家人的饮食起居。

妈妈邀请我们坐下，然后转身对小 M 说："儿子，快去给两位老师倒杯水。"小 M 很积极地冲进了厨房，但很快就出来了。"杯子在哪里啊？"奶奶在一旁焦急地描述水杯的位置，小 M 似懂非懂地再次冲进厨房，几分钟后还是没有找到水杯。此时，奶奶急忙站起来，去厨房找到水杯，给我们倒水。

我们和妈妈反馈了小 M 在学校做作业拖拉、上课注意力不集中的问题，妈妈对此也感到头疼，她说道："小 M 在家做作业也很拖拉，注意力不集中，即使关着门在房间写作业，一旦妹妹打开电视，他第一时间就能察觉到，然后就会放下作业跑出来看电视。每天的作业都是我催促他写，如果我不监督和催促他，他可以一直玩，对于他的学习，我们简直是没有办法。"

在沟通中，我们了解到小 M 的爸爸是一名机长，长期不在家，家里琐事都是妈妈操劳，小 M 平时很调皮，但每次爸爸回来，小 M 就会表现得很乖。爸爸对他很宠爱，而且只要小 M 表现好，爸爸便会满足孩子很多"无理"的要求，比如购买许多价格偏高的玩具。

通过以上的了解，我们知道了小 M 是一位在爱中长大的孩子，家人把他保护得太好了，太宠爱他了。现在孩子上三年级了，在家没有洗过碗、没有拖过地、没有煮过饭……其实，导致这些现状的原因有很多，但最直接的原因是父母都觉得孩子的学习最重要，不愿意让孩子把时间放在与学习无关的家务劳动上。

在与小 M 家人的交谈中，小 M 全程表现得很乖，用渴望的小眼神看着我们，期待老师们对他有一定表扬性的语言。抓住小 M 的这个心理，我和语文老师当着家长的面夸赞道："小 M 是一个非常爱思考的孩子，有一次回答了一道全班都没能回答上的数学题，说明他逻辑思维能力很好。"我们也表示，如果小 M 能再勤奋一些，那成绩一定更好。同时，我们也夸奖了小 M 是一位非常懂礼貌的孩子，总是会热情地和老师打招呼；如果有同学生病，他愿意第一时间陪同学去医务室就医……他的小脸蛋逐渐泛红起来。

"老师们都特别喜欢小 M，你可要继续发扬好这些优点，如果能把一些不好的习惯改掉，那将会更好，你想改变自己吗？"我语重心长地问小 M。小 M 使劲地点着头，我感受到了他的决心。

为了引导爸爸妈妈帮助小 M 改掉不良习惯，我们一起就小 M 的表现进行了深入的探讨交流，达成共识后，我们决定采取以下措施：

1. 提高其专注力

小 M 在家学习期间，家里尽量避免出现过于嘈杂的声音，给小 M 一个安静的环境，让他学习时能更加专注。家长也可以和孩子一起制定合理的时间安排，借助一些打卡任务，把学习当成一种游戏。这样不仅能提高孩子"学习任务"的积极性，还能在"学习任务"时提升孩子的专注力。益智类的玩具可以很好地训练专注力，比如走迷宫、找不同。孩子在玩耍时，家长可以陪同其一起玩耍，这能很好地训练孩子的观察力与注意力，从而更好地锻炼其专注力。

2. 激发其内驱力

我鼓励家长在发现小 M 的进步时及时表扬，并且帮助孩子找到人生目标或理想，帮助他树立正确的人生观和价值观，调动他学习的积极性。比如：同孩子一起规划和设定未来的梦想。如果小 M 的梦想和爸爸一样，能够在蓝天自由飞翔，家长可以和小 M 一起谈谈当机长的各种条件，包括身体素质、知识储备等。同时，家里也需要给他分配一些劳动任务，让他每天协助家庭成员完成一些力所能及的事情。

3. 培养其责任感

本次家访的目的是跟家长交流科学的育儿理念，帮助家长转变观念，打破"唯分数论"的观点，逐步培养孩子的其他能力。同时，教师要引导父母及家人不要包揽孩子的一切，要学会放手让孩子去做力所能及的事情，这样才能让孩子独立去面对生活，培养一定的责任感，例如：学会简单的做饭和炒菜、洗自己的贴身衣物、扫地、擦桌子等。

4. 提升其学习力

兴趣是最好的老师。我引导家长要善于发现小M的兴趣和特长，并加以鼓励和支持。在交流中得知小M喜欢拼乐高，而且拼乐高时专注力很强，我和家长打算借助乐高提升孩子的注意力，以此提升学习上的注意力。同时，我和家长制订出了一套适合孩子的学习计划，希望小M每天完成学习后做自我评价，在总结和反思中不断提升学习力。

临走时，我微笑着告诉小M："老师相信你可以做得更好，期待你的改变。"在这种和谐的聊天氛围中，小M的自信心更足了。

三、家访效果

家访后的一段时间，小M有了明显的变化，上学比之前来得更早了，早读时朗读的声音更大了，课堂上回答问题更积极了，课后作业也多次能按时上交了。小M回家能够做自己想做的事情，玩乐高、拼拼图、打篮球……妈妈也反馈，小M最近特别爱做饭，周末自己下厨，吃着自己做的饭菜，也不太挑食了。看来小M在专注力、责任感、学习力上都在变得越来越好。

四、家访启示

苏霍姆林斯基曾说："教育家访不是一种奢侈，而是教育中必不可少的必需品。"通过家访，教育者才能全面了解学生的情况和需要，进而制订个性化的教育计划，真正实现教育的目标。

每个孩子都是一朵花，绽放属于自己独特的光彩。教师和家长需要理性看待孩子身上出现的问题,并科学地分析问题、解决问题。家庭教育和学校教育共同协作,孩子才会成为更优秀的自己。

做一位有爱的老师,爱孩子,爱他身上的优点和缺点。

做一位细致的老师,观其行,听其言,察觉孩子内心的细微变化。

做一位等待的老师,缓一缓,看一看,在等待中见证学生的成长与变化。

在家访的路上,我用脚步丈量教育的信仰,用眼睛记录沿途的风景,在"教"和"育"的世界里穿行,感谢路过的每一缕阳光。家校共育,携手前行,爱在家访,花开无声。

心与心间　彩虹桥连
——一个生活有特殊困难学生的家访案例

家访对象：小 A（男生，小学四年级）
家访形式：入户家访

一、家访缘起

小 A 是一个非常聪明、勤奋的学生，成绩也挺不错。但在班级的活动中总是比较被动，缺乏担当意识，经常喜欢一个人待着，很少和同学、老师进行交流。家长会时，他的家长也没来参加。于是，我想到以入户家访的方式主动与家长沟通。为了家访的顺利进行，达到预期的目的，我提前准备好家访记录表等材料，以便进行信息的记录和收集。

我将打算去家访的事告知小 A，请他先和父母沟通，确定家访时间。得到的反馈却是他的家长不愿意接受家访。我心中充满了疑问。之后，我拨通了小 A 妈妈的电话，告知小 A 妈妈孩子在校的良好表现，以及希望与家长共同探讨小 A 的其他情况时，小 A 妈妈这才同意了家访。

二、家访过程

家访当天，我准时到达，敲开了小 A 家的门。小 A 正在写作业，小 A 的妈妈一见到我就拉着我的手说："老师，真是不好意思，我不是不愿意您来家访，起初我是担心小 A 这孩子在学校表现不好，不好意思见您。"我笑着说："您放心，我不是来批评小 A 的，我就是想多了解一下孩子的情况，想让孩子在学校变得更积极一些。"说到这里，小 A 妈妈也打开了话匣子，开始跟我沟通孩子的情况。沟通了大概一个小时，我这才知道原来她不是小A的亲生母亲，而是孩子的姑妈。小A两岁时父母离婚，谁也不愿意抚养这个孩子，姑妈主动承担起教养小A的责任，并带着年幼的小A从老家来到了县城生活。一家人原本生活得很开心，后来小A上幼儿园时，无意中得知了这件事，便开始闷闷不乐。小A姑妈一直在尽力开导小A，但效果并不好。而在平时管教时，小A姑父则表现得较为严厉，在孩子遇事不愿沟通、偶尔叛逆顶撞时，姑父就会情绪激动乃至动手打孩子，导致孩子变得非常胆小，也不太愿意去交朋友，慢慢变得孤僻。

小A姑妈接着说："其实我们都有感觉，小A是从知道自己的身世开始有了这样的变化，我们也都尽量地想办法去和他沟通，想让他从自己的情绪阴影里走出来，可感觉他就是听不进，我们真的也很无奈。"看着在阳台上认真写作业的小A，我很心疼，也希望能够帮助他走出来。

了解了小A的具体情况之后，我和姑妈邀请小A一同参与制订了独属于他的"家庭成长计划"。

（1）小A负责一项力所能及的家务，每日坚持完成，由姑父姑妈任意一方进行评价，评价语至少包含一项优点。

（2）小A要主动完成自己的作业并交给姑父或姑妈检查。

（3）当遇到学习或生活中的问题时，小A可以选择用语言或者写字的方式告诉姑父或姑妈。

（4）每天上下学，小A能主动与姑父或姑妈礼貌地问好。

孩子的变化来源于自身的不安全感，让孩子参与到家庭的任务中来，感受到自己也是家庭的一员，通过自己的劳动让自己的家变得更好，会让孩子产生存在感。另外，增加亲子之间的沟通，让更多爱的表达在家中存在，双方都能受其影响，表达爱才能看到爱。同时，我也指导家长要正确认识小A的变化，多一些耐心和关心，站在小A的角度去看待事情，主动倾听孩子的表达，了解孩子的内心与思想，给予孩子包容和理解。

三、家访效果

家访后的一段时间，我时常请小A帮助我完成一些班级小事务，并真诚地夸赞他。我鼓励他勇敢地表达出自己的想法和感受，我也愿意去倾听孩子的想法，并与他真诚交谈。与此同时，我还给小 A 定了一个学习上的小目标，希望他通过实现这个小目标，找到成就感。在接下来的日子里，小 A 的成绩逐步从进步 5 分到进步 10 分、20 分，一次次的进步也让他自己自信起来。

同时，我也在班级活动中给予他机会，让他慢慢融入班级中去，在与同学形成互帮互助的同伴关系时，也能充分展示自己的才华，从而逐渐提高他的自信心。经过一段时间的引导，小 A 逐渐变得开朗活泼了。更让我意外的是小 A 竟然在班干部竞选中主动报名竞选生活委员，他告诉大家，自己希望能为班级贡献一分力量。

小 A 的变化还不止于此，他主动来与我交谈，谈到了自己与姑父姑妈关系的变化，以及对他们的感谢。他还悄悄地写了一封感谢信，却没有勇气交给姑父和姑妈。我问他，"需要我帮忙吗？""好好好。"他激动地说道，并把信给了我。过了一会儿，我主动和小 A 的姑父进行电话沟通，把小 A 的变化告诉了他，并给他说了这封信的事情。放学前，姑父早早来到我办公室，阅读了这封信。看得出来，姑父很感动。"谢谢您，老师。孩子懂事了，我也需要改变自己的教育方法，去好好呵护这个孩子。"小 A 姑父主动说道。

不久之后，小 A 姑妈主动地找到我，高兴地告诉我，孩子现在正在坚持做着约定好的"家庭成长计划"，姑父也在转变自己的态度，他们之间的关系也变得更和谐了。后来，小 A 也开朗起来，在同学、老师的带动下，多次参加班级活动，还主动为班级服务，得到了大家的肯定。

四、家访启示

这次家访让我深刻地认识到，家访是学校与家庭、教师与家长、教师与学生之间搭建起的一个心心相通的彩虹桥。面对特殊家庭的学生，班主任要多一些了解和沟通，才能更好地在学习与生活中给予孩子指导和帮助。同时，班主任还需要多一些主动，与家长共同关注孩子的成长，彼此建立起相互了解、相互尊重、相互信任的良好关系，共同实现教育的本真价值。

晓之以理　爱之以情
——一个随迁学生的家访案例

家访对象：小 W（女生，初中一年级）
家访形式：特殊家访

一、家访缘起

初一开学已有两个月，学生即将迎来初中生涯的第一次期中考试。考试前期，不少同学看到小 W 有伤害自己的行为，就将这一情况告诉了我，我立即赶到现场，发现小 W 正在用小刀划伤自己的手，手上已有一些浅浅的刀痕。我马上带她到医务室处理了伤口，然后与她进行了单独沟通。

原来，她在小学四年级时就会不由自主地做出这样的行为，此后每次大型考试前或没考好的时候，都会以这样的方式来缓解焦虑。当天，通过与小 W 爸爸在学校见面交流，我了解到，小 W 自幼在县城老家读书，不仅学习成绩名列前茅，在钢琴演奏上也天赋过人，她还真诚大方、乐于助人，深受老师、同学的喜欢。

四年级时，小 W 被父母安排转学到省会城市的另一所小学，面对陌生的老师、同学，她感到无所适从。爸爸工作忙碌，妈妈在老家除了忙工作，更要照顾老、小（小 W 还有个 6 岁的弟弟），对小 W 的养育精力不足。在城里，只有外婆照顾小 W 的生活起居，一定程度上忽视了小 W 的心理需求。父母与小 W 通电话也只是关心其学习成绩，对于小 W 的适应困难和学习情绪低落缺乏重视，知道小 W 存在自伤行为，没有及时进行疏导，仅仅将孩子的学业退步归因于孩子不够努力，对孩子的责备比较多。之后，父母见小 W 的成绩实在没有起色，便取消了她周末的钢琴课程，而用周末课外辅导取而代之。小 W 与爸爸妈妈的关系变得非常紧张，对学习也逐渐失去了信心。

　　基于小 W 的以上情况，我决定到小 W 家进行一次家访。我期待通过本次家访可以达到以下目的：其一，引导家长正确认识孩子当前的心理健康状况，重视孩子的心理疏导；其二，减轻双方的焦虑或自责情绪，调动家长教育子女的积极性，取得家长的协助；其三，帮助家长掌握一些对小 W 当前学业和心理进行支持、反馈的教育方法和技巧；其四，多肯定亲子双方的积极表现，加深小 W 对父母的理解，减轻对父母教导的抵触情绪，和家长一起制订出一套改善当前现状的可行性计划。

二、家访过程

　　我与家长沟通后，约定好了家访时间，但小 W 却因突发疾病被送进了医院，确诊为阑尾穿孔，要进行阑尾炎手术并住院观察至少一周。父母、外婆轮流陪护，整个家庭表现出对小 W 极大的关怀。在与爸爸的交流后，家长表示担心此次生病会影响小 W 的学习，故而询问我是否能办理休学，重读初一，可见父母内心确实有很强的焦虑感。基于此，我临时决定将原本约好的家访地点改在了医院。

　　到了医院，身体虚弱的小 W 看到我，微笑着跟我打招呼。我给小 W 看了同学们和老师录制的祝福视频，她非常开心，感受到了同学们和老师的关爱。同时，我给她带去了近两天的学习笔记。我和小 W 交流了一会后，又与家长交流。我先是在家长面前表扬了小 W 的优点："乖巧懂事，温暖感恩，做英语科代表、生活委员的工作都很认真负责、任劳任怨、公正严明，对同学热心真诚，全班师生都盼望她早日回归班级。小 W 学习上也特别刻苦努力，不懂之处下课也会主动请教老师同学，作业错误之处会认真订正并积累到各科错题本上。"此时，我又继续向小 W 表扬她的家长："你的家人都很好，家庭氛围也很温暖，听说寒假期间妈妈全程陪着你学习，这学期每个周末，上大学的表哥还会来给你辅导功课，相信懂事的你也能理解他们都是为了帮助你创造更好的条件，对你的学习表现严格要求，也是因为希望你能有一个美好的未来。"我继续引导小 W，说道："爸妈工作比较忙，照料老人和弟弟的压力也比较大，你要多理解他们。至于父母对你学业表现出来的焦虑，你要学会正面反馈，正确表达自己的想法，不要用消极的情绪去抵触，也要考虑家人的感受。如果家人不断重复相同的话语，你可以主动表达你的内心感受，也可以与我交流，我来和爸爸妈妈沟通。"随即，我又郑重地对家长说："家长非常爱孩子，但也要慢慢学会理解孩子、表扬孩子，肯定孩子的进步，让孩子更加阳光自信，关注孩子身心健康比成绩更重要。周末多花时间陪伴孩子，增加有意义的亲子互动。散步、吃饭时不谈成绩，不谈学习，让小 W 能够更真切地感受到你们的爱是无私的、是无条件的。"

经过三方互动后，小 W 也更加理解父母了。随后，我引导小 W 要学会理解家长对自己学习的监督，以及对自己手机的监管，可尝试逐渐从"被监督"向"主动学"转变，与父母沟通使用手机的时间等。这样的沟通能让亲子之间增进沟通和理解，也能缓解彼此的紧张关系。

三、家访效果

经过一学期的观察和了解，小 W 逐渐建立了对学业和对未来的信心，在班级里我总能看到她与周围同学相互抽背、讲题的场景，期末成绩也比初一上学期期末进步了很多。小 W 主动与父母沟通自己的学习计划，遇到问题也会主动与父母沟通。同时，小 W 反馈说自己和家人的关系更加和谐了，父母也更加理解自己了。现在的她已经能很好地适应新学校，她将以更加饱满的热情投入学习中来。

四、家访启示

对待异地择校生的学业退步，教师不能用简单甚至粗暴的方法给家长"开处方"。这样不仅不能收到应有的效果，相反会加剧家长和子女、教师和学生之间的矛盾。教师要晓之以理，动之以情，和学生、家长一起认真诊断分析原因，对症下药，才能收到事半功倍的效果。

心若相印　爱亦有声
——一个心理脆弱学生的家访案例

家访对象：小 Z（男生，初中一年级）
家访方式：入户家访

一、家访缘起

初一刚开学，坐在最后一排的一个男生就吸引了我，他是一个高大帅气的男生。与他人交流时总是带着甜甜的微笑，亲切而又温暖。在班上，他和同学们相处得很好，还会主动帮助班级做事；在同学们一同外出去春游时，他总是背着重重的单反相机给每一个同学拍照；班级社会实践活动时，他也是二话不说，主动承担最脏最难做的任务。为班级做事，他没有一点怨言，反而感觉特别开心，即使是提着垃圾袋也能走出雄赳赳的气势。这样一个阳光而淳朴的大男孩，一下就得到班上同学的肯定。

随着时光的推移，本应渐入佳境的他，却在课堂上睡着了。原本我以为这只是因为他偶尔一次的贪玩，才导致上课状态差，对学习提不起兴趣。提醒几次后，情况并没有好转。我找到小 Z 和他单独交流，关切地问他是否发生了什么事。他却沉默不语。这样的情况让我十分担忧，他的逃避让我意识到这个孩子遇到什么困难了。于是，我开启了一场家访之旅。

二、家访过程

我们班一直有家访的惯例，为避免家长和孩子对家访过于紧张，开学初我便告知学生会入户家访每位同学，例行家访也是随机的。这周我选择了三位同学进行家访，而小 Z 就是其中之一。

第四章
教师开展个性化家庭教育指导案例

约定好时间，我和科任老师到了小 Z 家，小 Z 妈妈邀我们进门，并向我们介绍了小 Z 爸爸。待坐下后，我刚想和小 Z 父母聊聊孩子的情况。小 Z 爸爸便开始抱怨起来："小 Z 这个孩子，不懂礼貌，还不孝顺，一点不关心长辈。吃饭的时候，让他跟我说说话，他不说，放了筷子就进自己屋，把门一关。天天就知道在自己房间里面，不知道在干什么，简直被他妈妈宠坏了。照我说，这么不听话就该挨打，不然还不懂事。"

爸爸口中那个桀骜不驯、不懂礼貌的孩子，与在学校的小 Z 完全不同，让我十分诧异。于是，我便将孩子在校有礼貌、爱劳动、善交流、热心班级事务等情况告知家长，并表达了对于孩子的喜爱。

此时，小 Z 妈妈也提到了家里的一些情况。小 Z 爸爸因工作需要，长时间住在西藏，一年回家的时间比较少，对孩子的陪伴也很少。一回家就比较直接地批评孩子种种不是，聚少离多又加上小 Z 爸爸性格火爆，让孩子内心很是抵触。爸爸少有的沟通言语中更多的是对孩子的否定和批评，让小 Z 感觉不到爸爸的爱。为了不与爸爸有过多的交流，他常常把自己关在屋里，情绪不佳时就以玩手机游戏的方式来转移自己的注意力。小 Z 的自控能力较差，沉溺游戏中就没有时间观念，经常睡得很晚，以至于影响到第二天的上课状态。

表扬是一味良药，面对小 Z 爸爸的种种不满情绪，我和科任老师对于小 Z 爸爸为了家庭远赴西藏的行为表示钦佩，肯定了爸爸对于家庭、对于孩子的付出。我们真诚地赞扬了孩子在校的优秀表现，以及小 Z 在学校所获得的老师和同学们的认可。听到这些后，小 Z 爸爸紧张的表情渐渐放松下来。随即，我将平时与小 Z 妈妈交流的内容转述给小 Z 爸爸，并把小 Z 妈妈为孩子所做的事，为家庭所付出的努力一一道出——小 Z 妈妈一个人除了照顾孩子，还要督促孩子的学习，照顾孩子的起居。说到这些内容时，坐在一旁的妈妈默默流下了眼泪，小 Z 爸爸也表示自己确实有些急躁了。

与此同时，我们也给爸爸指出了青春期孩子的性格特点以及陪伴的重要性。父母的陪伴是孩子成长过程中不可或缺的，希望小 Z 爸爸能尽量转变对于孩子的教育方式。

当大家的情绪都已经稳定下来时，我们便开始从问题入手，寻求解决方法。

（1）家校协同共促孩子成长。爸爸需要平心静气地与家人沟通，缓和家人之间的关系，并且用实际行动来改变孩子对自己的看法。另外，在生活和学习中多一些鼓励和陪伴，可以陪陪孩子散散步或打打球，在陪伴中增进父子之间的情感。

（2）母亲需要管理孩子的手机。母亲与孩子商量使用手机的时间，做好相应的管理。同时，母亲可以多与孩子散散步、聊聊天，与孩子一起家务劳动等，以此来转移孩子的注意力。

同时，我也送了小Z一本书《幸福的方法》，希望他读了能找到让自己幸福的方法，当爸爸妈妈做出改变时，自己也能用自己的力量让爸爸妈妈获得幸福的感受。

三、家访效果

由于小Z父亲工作繁忙、长时间不在家等缘故，我还是比较担心小Z父亲能否按照家访的约定做一些改变，所以对于小Z家的后续追踪肯定是少不了的。我坚持每周一次提醒小Z父亲主动给小Z打电话或者是视频聊天，希望父亲除了关心小Z的学习外，更多关心孩子的身体健康、衣食冷暖、了解孩子的思想等。就这样坚持了一个学期，父亲用自己的言行给孩子做了一个好榜样——改变永远都不会太晚。慢慢地，父亲取得了小Z的信任和依赖，两父子经常利用周末时间通电话，父亲利用假期回来时也能和小Z一起骑骑自行车，下下象棋。这个家庭中又有了曾经的温暖，我又看到了阳光男孩绽放的笑颜……

四、家访启示

每一个孩子就如同一株小树苗，他们与父母在家庭中共同成长。只要家长愿意用心去灌溉这株小树苗，不管风雨多大，他们都会在爱中茁壮成长。教师可以通过家访的方式，面对面地与家长真诚沟通，引导家长用爱和关心来教育孩子，必定会有意想不到的收获。孩子遇到困难时，老师轻声的问候和关切的话语会让孩子感受到爱，也会渐渐获取爱，懂得学会幸福的方法。家访也是开启孩子心门的一把钥匙，让我们与孩子心手相牵，用爱点亮孩子生命之灯。

理解孩子　接纳不足
——一个重组家庭学生的家访案例

家访对象：小 A（女生，初中二年级）
家访形式：入户家访

一、家访缘起

小 A 是个文静的女孩，喜欢看漫画，也喜欢画漫画。写得一手漂亮的字，学习能力也很强，是各科老师眼中的乖乖女。最近，小 A 时常不能按时完成作业，在座位上默不作声，并经常以感冒、肚子痛为由不上学或者请假回家。几次与小 A 单独沟通都收效甚微。于是，我决定通过家访的方式去了解小 A 在家的情况，并与小 A 爸爸电话沟通确定家访时间。

二、家访过程

来到小 A 家，小 A 爸爸热情地接待了我，并主动说起家里的情况。原来，在小 A 八岁时，她妈妈就去世了。之后，小 A 爸爸重新组建了家庭。但因工作地点较远极少回家，小 A 的饮食起居、教育责任更多地落在了继母身上。在情感基础薄弱的情况下，小 A 和继母时常发生矛盾。在外上班的爸爸经常接到小 A 哭诉的电话，指责继母对她管理严格、要求过多。刚开始时，小 A 爸爸还会认真倾听并安慰小 A，随着次数的增多，以及放假回家后看到孩子各方面的表现确有不足，小 A 爸爸就会直接当着继母面批评小 A。比如：放学回家后就拿出手机开始玩游戏；多次提醒小 A 该完成作业，小 A 就是不听；晚上会悄悄地玩手机，玩到很晚……

并且，小 A 最近总是会以身体不舒服为由，要求小 A 爸爸请假回家带她去医院检查。最初几次，小 A 爸爸都及时回来，带孩子去医院检查，全面检查后却又检查不出任何问题。于是，小 A 爸爸又匆匆赶回公司上班。后来，小 A 爸爸觉得来回奔波实在是太辛苦了，便不再请假，让继母带着小 A 去医院，可依旧没有查出任何问题。继母想让小 A 回学校继续上课，但小 A 始终坚持自己的身体就是不舒服，需要休息。小 A 一回到自己的房间便玩起了手机，继母就手机问题对她进行说服教育，小 A 不服气，两人便又开始了激烈的争吵。小 A 爸爸觉得孩子就是以身体不舒服为由，在家玩手机游戏，也对小 A 进行了严厉的批评。这段时间家里的气氛非常紧张，小 A 爸爸也非常无奈，工作的压力，再加上小 A 的学习状态和学业成绩越来越不如意，家里争吵不断。

在交谈中，小 A 爸爸几度哽咽，让我感受到了他对于小 A 的爱，同时还有诸多无奈和焦虑。于是，我便开始和小 A 爸爸分析孩子出现问题的原因，最终我们得出这样一致的猜想：小 A 想通过自己的方式来获得爸爸的关注。不管是哭诉也好，生病也罢，小 A 在用自己的方式让爸爸主动关心她、陪伴她。当小 A 发现自己的行为并没有得到预期的效果时，她就开始用不同的方式进行尝试，例如玩手机、不完成作业、引发冲突等。归根结底，小 A 缺少安全感。因此，我建议小 A 爸爸可以主动和小 A 谈谈心，倾听孩子内心的声音，在生活中多发现小 A 的优点，出现问题时，帮助小 A 理性地分析，寻找解决途径。

此时，恰逢小 A 和继母回到家中，小 A 有礼貌地向我打了招呼后便回到了自己房间。我和小 A 爸爸达成一致意见后，小 A 爸爸表示愿意去做出改变。其实家长走出第一步还是有难度的，于是，小 A 爸爸决定利用好今天的机会去和小 A 敞开心扉地聊一聊。我告诉小 A 爸爸由我先去和小 A 谈，然后再由小 A 爸爸去沟通。

我来到小 A 的房间，就看到小 A 坐在床边低着头默默流泪。我还没有开始说话，小 A 便问我："我是不是真的让人讨厌，爸爸一回家就是批评我，妈妈也觉得我什么都做不好，他们都不喜欢我，是不是不想要我了？"小 A 的话让我感觉到，她的心中堆积了许多不良情绪无法释放。她想用生病的方式来换取爸爸的陪伴和关注，可几次过后发现不仅没有用，反而适得其反，让家里的关系更加糟糕。小 A 的不安全感让她无法理智地分析问题，正确地表达自己。此时，我对小 A 说道："小 A，爸爸今天没有批评你，而是告诉老师，他没有照顾好你，他很自责。"接着，我将小 A 爸爸每次听闻小 A 生病时的焦急、在两地间奔波的辛苦、在发现小 A 成绩下降却无计可施的焦虑告诉了小 A，小 A 突然沉默了……

这时，小 A 爸爸进来了，拉起了小 A 的手。我说："小 A，好好和爸爸聊一聊，有什么心里话，主动和爸爸说一说好吗？"于是，我走出了房间。

半个小时后，小 A 爸爸牵着小 A 的手一同走出房间，我看到小 A 的脸上露出了一丝久违的笑容。小 A 爸爸主动说道："我确实因为工作原因，对小 A 的关心和照顾还不够，的确是我的失职。在某些方面做得不够好，我也进行了深刻的反思。我希望以后有任何事情时，小 A 可以主动地、坦诚地告诉我，爸爸永远是小 A 坚强的后盾。当然，我如果哪里做得不够好，小 A 也要及时提醒我，我尽量去调整。"小 A 欣慰地点点头，表示自己会试着去体谅家长工作的不易，遇到问题时，主动和家长沟通。

三、家访效果

次日，小 A 主动告诉我，她认识到了这段时间的行为方式欠妥，向我表示了道歉和感谢。同时，我也收到了小 A 爸爸的信息，他表示会努力调整，主动和孩子多沟通，并真诚感谢了老师的帮助。

在之后的一段时间里，我持续关注小 A 的状况，并给小 A 爸爸提出一些建议，例如：对待小 A 生活中出现的问题，尽量由爸爸来沟通；当爸爸工作繁忙无法回家时，也要通过电话、语音、文字等方式表达对孩子的想念……

我也时常与小 A 交流，鼓励小 A 将自己的优点展现出来，肯定她的努力与进步。一段时间后，我发现小 A 上课时专注度更高了，学习成绩也在逐渐提升，作业完成度也更高了。

四、家访启示

其实，孩子很多的"突然变化"都有迹可循，家长只有真正站在孩子的角度去思考问题，多听听孩子怎么说，才能感受到孩子的细腻情感。家庭的突然变故容易让孩子内心的不安全感骤然增加，需要家长了解孩子问题背后的原因，读懂孩子的内心世界。同时，家长还要学会正确看待孩子的缺点，当孩子出现问题时，不必过于焦虑，要冷静处理，想办法去帮助孩子改正不足，避免激化矛盾。

尊重个性　正向引导
——一个性格内向学生的家访案例

家访对象：小 Q 同学（女生，小学一年级）
家访形式：入户家访

一、家访缘起

开学第一天，我认识了小 Q 同学。人如其名，微微一笑，温润亲切，内敛沉稳，却有些内向。她是班级环创担当，做手工、画画、画黑板报特别棒，也积极为班级做事情。后来我了解到她平时就喜欢美术，爸爸也在教她练习书法。可是，当我把任务交给她时发现，她总是答应得很快，但不会去做，需要老师多次提醒才开始行动；在学习上，不管是平时作业还是阶段性的小测试，她的完成度都不太理想；在纪律上，她上课喜欢做小动作、玩东西，给其他同学造成了不好的影响。考虑许久后，我暂时撤销了她的担当，想让她引以为戒。接下来的日子，我开始时常关注她的情况，期盼她会有所改变，但她好像丝毫不在意，还呈现出新的问题。

一天，小 Q 妈妈给我发信息："老师，昨天小 Q 回来告诉我，她拿文具盒的时候，不小心把小 X 的头发弄到了，她说了对不起，结果小 X 还是打了她一巴掌。她爸爸让她主动来和老师交流，不知道来没有。我们家小 Q 比较内向，不敢和老师说，但是小 X 这种行为还是太过分了，可否提供小 X 家长的联系方式，我和他当面沟通这个问题。"小 Q 妈妈的信息内容让我意识到，这件事情如果不能妥善处理，可能会引发更深的矛盾。于是，我决定和科任老师一起去小 Q 家中进行面对面交流。

二、家访过程

家访前，我找到小 Q、小 X 及班级同学了解此次事件的经过。原来在课间休息的时候，小 Q 收拾文具盒，不小心夹到前排小 X 的头发。按照小 X 的描述，她当时以为小 Q 是故意的，就拍了一下小 Q 的腿，并没有打小 Q 的脸。当双方所说情况有出入时，我便询问小 Q，可孩子却说，她没有给家长说小 X 打了她的脸。

放学时，小 X 妈妈从小 X 那儿了解到了这件事。她听说我要去小 Q 家进行家访，便希望和我一起去。于是，我和小 Q 妈妈电话沟通了此事，并把与小 Q 沟通的内容进了简单的交流。小 Q 妈妈的情绪也没有之前那么激动了，也意识到或许有些误会，就答应了。

我和小 X 妈妈一起来到小 Q 家。小 X 妈妈主动关心小 Q 有没有伤到哪儿，需不需要去医院，如果有伤情，愿意承担一切医药费。同时，小 X 妈妈还说小 X 这次的行为确实有失妥当，不管怎样都应该和小 Q 好好说，不能动手。在小 X 妈妈表达完后，我将今天了解到的事实经过与小 Q 爸爸妈妈进行了沟通，并让小 Q 自己和爸爸妈妈讲清楚事件的经过。误会解除后，两个孩子互相道歉，家长们也握手言和。

在小 X 妈妈离开后，我和小 Q 爸爸妈妈进行了沟通。爸爸说，孩子性格内向，有什么事情总是自己憋着，昨天回家后就闷闷不乐的。多次询问，孩子支支吾吾地表达不清楚，就听成了同学故意打了她一巴掌，所以我们的情绪就有些激动。之前在小区里，也曾有个男同学无缘无故打了小 Q 的手，小 Q 疼得哭了起来。我们想让她说出打她的小朋友是谁，她却始终不开口，这件事情也就不了了之。

通过交流，我发现小 Q 有些害怕与他人交流，不愿意将自己的想法与他人沟通，所以爸爸妈妈也非常紧张，担心孩子受到欺负。原来，小 Q 的父母平时很忙，从一年级下期开始主要由爷爷奶奶照顾，但爷爷喜欢下棋，奶奶喜欢打牌，常把她一个人留在家里写作业，也不让她和小区的小伙伴玩耍。久而久之，小 Q 的性格就变得腼腆、懦弱、不自信，因为她不爱说话，总是在一边画画，做自己的事情，班上也没有几个同学愿意和她一起玩。小 Q 上课不敢抬头看老师，不敢举手，所以知识也没有学懂，成绩也就不好。

听了小Q父母的叙述后，我给他们提出一些建议：抽时间多陪陪孩子，在陪伴中与孩子沟通交流，多关注孩子的心理变化，让孩子感受到父母的爱。同时，我也跟小Q父母说，老师们会在学校里更多地关注和帮助她。

回到学校，我又找了小Q谈话，引导她在学校遇到困难或者其他事情时，可以主动找到老师沟通或寻求帮助。

三、家访效果

家访之后，我时常鼓励小Q参加学校和班级的各种活动，在活动中展示自己。渐渐地，这个胆小的姑娘越来越大胆自信了。内向的孩子，需要老师更多的关爱和理解。老师还要努力去发现孩子内心向上的种子，激发孩子成长的内驱力，让他们找回自信，走出自卑、内向的困境。

基于此，我还在班上开展了"打破内向，向阳而生"的主题班会活动，并时常与内向的孩子单独交流沟通，了解他们的情况，给予他们适当的鼓励。

四、家访启示

内向的孩子大多比较自卑，不善表达，上课注意力也不容易集中，其实他们也渴望得到老师、家长的关爱和肯定。如果我们给他们多点鼓励和引导，多关注、多关爱，他们或许会表达更多内心的想法，向身边的人敞开心扉。我们要学会欣赏百花齐放，也要尊重独一无二。孩子就像花朵，各有花期，各有特质。相信终有一天花会绽放，散发自己的芳香。

# 心诚所至　友谊花开
——一个爱告状学生的家访案例

家访对象：小 L（女生，小学三年级）
家访形式：入户家访

一、家访缘起

一天下午，课前预备铃刚刚响起，我正收拾书本准备去教室，可还没迈出办公室的门，就来了一群"热心市民"大声呼喊："老师，不好啦，大 L 和小 L 在卫生角又吵起来啦！"

"老师，大 L 和小 L 都在教室里哭。"

……

这对 L 氏好姐妹是班级学习中的佼佼者，她们有很多相似之处，比如热心、能干，思维敏捷、口齿伶俐等。一年级刚入校时，她俩就从主持人大赛中脱颖而出，双双晋级，当时整个小学组只有三位同学晋级。两位女孩儿还一起代表班级参加朗诵比赛、课本剧表演等，平时相处时一会儿亲如姐妹，一会儿又斗嘴如敌人，真是一对欢喜冤家，叫人哭笑不得。在班级其他同学七嘴八舌的叙述中，我对她们此次吵架的过程有了个大概的了解。

原来，英语课上，大 L 把书立起来靠在了前排的小 L 背上，小 L 感到不舒服就转过身瞪大眼睛"提醒"大 L，但大 L 却误认为小 L 在凶她，顿感不满。下课后，大 L 质问小 L 在自己不是故意的情况下为什么要凶自己。小 L 更不服气了，就把大 L 平时座位坐得宽、垃圾到处乱踢、有矛盾时喜欢骂人等事情拿出来反驳。两个人互不相让，边哭边说，声音越来越大，围观同学也越来越多，最后这场"辩论"便上升到"吵架"。

我开始思考造成当前现状背后的原因，并分别与两个小朋友进行了交流。我将她们分开，分别问了她们同一个问题——"相互指责的时候，你是真的那么讨厌她吗？"大 L 委屈地说："我不讨厌小 L，她经常告我状，我都没有介意过。"大 L 的回答在我意料之中，小 L 真的经常来告状，被她告得最多的就是大 L。大 L 是个开朗的小姑娘，这些不愉快的事情她能很快消化掉，迅速翻篇。而小 L 则给出了截然不同的回答，她没有半点犹豫："我是很讨厌她！"对于小 L 的回答，我很意外，同时，小 L 表现出的态度也让我很疑惑。为了更深入地了解小 L 的成长经历、在家表现以及与同伴的相处情况，我决定去小 L 家里进行家访。

二、家访过程

家访前，我找到大 L 并告诉她，我即将去小 L 家里家访，我问大 L 有没有什么话需要我帮忙转达，机灵的小家伙说她想准备一张道歉卡片。我非常欣慰，送给了小姑娘一张精美的卡片，对她的宽容和大度予以肯定。

我和小 L 家长进行了电话沟通，确定了家访时间和地点，在电话里也简单地谈到了两个小朋友这次吵架的经过。小 L 家长反馈，孩子回家后最常提起的同学就是大 L，但常常讲的都是两人的矛盾，以及她对大 L 的不满。家长对小 L 这样的行为也感到担心，我宽慰着小 L 家长，并希望通过这次家访，可以同家长一起与孩子谈谈，帮助孩子打开心结。

家访当天，为了避免我和家长交谈时小 L 在旁边尴尬，我将与小 L 同岁的女儿带去一同家访。小 L 听见有小伙伴要来，高兴极了，早早地就在小区门口迎接我们。

家长告诉我，自从去年 9 月小 L 的弟弟出生之后，小 L 就变得越来越计较。刚开始，家长认为可能是家庭中突然多了成员导致她不适应。同时，因为大人忙于照顾弟弟而忽略了她，于是，父母花了很长时间跟她沟通，表达对她的爱，但小 L 依然没有改变。有一次，弟弟不小心抓到了她的头发，她还动手打了不到半岁的弟弟。

小 L 从小语言能力发展特别好，说话早，声音甜美。幼儿园时期，每当小朋友之间发生小摩擦时，全班只有小 L 能给老师说清楚当时发生的情况。她很快就成了老师身边的小助手。慢慢地，她总是以"小老师"自居，常常跟老师讲其他小朋友犯的错。

通过与小L妈妈的交流，我们发现孩子在待人时缺少些宽容，并且孩子容易习惯性关注他人的错误行为。要想转变孩子的想法，就得让小L学会用欣赏的眼光去看待身边的人和事。

说到这里，我请她来到我们面前，将大L当天说的话告诉了她，她十分惊讶。我看到她的眼里涌上了一丝愧意，我把大L写的卡片递给她。小L接过后迫不及待地打开，小L认真地读着，眼泪顺着脸颊流了出来，她扑进妈妈怀里，懊悔地大哭起来。

等她情绪平复后，我语重心长地说："你是个自律的孩子，不用老师反复提醒，很多事情你都能第一次就做好。要是班上每个同学都能像你，那老师的烦恼就会少许多，不是吗？"听到这里，她破涕为笑。我继续说道："大L和你一样，你们都有自己的优点，也有自己的不足，在与朋友交往的过程中，我们应当更多地看到他人的优点，才能让自己变得乐观；在遇到矛盾时，也要懂得宽容，你想一想，你们两个发生矛盾时，大L是否都是选择了原谅？"小L连连点头。接着，她跑回房间拿出一张卡片，说道："老师，我准备做一个手工送给大L，当作我们和好的礼物。"我和家长马上肯定了她的这个主意。

在孩子准备手工的过程中，我向小L家长提出了两点建议：第一，家长要学会表达对孩子的爱，语言、行为都要更多地考虑她的感受，增加她与弟弟互动的机会；第二，家长在面对小L说起其他同学的不足时，要引导她学会换位思考，以及可以用怎样的方式来帮助同学改正不足，同时家长可以引导孩子在和同学交流时多去发现他人的优点；第三，孩子在家里犯错时，多引导孩子反思自己的行为，并通过自己的行动做出改变。

三、家访效果

家访后的第二天，两个好姐妹进行了交流，她俩还手写了一份《L氏姐妹约法三章》。

（1）不互相告状，只互相提醒和帮助。

（2）发生矛盾时，一人讲一个笑话，不说伤害对方的话。

（3）谁有错，谁主动道歉。

经过一段时间的观察，家长反馈小L在家对弟弟温和了许多，会主动逗弟弟笑，出门主动照顾弟弟等。孩子回家还是会继续分享与大 L 相处的故事，但再也没有提及闹矛盾、吵架等。

现在的她们一起开心地玩，一起合作做事；学习上你追我赶，一同进步；生活上互相帮助，彼此都能感受到对方的关心。

四、家访启示

皮亚杰的道德认知发展理论认为："积极的同伴交往经验有利于孩子自我概念和人格的发展，会促进儿童亲社会行为的发展，并抑制不良行为的发生。"成长是一片天空，有时乌云密布，有时阳光明媚，班主任和家长就是这片天空的守护者。孩子在与同伴交往的过程中，可能会出现许多问题，我们不能粗暴干涉孩子选择同伴，她们有交往自由，但我们能帮助孩子学会原谅和宽容，学会理解他人。这样，孩子也会在成长过程中变得更加懂事与成熟。

洞察变化　抓住契机
——一个心系班级荣誉学生的家访案例

家访对象：小 H（男生，初中一年级）
家访形式：入户家访

一、家访缘起

一天课间，我正在办公室批改作业。突然，两位学生跑到我跟前，慌张地说："老师，不好啦，小 H 和 9 班的小 A 打起来了。"小 H 是我们班一名高高帅帅的小男生，心直口快，为人仗义，喜欢运动，平时除了贪玩没有出现过大的问题。我迅速赶到现场，看见小 H 正和同学厮打在一起。我当即制止，两人便松了手。

我将小 H 带到办公室，严肃地询问他打架的原因，他理直气壮地说是别人先骂自己，所以自己才动手打人的。我听后很生气，批评了他。一番教育之后，小 H 口头立下"以后不再打架"的保证。

没想到第二天我刚到办公室，昨天挨打的小 A 急匆匆跑到我面前哭着说："老师，昨天放学小 H 又来打我，还说要是我敢'告状'，他还要找我……"这时，我才意识到昨天我对小 H 进行的教育是无效的。这孩子平时在班上表现良好，怎么会一而再再而三地出现这样的情况呢？我思考着此事，冷静了下来。心想：我一定要将这件事的来龙去脉弄明白。

于是，我认真地听了小 A 的讲述，安抚好小 A 的情绪，让他放心学习，我会马上处理此事。然后，我立即到教室向其他同学了解此事。

经了解，9 班的小 A 把饭菜倒在了我们班食堂桌面上，小 H 发现后很生气，因为饭后餐桌未清理，班级会被扣分。于是，小 H 便与小 A 争吵了起来。大家言语比较过激，在互相推搡下便有了肢体冲突。小 H 本来是为了班级荣誉才和别人发生矛盾，但我却没有认真了解事情的经过，就将这次打架事件简单、草率地处理了，还误会了小 H，让他心里委屈不已。于是，他才会把怒火再次撒向小 A。

我为自己的行为给小 H 道了歉，他也欣然接受，笑着说："没事没事！"我为孩子的大度感到欣慰，但我也担心此事对小 H 的心灵产生一些不良影响，所以当天晚上，在和小 H 家长沟通后，我来到了小 H 家。

二、家访过程

小 H 父母因工作原因平时很忙，常早出晚归。家长了解到我的家访意愿后非常欣喜，早早回到家等待我们的家访。两位家长略显紧张地和我寒暄："平时铺子上忙，家里没怎么收拾，老师您别介意。"在了解小 H 家庭的基本情况后，我拿出了小 H 最近在学校完成的作业和单元训练单。"这是小 H 最近一段时间的作业和测试题单，从这些我们可以看出孩子这段时间的学习状态……"在和家长沟通小 H 的学习过程中，我发现小 H 爸爸的脸逐渐沉了下来，似乎不太满意孩子的学业表现，旁边的小 H 看见父亲的表情后也开始面露怯色。

这时，我拿出提前准备好的两张奖状，对小 H 父母说："这是小 H 为我们班级和学校争取的荣誉，大家都觉得他很棒，具有一定的体育天赋。前一段时间，学校召开运动会，小 H 代表班级参加了 100 米短跑和立定跳远两项比赛，都打破了学校纪录，获得全年级第一名。小 H 还代表学校参加区里比赛，为学校争得了荣誉。"这时候我抬头发现，不仅父亲的脸色轻松了许多，小 H 也放松许多。

接下来，我和小 H 的父母沟通了这次小 H 的"打架"事件。小 H 当着父母的面表示自己当时冲动了，会主动给小 A 道歉。随后，我们又继续交流了小 H 在校的学习情况和他在家的总体表现，并就小 H 薄弱的英语学科制订了相应的学习提升计划，以及共同规划了小 H 在校英语单词碎片记忆计划表。为了能好好学习英语，控制玩手机时间，小 A 还专门和父母制定了在家正确使用手机的约定，并邀请我当监督员，周一至周五上学期间手机交给我保管，我也欣然答应了。

虽然我和小 H 的父母帮助小 H 找到了学业上的薄弱之处，并制定了相应的措施，但我还是担心小 A 无法坚持下去。一段时间后，我再次来到小 H 家，了解了小 H 这段时间的学习情况，并教他在学习中遇到困难时，可将大的学习目标拆分为小目标，然后一步一步地去实现。同时，我也提出希望家长能合理安排时间，在生活中能多一点时间陪伴孩子，多与孩子沟通交流。另外，我还引导家长不要只关心孩子的分数，要多关注孩子的心理与思想，多用发展的眼光看待孩子，帮助孩子找到自我的价值。

三、家访效果

经过家访，小 H 打开了心结，开始主动找我聊天。我们时而聊聊他体育的突破，时而聊聊班级趣事，还会聊聊如何建设一个优秀集体……

之后，我通过和英语老师沟通，针对部分小学阶段英语基础薄弱的学生开展英语"强基小组"计划，利用碎片时间，强化学习单词、拼读、语法等。小 H 被选为小组组长，他开始非常积极主动地学习英语，这股劲头让我们都很惊讶。小 H 不仅在英语学科上有明显提升，其他学科也慢慢有所好转，还得到各科老师的表扬。小 H 的父母也为孩子的进步而高兴，他们也在努力地抽出时间去陪伴孩子。

四、家访启示

作为班主任，我们在教育教学过程中会处理学生间的各种冲突，难免也会因为自己的主观判断或能力、精力有限而导致处理问题时出现不足。遇到这类情况，老师要敢于承认自己的错误，给学生做好"知错能改"的表率。同时，对于学生的问题，班主任一定要有敏锐的意识和洞察能力，去发现孩子的一些微妙变化，并抓住教育契机，面对面和家长一起进行深入探讨，向家长传递正确的教育理念和科学的教育方法，一起帮助孩子克服生活、学习中的困难，做一个家长、学生信任的班主任。

育人如花　点滴浇灌
——一个离异家庭学生的家访案例

家访对象：小 M（男生，小学六年级）
家访形式：入户家访

一、家访缘起

小 M 是我们班上出了名的"调皮蛋"——天天惹事，一言不合就和同学发生冲突。刚接班那阵子，我几乎天天围着他转。有一次，许多小朋友来到我身边，七嘴八舌地说道："不好啦，小 M 又惹事啦！"原来小 M 和其他小朋友在玩游戏时，一言不合就动手打人。我走过去温柔地劝说，他还非常恼怒，一边用凶狠的眼神盯着我，一边恶狠狠地说："谁惹我，我就打谁。"他不喜欢抄写，嫌写字太多就拒绝做语文作业。英语老师提醒他上课要认真，他还很不高兴。总之，他会因为和其他小朋友发生一点小矛盾就又哭又闹，还总是大吼大叫，凶狠地发泄自己的坏脾气，同学们为此有较大的意见，老师们也很是头疼。

二、家访过程

通过电话预约，我和小 M 的妈妈商量了家访的时间。小 M 的妈妈接待了我，并真诚地与我沟通了他们目前的家庭情况。综合沟通信息，了解到小 M 的爸爸妈妈离婚了，爸爸因工作原因每天早出晚归，特别忙。妈妈开了个旅行社，有时自己还带团，天南海北到处跑，也没时间管他。小 M 生活上几乎都是爷爷奶奶在照顾，他们平时对小 M 比较溺爱，但当小 M 犯错时，爷爷奶奶责骂偏多。我和小 M 的妈妈对以上问题进行了分析，共同探讨了问题所在。

我和小 M 的妈妈交流道："作为班主任，我对孩子是很心疼的，尝试过用严厉和温柔的方式去教育和引导他。可是，我发现教育他时他什么道理都懂，一说到伤心处他就痛哭流涕，态度也非常诚恳。可下一次，他依然一遇到事情就着急，管理不了自己的情绪。"小 M 妈妈回应道："是的，是的，我也发现这个问题。"我和小 M 妈妈达成共识，在这个问题上，家校需要行动一致，共同关注并协作帮助这个孩子。于是，我向小 M 妈妈建议采取以下措施：

1. 建立信任

改变，从行为习惯开始，播下爱的行为，相信会开出信任的花。针对小 M 浮躁的性格特点，我倡导家长和老师多关爱他，让他信任我们。家长可以在周末带孩子走进大自然，感受大自然的美，增进亲子之间的关系。当孩子的情绪比较稳定时，牵着他的小手，拉着他一起谈心，心平气和地把他的行为一点点分析给他听，让他思考，除了动怒发脾气外，还有没有更好的办法来解决问题，这样他会更乐于接受。父母要善于发现他的闪光点，及时给予肯定和表扬。通过一点一滴的小事，让小 M 更亲近父母。同时，家长要做到身教重于言传，面对孩子的问题时，做到不急不躁，放下父母权威，做到以理服人。

2. 家校合力

家长要多听听孩子内心的想法，并及时给予鼓励和肯定。同时，家长一定要给孩子足够的安全感，让孩子在成长中真切感受到父母的爱。家长主动配合学校工作并时常关注孩子的心理变化，及时与教师沟通联系。

3. 培养爱好

小 M 平时内心比较孤单，喜欢通过运动来缓解，尤其喜欢踢足球、羽毛球。家长可以抓住孩子的兴趣点，利用放学后或周末，与孩子一起运动。运动一方面可以培养孩子良好体育运动习惯，另一方面还可以培养孩子勇敢、不怕困难的意志品质和乐观、合作的精神。

三、家访效果

小 M 的父母分别试着照以上建议去做后，发现孩子确实喜欢运动，也感受着运动的乐趣。亲子运动不仅提高了孩子的身体素质，还增进了亲子感情。

通过一段时间后，小 M 的改变得到了班级中越来越多孩子的表扬，大家夸他善良、乐于助人，夸他上课积极、认真，夸他热情、礼貌……

一次，有位家长还特地向我表扬小 M 在排队时懂得礼让，很有绅士风度；还有家长夸小 M 是乐于助人的孩子，某次家长会上主动搀扶一位腿脚不方便的奶奶。不止如此，小 M 的学习兴趣也越来越浓，不仅主动认真完成作业，还多次主动问老师问题。虽然小 M 有时还是会犯错，但只要我提醒他，他马上会意识到自己的问题并改正。

看，小 M 正在闪闪发光！现在，小 M 成了班级的小暖男。课堂上，他会主动监督纪律；过马路时，他主动当路队长，非常负责任。每每这时，我的心里都非常欣慰。"调皮蛋"不再调皮了，而是彬彬有礼、温暖和善。

四、家访启示

小 M 的案例让我深刻理解到，教育孩子如养花，需要家长和老师精心浇水、施肥、呵护。感人心者，莫先乎情。孩子在成长过程中，可能会犯各种各样的错误，有的是外因，有的是内因。家长和老师不能只是责罚孩子的不当行为，也要关注和思考孩子行为背后的原因，科学诊断、耐心引导，用爱心去浇灌孩子内心最柔软的地方，激发他们向善的正能量，帮助他们成为更好的自己。

参考文献

［1］倪闽景，张竹林. 在实践中提升教师家教指导力[EB/OL]. 中国教育报，2023-04-09.

［2］张竹林. 教师家庭教育能力建设论[M]. 上海：华东师范大学出版社，2021.

［3］郁琴芳，徐群. 教师家庭教育指导实务[M]. 上海：上海社会科学出版社，2018.

［4］关颖. 家庭教育指导者培训教程[M]. 天津：天津社会科学出版社，2017.

［5］王君瑶，吴叔君. 教师家庭教育指导实务（小学版）[M]. 上海：上海社会科学院出版社，2018.

［6］晏红. 家庭教育指导概论[M]. 北京：教育科学出版社，2019.

［7］张竹林. 又一种教育智慧：家庭教育指导教师教程[M]. 上海：华东师范大学出版社，2018.

［8］张军，武燕. 学生的学校也是家长的学校[N]. 江苏教育报，2020-05-15（003）.

［9］孙云晓. 家教指导专业化教师群体需优先[N]. 中国教育报，2018-03-24.

［10］张竹林. 家教指导力：教师的必备素养[N]. 中国教育报，2018-03-08.

［11］黄乃祝. 家校合作实践中教师家教指导力提升研究[C]. 2018：388-393.

［12］王平. 农村中学开展"家庭教育指导课"的有效途径与组织策略初探[J]. 教育革新，2018（10）:17.

［13］张雪琼. 初中班主任在家庭教育指导中的地位及作用[J]. 科技资讯，2020，18（07）：136-138.

［14］胡白云. 让教师成为家庭教育的指导者——家校共育的突破口[J]. 中

国德育，2018（23）.

[15] 南钢. 教师如何开展家庭教育指导：基于现代家庭治理的视角[J]. 中小学德育，2015（4）：77-79.

[16] 张竹林. 教师家教指导力建设导论[J]. 上海教育，2019（10B）：28.

[17] 康丽颖. 家校合作的有效性及实现途径[J]. 教育研究，2016(6)：38-43.

[18] 张竹林. 教师家教指导能力的运行机理[J]. 江苏教育研究，2020（13）.

[19] 刘静. 教师发展视角下家庭教育指导能力的结构与内涵探究[J]. 现代教学，2019（24）：51-54.

[20] 王鹏. 学校教师具备家庭教育指导能力的重要意义[J]. 时代教育，2021（6）：167-168.

[21] 黄瑞萍. 教师家校沟通能力提升的实践研究——基于 NLP 技术[J]. 中小学德育，2016（2）：58-60.

[22] 国晓华. 中小学教师家庭教育指导的困境与突破[J]. 继续教育研究，2021（6）：50-52.

[23] 康丽颖，王云峰. 学校教育、家庭教育与社会教育的整合与协同——基于校内外教育有效衔接的视角[J]. 教育研究，2017（4）：87-93.

[24] 康丽颖. 家校合作中的教师角色与家长角色优化[J]. 教育研究，2015（4）：39-45.

[25] 吕聪. 小学初任教师家校合作能力发展状态研究[D]. 上海：华东师范大学，2020：51.

课题成果

本书系 2023 年度四川省教育厅人文社会科学重点研究基地——统筹城乡教育发展研究中心科研项目一般课题"家校共育视域下教师提升家庭教育指导能力的实践研究"（课题编号：TCCXJY-2023-B18）的阶段性成果。

本书系 2022 年度四川省教育科研重大课题（牵头研究）"新时代学校家庭教育指导服务体系的构建与实施研究"（课题编号：SCJG22A003）及其子课题"新时代中小学教师开展家访工作的实践研究"（课题编号：SCJG22A003-1-04）的阶段性成果。

本书系 2022 年度成都市教育科研规划乡村教育专项课题"构建学习共同体促进农村青年班主任专业发展的实践研究"（课题编号：CY2022ZX03）的阶段性成果。

本书系 2021 年度四川省教育科研资助金项目重点课题"社会主义核心价值观引领小学品格教育课程体系构建的实践研究"（课题编号：SCJG21A031）的阶段性成果。

本书系中国教育学会 2021 年度教育科研中小学德育专项重点课题"家校社协同视角下省域家庭教育指导的体系建构与推进策略研究"（项目编号：21DY280603ZA）的阶段性成果。

本书系四川省教育学会 2022 年度教育科研课题"新时代中小学班主任专业胜任力提升对策与路径研究"的阶段性成果。

本书系 2021 年度成都大中小学思想政治工作研究基地资助金项目重点课题"少年儿童政治启蒙分层培育路径研究"（项目编号：DZX202101）的阶段性成果。

后 记

本书作者一直致力于家庭教育指导服务工作的研究。在实践中发现，部分教师在开展家庭教育指导工作中，存在指导不到位、措施未落实的现象，其主要原因是自身家庭教育指导能力较弱。那么，教师如何提升自己的家庭教育指导能力？如何有效开展家庭教育指导？教师开展家庭教育指导需要具备哪些基本技能？家庭教育指导包括哪些方面的内容？不同的家庭教育方法有哪些不同的结果？这些都是当前教师在开展家庭教育指导工作中面临的问题，这也是本书编写的缘由之一。本书既有理论研究，又有实践案例，尽可能解答了教师们的困惑，并为教师们提供了许多可行的开展家庭教育指导的策略和方法。

自筹划编写本书以来，课题组召开了多次有关书稿框架、内容的专题研讨会，课题组成员平时工作繁忙，大都是利用业余时间来进行写作，大家牺牲了节假日的休息时间，全身心投入到本书的创作中，在对书稿进行了十多次的反复修改和打磨后，终于将书稿完善并付梓出版。为此，我们感谢成都棠湖外国语学校的袁逍、方敏、冯文、朱鹏、朱红、张泳峻、李小琴老师，成都市新津区普兴初级中学的彭考、李玲老师，邛崃市牟礼小学校的杨军老师，四川省珙县巡场镇第一小学校的陈俊龙老师，四川省成都市双流区西航港第一初级中学的黄燕老师，四川省成都市第七中学初中学校的张雅妮老师，四川省双流棠湖中学的周小舒老师，成都信息工程大学常乐实验学校的吴蕾、钟银翠老师，成都信息工程大学红樱实验学校的王晓凤老师，四川天府新区第三中学附属小学的王舒袖老师，成都市新津区外国语实验学校的雷菊琴老师等各位编委老师的辛苦付出，感谢你们积极参与、认真撰写；同时，还要感谢每次参加课题组研讨活动的其他老师，特别是"'抱团取暖'成长共同体"的成员们，大家共同研讨、分享和交流，为本书的编写提供了宝贵建议。

家校共育：
让教师成为专业的家庭教育指导者

　　家校共育是新时代育人改革的必然趋势，教师是与家长密切关联的教育主体。我们相信，在更多人的共同努力下，将增强家校共育的整体合力效应，提升教师的家庭教育指导整体水平，助力家庭教育高质量发展，润泽更多的青少年健康、阳光地成长。

作　者

2023 年 12 月 6 日